手形小切手法講義

［第3版］

田邊宏康 著

成文堂

第3版はしがき

　手形小切手法は，民事特別法であり，民法を基礎としている。そのため，「債権法改正」と称される2017年の民法の大改正は，手形小切手法の実態にも影響を与えた。また，2018年には商法の改正もあり，本書第3版は，これらの改正に対応したものである。

　本書は，初版のはしがきで述べたように読者として司法試験受験生をも想定したものであり，それゆえ，判例および学説をかなり広く引用し，これまでの研究成果を土台に極力私見を明確にしてきた。本書第3版においても，そのようなコンセプトを引き継ぎ，本年3月に刊行した論文集『有価証券法理の深化と進化』の成果を取り入れている。また，参考の資料や文献を更新するとともに不備を修正し，設問のコメントや事項索引も充実させたつもりである。

　他方，本書を学部の講義で使用する場合，少数学説や著者独自の見解等が「邪魔」になることも，しばしばあった。しかし，これらを割愛してしまうと，本書の存在価値はかなり減殺される。そこで，本書第3版においては，少数学説等の学部生には細かすぎると思われる知識について活字のポイントを落としてアステリスク（＊）で説明することとした。このことにより叙述にアクセントが付くとともに頁数の増加も最小限に抑えることができ，学部生にとって多少は使いやすい教科書になったと思う。

　本書第3版の刊行にあたっては，前述の論文集に引き続き，成文堂編集部の飯村晃弘氏と松田智香子氏に大変お世話になった。ここに厚く御礼を申し上げる。

　2019年10月

田　邊　宏　康

第2版はしがき

2007年6月,「電子記録債権の発生,譲渡等について定めるとともに,電子記録債権に係る電子記録を行う電子債権記録機関の業務,監督等について必要な事項を定める」電子記録債権法が成立し,本年中に施行の運びとなる。

電子記録債権は,手形小切手の中心的機能を電子化したものであり,手形小切手に代わる新時代の支払手段としての役割が期待されており,講学上も重要な意義をもつと考えられる。そのため,本書においては,新しいセクションを設けて電子記録債権について手形小切手と比較しつつ説明した。もっとも,大学における手形小切手法の教科書としての本書の性質上,その説明は,字義通りの「概説」に止めざるをえなかったが,手形小切手法に代わる新しい学門分野としての決済システム法への志向性は,それなりに示せたと思う。

なお,2007年1月に初版の不備等を修正するとともに法人制度および信託法の改正に対応すべく補訂版を刊行したが,本書においても,掲載した資料の一部を更新し,略語例に掲げた文献のうち補訂版刊行以降に改訂等がなされたものの引用頁を変更し,不備を気がついた範囲で修正した。

第2版刊行にあたっても,成文堂編集部の相馬隆夫氏にお世話になった。ここに厚く御礼を申し上げたい。

2008年3月

田　邊　宏　康

補訂版はしがき

　本書においては，初版の不備を気がついた範囲で修正し，初版の略語例に掲げた文献のうち初版刊行以降に改訂等がなされたものの引用頁を変更した。さらに，初版において掲載した資料の一部を変更し，平成18年度の国会において法人制度および信託法の改正が行われたために関連する条文と記述に若干の変更を加えた。

　初版刊行後1年余で補訂版を刊行することについては，初版の読者に対し多少申し訳ない気持ちもあるが，初版からの変更点が全体として必ずしも少なくないことから，このような形で本書を刊行するほうがよいと考えた。どうかご海容いただきたい。

　補訂版刊行にあたっても，成文堂編集部の相馬隆夫氏に貴重なアドバイスをいただいた。ここに厚く御礼を申し上げる。

　　2007年1月

　　　　　　　　　　　　　　　　　　田　邊　宏　康

初版はしがき

　本書は，読者として法学部生および法科大学院生を想定した，最新法令に準拠する手形小切手法の教科書である。教科書という制約の中ではあるが，判例および学説をかなり広く引用するとともに，前著（『有価証券と権利の結合法理』（成文堂，2002））を中心とするこれまでの研究成果を土台に極力私見を明確にしている。本書は，小著の部類に属するものであるが，学生諸君には多少の読み応えがあるものにはなっていると思う。

　本書の特徴は，以下の2点にある。

　①紙を媒体とする（有価証券による）資金決済手段としての手形小切手の「1個のかたち」を明確にするため，約束手形，為替手形および小切手を「手形小切手」としてできるだけまとめて解説している。

　②事例に含まれる問題点を発見して解決する能力を養うため，随所に事例による問題を設け，それぞれの設問について簡単なコメントを付している。

　ところで，手形小切手の利用は，電子資金決済システムの発展等により減少傾向にあり，今後この傾向は一層強まるものと予測される。しかし，「新しい学問分野としての支払決済法への展望を切り開く」ものとしての手形小切手法の意義（落合誠一・神田秀樹編『手形小切手判例百選（第6版）』3頁（有斐閣，2004）参照）は，まだ当分の間は維持されよう。無因性等の手形小切手に関する基礎理論が正確に理解できていれば，電子債権等の新しい資金決済手段に関する議論にもそれなりに対応できるはずである。

　本書の出版については，成文堂編集部の相馬隆夫氏に大変お世話になった。また，本書における図表の掲載については，全国銀行協会にご配慮をいただいた。それぞれここに厚く御礼を申し上げる。

　2005年8月

田　邊　宏　康

略　語　例

伊澤	伊澤孝平『手形法・小切手法』（有斐閣，1952）
石井＝鴻	石井照久＝鴻常夫増補『手形法・小切手法（商法Ⅳ）』（勁草書房，1972）
大隅	大隅健一郎『新版手形法小切手法』（有斐閣，1989）
大隅＝河本	大隅健一郎＝河本一郎『注釈手形法・小切手法』（有斐閣，1977）
大塚ほか	大塚龍児ほか『商法Ⅲ―手形・小切手（第5版）』（有斐閣，2018）
大橋	大橋光雄『新統一手形法論上巻下巻』（有斐閣，1932・1933）
大森	大森忠夫『手形法小切手法講義』（三和書房，1962）
川村	川村正幸『手形法小切手法（第4版）』（新世社，2018）
木内	木内宜彦『手形法小切手法（企業法学Ⅲ）第2版』（勁草書房，1982）
後藤	後藤紀一『要論手形小切手法（第3版）』（信山社，1998）
小橋	小橋一郎『手形法・小切手法』（成文堂，1995）
坂井	坂井芳雄『裁判手形法（増補第4版）』（一粒社，1988）
鈴木＝前田	鈴木竹雄＝前田庸補訂『手形法・小切手法（新版）』（有斐閣，1992）
関	関俊彦『金融手形小切手法（新版）』（商事法務，2003）
高窪	高窪利一『現代手形・小切手法（4訂版）』（経済法令研究会，1997）
竹田	竹田省『手形法小切手法』（有斐閣，1955）
田中耕	田中耕太郎『手形法小切手法概論』（有斐閣，1935）
田中誠	田中誠二『手形小切手法詳論上巻下巻』（勁草書房，1968）
田邊光	田邊光政『最新手形法小切手法（5訂版）』（中央経済社，2007）
納富	納富義光『手形法・小切手法論』（有斐閣，1941）
服部	服部榮三『手形・小切手法（改訂版）』（商事法務研究会，1971）
平出	平出慶道『手形法小切手法』（有斐閣，1990）
福瀧	福瀧博之『手形法概要（第2版）』（法律文化社，2007）
前田	前田庸『手形法・小切手法』（有斐閣，1999）

6 略 語 例

前田・入門	前田庸『手形法・小切手法入門』（有斐閣，1983）
升本	升本喜兵衛『手形法小切手法論』（厳松堂，1935）
松本	松本烝治『手形法』（中央大学，1918）
丸山	丸山秀平『手形法小切手法概論（第 2 版）』（中央経済社，2001）
弥永	弥永真生『リーガルマインド手形法・小切手法（第 3 版）』（有斐閣，2018）
講座第 1 巻～第 5 巻	鈴木竹雄＝大隅健一郎編『手形法・小切手法講座第 1 巻～第 5 巻』（有斐閣，1964・1965）
現代講座第 2 巻	河本一郎ほか編『現代手形小切手法講座第 2 巻』（成文堂，2000）
新演習 3	鈴木竹雄ほか編『新商法演習 3―手形・小切手』（有斐閣，1974）
争点Ⅱ	北沢正啓＝浜田道代編『商法の争点Ⅱ』（有斐閣，1993）
注解	平出慶道ほか編『注解法律全集（25）手形・小切手法』（青林書院，1997）
百選（第 3 版）	鴻常夫＝竹内昭夫編『手形小切手判例百選（第 3 版）』（有斐閣，1981）
百選（第 4 版）	鴻常夫ほか編『手形小切手判例百選（第 4 版）』（有斐閣，1990）
百選（第 5 版）	鴻常夫ほか編『手形小切手判例百選（第 5 版）』（有斐閣，1997）
百選（第 6 版）	落合誠一＝神田秀樹編『手形小切手判例百選（第 6 版）』（有斐閣，2004）
百選（第 7 版）	神田秀樹＝神作裕之編『手形小切手判例百選（第 7 版）』（有斐閣，2014）
結合法理	田邊宏康『有価証券と権利の結合法理』（成文堂，2002）
深化と進化	田邊宏康『有価証券法理の深化と進化』（成文堂，2019）

目　　次

はしがき

§1 ● 手形小切手の基礎知識 …………………………………………… 1
Ⅰ 有価証券としての手形小切手 ……………………………………… 1
1　手形小切手の意義　1　　2　有価証券の種類　3

3　有価証券の意義　5
Ⅱ 手形小切手の起源と発展 ……………………………………… 7
1　手形の起源と発展　7　　2　小切手の起源と発展　8
Ⅲ 手形小切手の機能 ……………………………………………… 9
1　約束手形の機能　9　　2　為替手形の機能　11

3　小切手の機能　12
Ⅳ 手形小切手と銀行取引 ……………………………………… 13
1　総　説　13　　2　用　紙　14　　3　支払と取立　15

4　不　渡　16
Ⅴ 手形小切手訴訟 ………………………………………………… 18
Ⅵ 手形小切手法 …………………………………………………… 19
1　総　説　19　　2　私法における地位　20

§2 ● 手形小切手行為の意義と手形理論 ………………………… 22
Ⅰ 手形小切手行為の意義 ……………………………………… 22
1　種　類　22　　2　定　義　22
Ⅱ 手形理論——手形小切手債務の発生根拠 …………………… 23
1　前　説　23　　2　学説と判例　24

3　最近の学説と私見　26　　4　手形小切手の設権証券性　28

8　目　　次

§3 ● 手形小切手行為の性質 ……………………………32

Ⅰ　書　面　性 ………………………………………………32

Ⅱ　要　式　性 ………………………………………………32

　　1　前　説 32　　2　手形小切手の厳格な要式証券性 32

Ⅲ　文　言　性 ………………………………………………36

　　1　総　説 36　　2　手形外観解釈の原則と手形客観解釈の原則 37

　　3　手形小切手の変造 38

Ⅳ　無　因　性 ………………………………………………41

　　1　総　説 41　　2　手形小切手債務負担行為の無因性 43

　　3　裏書（手形小切手権利移転行為）の無因性 46

Ⅴ　独　立　性 ………………………………………………48

　　1　総　説 48　　2　手形小切手行為独立の原則の理論的根拠 49

　　3　悪意の所持人に対する適用 50

§4 ● 手形小切手行為の成立要件 ……………………51

Ⅰ　形式的要件──署名 …………………………………51

　　1　総　説 51　　2　署名の名称 52

　　3　署名の名称と印影との関係 55

Ⅱ　実質的要件 ………………………………………………56

　　1　権利能力 56　　2　意思能力 58　　3　行為能力 58

　　4　公序良俗・強行規定違反 59

　　5　意思の欠缺・意思表示の瑕疵 60

§5 ● 他人のための手形小切手行為 …………………64

Ⅰ　総　　説 …………………………………………………64

　　1　自己のための手形小切手行為との区別 64

　　2　代理方式と代行方式 65

Ⅱ　形式的要件 ………………………………………………66

　　1　代理方式による場合 66　　2　代行方式による場合 67

目 次　9

   Ⅲ　実質的要件 ……………………………………………………69

     1　前　説　69　　2　利益相反の禁止　70

     3　無権代理・超権代理　71　　4　手形小切手の偽造　74

   Ⅳ　手形小切手行為と商号使用の許諾 ……………………………75

§6 ● 手形小切手関係と原因関係 ………………………78

   Ⅰ　手形小切手の授受が原因関係に及ぼす影響 ………………78

     1　前　説　78　　2　支払に代えて授受される場合　78

     3　支払のために授受される場合　79

     4　当事者の意思が不明な場合　81

   Ⅱ　手形小切手金の請求と原因債権の時効の完成猶予 ………83

     1　前　説　83　　2　判　例　83　　3　学説と私見　84

§7 ● 手形小切手の振出 ……………………………………86

   Ⅰ　意義と効力 ……………………………………………………86

     1　意　義　86　　2　効　力　86

   Ⅱ　手形小切手の記載事項 ………………………………………88

     1　総　説　88　　2　必要的記載事項　89　　3　有益的記載事項　99

     4　無益的記載事項　101　　5　有害的記載事項　101

§8 ● 白地手形小切手 ………………………………………102

   Ⅰ　意　　義 ………………………………………………………102

     1　総　説　102　　2　有価証券性　103

     3　白地手形小切手でないものとの区別　104

   Ⅱ　権利の移転と行使 ……………………………………………106

     1　権利移転　106　　2　権利行使　106

   Ⅲ　白地補充権 ……………………………………………………108

     1　意　義　108　　2　不当行使　109　　3　消滅時効　111

10 目 次

§9 ● 手形小切手の譲渡方法 ······················· 116
Ⅰ 無記名式小切手の譲渡方法 ···················· 116
Ⅱ 手形・指図式小切手の譲渡方法 ················ 117
　　1 裏書による譲渡方法 117
　　2 白地式裏書がなされた場合の譲渡方法 117
　　3 裏書によらない譲渡 118
Ⅲ 裏書禁止手形小切手の譲渡方法 ················ 119

§10 ● 手形小切手の裏書 ······················· 121
Ⅰ 総 説 ····································· 121
　　1 意義と目的 121　　2 方 式 122　　3 要 件 123
Ⅱ 譲渡裏書 ··································· 124
　　1 意 義 124　　2 通常の譲渡裏書の効力 125
　　3 特殊の譲渡裏書 127
Ⅲ 裏書の連続 ································· 133
　　1 意 義 133　　2 効 果 133　　3 判断方法 134
　　4 裏書の抹消 137　　5 受取人の変造 138
　　6 裏書不連続と権利行使 141
Ⅳ 特殊の裏書 ································· 142
　　1 前 説 142　　2 取立委任裏書 142　　3 質入裏書 148

§11 ● 手形小切手の善意取得 ··················· 149
Ⅰ 総 説 ····································· 149
　　1 意 義 149　　2 動産の善意取得（即時取得）との比較 149
Ⅱ 適用範囲 ··································· 150
　　1 前 説 151　　2 学 説 151　　3 個別的検討 152
Ⅲ 要 件 ····································· 154
　　1 有効な取引による取得 154
　　2 手形小切手に特有な譲渡方法による取得 154

目　次　11

　　　　3　期限前の取得　154　　　4　取得者の善意・無重過失　155
　　　　5　問題点　157
　　Ⅳ　効　　　果 ……………………………………………………… 158

§12 ◉ 手形小切手抗弁 ……………………………………… 159
　　Ⅰ　意義と分類 ……………………………………………………… 159
　　　　1　意　　義　159　　2　分　　類　159
　　Ⅱ　人的抗弁の切断 ………………………………………………… 162
　　　　1　総　　説　162　　2　人的抗弁の個別性　163　　3　要　　件　165
　　　　4　融通手形の抗弁　169

§13 ◉ 為替手形の引受 ……………………………………… 173
　　Ⅰ　意義と性質 ……………………………………………………… 173
　　Ⅱ　引受呈示 ………………………………………………………… 173
　　　　1　意義と要件　173　　　2　引受呈示の自由と例外　174
　　　　3　猶予（考慮）期間　174
　　Ⅲ　方　　　式 ……………………………………………………… 175
　　Ⅳ　効　　　力 ……………………………………………………… 176
　　Ⅴ　抹　　　消 ……………………………………………………… 177

§14 ◉ 手形小切手に関する保証 ………………………… 178
　　Ⅰ　手形小切手保証 ………………………………………………… 178
　　　　1　意　　義　178　　2　要　　件　179　　3　方　　式　179
　　　　4　効　　力　180　　5　保証人の求償　182
　　Ⅱ　隠れた手形小切手保証 ………………………………………… 182
　　　　1　意　　義　182　　2　保証人間における責任の範囲　183
　　Ⅲ　小切手の支払保証 ……………………………………………… 184

12 目　次

§15 ● 手形小切手の支払 ……………………………………… 186
Ⅰ　支払呈示 ……………………………………………… 186
　　1　意　義 186　　2　呈示期間 186　　3　呈示の場所 187
　　4　呈示の方法と呈示欠缺の効果 189
Ⅱ　支払委託 ……………………………………………… 189
　　1　支払権限 189　　2　支払委託の取消の自由と制限 190
　　3　自己宛小切手の支払停止依頼 190
Ⅲ　手形小切手の受戻し ………………………………… 190
Ⅳ　善意支払 ……………………………………………… 192
　　1　総　説 192　　2　適用範囲 193
　　3　悪意または重過失の意味 193　　4　裏書が不連続の場合 194
Ⅴ　偽造手形小切手の支払 ……………………………… 194
Ⅵ　手形の満期前の支払 ………………………………… 196
Ⅶ　手形の支払猶予 ……………………………………… 197
　　1　前　説 197　　2　支払猶予の特約 197
　　3　満期の記載の変更 198　　4　手形の書替 198

§16 ● 線引小切手 ……………………………………………… 202
Ⅰ　意義と種類 …………………………………………… 202
Ⅱ　線引の効力 …………………………………………… 203
　　1　一般線引の場合 204　　2　特定線引の場合 204
　　3　取引先の意味 204　　4　線引の変更等の制限 205
　　5　制限違反の効果 205　　6　効力を排除する特約 206

§17 ● 手形小切手の遡求 ……………………………………… 208
Ⅰ　遡求の意義と当事者 ………………………………… 208
　　1　意　義 208　　2　当事者 208
Ⅱ　要　　　件 …………………………………………… 209
　　1　実質的要件 209　　2　形式的要件 211

目　次　13

　　Ⅲ　遡求の通知，遡求金額および遡求の方法······················ 213
　　　　1　遡求の通知　213　　　2　遡求金額　213　　　3　遡求の方法　214

§18 ◉　手形の参加，手形小切手の複製 ················ 215
　　Ⅰ　手形の参加··· 215
　　Ⅱ　手形小切手の複製 ··· 215

§19 ◉　手形小切手上の権利の消滅と利得償還請求権 ··· 217
　　Ⅰ　権利の消滅事由·· 217
　　Ⅱ　権利の消滅時効·· 217
　　　　1　時効期間　217　　　2　時効の完成猶予と更新　218
　　　　3　主たる債務者に対する権利の時効　220
　　Ⅲ　利得償還請求権·· 220
　　　　1　意　義　221　　　2　当事者　222　　　3　発生要件　223
　　　　4　行　使　225　　　5　譲　渡　226　　　6　消滅時効　227

§20 ◉　有価証券上の権利の行使 ··························· 229
　　Ⅰ　有価証券の消極的作用と積極的作用 ······························· 229
　　Ⅱ　有価証券無効宣言公示催告 ··· 230
　　　　1　公示催告手続と除権決定の意義　230
　　　　2　公示催告手続が認められる証券　230　　　3　申立権者　231
　　　　4　手　続　232　5　除権決定の効力　233

§21 ◉　手形小切手に代わる支払手段
　　　　　──電子記録債権── ······························· 237
　　Ⅰ　意義と機能·· 237
　　　　1　意　義　237　　　2　機　能　237
　　Ⅱ　発生，譲渡等に関する通則 ··· 239
　　　　1　電子記録　239　　　2　意思表示に関する特則等　241

14 目　次

Ⅲ　発　　　生 ……………………………………………… 243

　　1　電子記録債権の発生 243　　2　発生記録 244

Ⅳ　譲　　　渡 ……………………………………………… 245

　　1　電子記録債権の譲渡 245　　2　善意取得 245

　　3　人的抗弁の切断 246

Ⅴ　消　　　滅 ……………………………………………… 247

　　1　支払免責 247　　2　混　同 247　　3　消滅時効 248

　　4　支払等記録 248

Ⅵ　電子記録保証等 ………………………………………… 249

　　1　電子記録保証 249　　2　質　権 250　　3　分　割 250

Ⅶ　電子債権記録機関 ……………………………………… 250

　　1　意　義 250　　2　口座間送金決済 251

　　3　記録事項の開示 251

事項索引 …………………………………………………… 253

判例索引 …………………………………………………… 259

§1 手形小切手の基礎知識

I 有価証券としての手形小切手

1 手形小切手の意義

　手形と小切手は，一定の金額の支払を目的とする有価証券であり，手形には約束手形と為替手形の2種類がある。

　手形小切手以外の支払手段としては，現金のほか，カード，振込・送金，電子記録債権等がある。手形交換所（Ⅳ3参照）を通して行われる手形小切手での決済は，大きな減少傾向にあるものの，2018年度で51,365

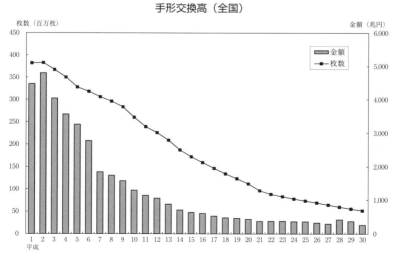

手形交換高（全国）

全国銀行協会ホームページより

千枚，2,612,755億円（手形1枚当たり金額5,086千円）にのぼり（全国銀行協会ホームページ参照)，その需要は，現在でも決して小さいものではない。

約束手形は，発行者（振出人）が受取人その他の手形の正当な所持人に一定の期日（満期）に一定の金額を支払うことを約束する有価証券である（支払約束証券。手75条2号参照）。

為替手形は，発行者（振出人）が第三者（支払人）に宛てて受取人その他の手形の正当な所持人に一定の期日（満期）に一定の金額を支払うことを委託する有価証券である（支払委託証券。手1条2号参照）。

約束手形

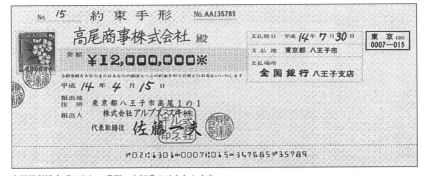

全国銀行協会「やさしい手形・小切手のはなし」より

為替手形

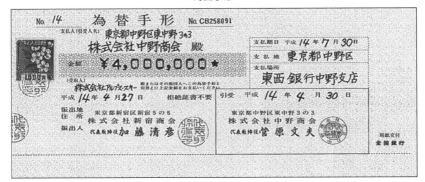

全国銀行協会「やさしい手形・小切手のはなし」より

I　有価証券としての手形小切手　3

小切手

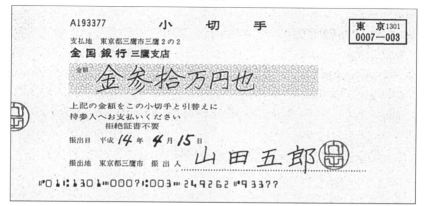

全国銀行協会「やさしい手形・小切手のはなし」より

　小切手は，発行者（振出人）が支払人である銀行等の金融機関に宛てて（小3条・59条参照）受取人その他の小切手の正当な所持人に一定の金額を支払うことを委託する有価証券である（支払委託証券。小1条2号参照）。

2　有価証券の種類

(1)　前　説

　手形小切手以外の有価証券には，株券，社債券，倉荷証券，船荷証券，デパートの商品券，コンサートのチケット，鉄道の乗車券等がある。有価証券は，権利者の指定方法により指図証券，選択無記名証券，無記名証券および記名証券に分類され，記名証券を除く有価証券を特に狭義の有価証券という。また，有価証券は，表章する権利の種類により債権証券，物権証券および社員権証券に分類される。もっとも，大部分の有価証券は，債権証券であり，わが国においては，物権のみを表章する有価証券は存在せず，金銭債権とともにこれを担保する抵当権を表章する抵当証券が存在するにすぎない。また，社員権証券としては，株券のみが認められている。

　＊　有価証券は，全体的に電子化の方向にあり，代表的な有価証券と考えられてきた

株券と社債券については，上場会社のものは振替株式，振替社債として電子化されている（社債，株式等の振替に関する法律参照）。権利の発生，移転，行使の全部に証券を要するという意味において「完全有価証券」とされ，「有価証券の父」といわれる手形小切手についても，電子記録債権としてその中心的機能が電子化されている（§20参照）。国際条約のロッテルダム・ルールズは，電子的な船荷証券について紙の船荷証券と同様の扱いを認めるが，法制度としては電子化の途上にある。

(2) 指図証券

指図証券は，権利者を指名する記載がされており，指図文句（例えば「上記金額をあなたまたはあなたの指図人へこの約束手形と引換えにお支払いいたします」という文句）が記載されているか，または法律上当然に裏書による譲渡が認められる（手11条1項参照）有価証券である。民法520条の2以下には，債権的指図証券に関する一般規定がある。通常の手形，記名式または指図式小切手，倉荷証券，船荷証券等がこれに属する。

(3) 選択無記名証券

選択無記名証券は，権利者を指名する記載がされているが，持参人払文句（例えば「上記の金額をこの小切手と引き換えに持参人へお支払ください」という文句）が記載されているか，または法律上当然に交付による譲渡が認められる（会128条1項・687条参照）有価証券である。債権的な選択無記名証券を記名式所持人払証券といい，民法520条の13以下に規定されている。株券や社債券のほか，小切手も，このような形式で振り出すことができる（小5条2項）。

(4) 無記名証券

無記名証券は，権利者を指名する記載がされておらず，交付により譲渡される有価証券である。民法は，記名式所持人払証券に関する規定を債権的な無記名証券に準用している（民520条の20）。小切手は，一般にこのような形式で振り出され，株券および社債券も，このような形式で振り出すことができる。そのほかには，デパートの商品券，コンサートのチケット，鉄道等の乗車券等がこれに属する。

⑸ 記名証券

記名証券は，権利者を指名する記載がされており，裏書や交付による譲渡が認められない有価証券である。民法 520 条の 19 は，債権的な記名証券について「債権の譲渡又はこれを目的とする質権の設定に関する方式に従い，かつ，その効力をもってのみ，譲渡し，又は質権の目的とすることができる」と規定している。裏書禁止手形等がこれに属する。

3 有価証券の意義

⑴ 前 説

有価証券という言葉を文字どおりに理解すれば，価値を有する証券ということであるが，有価証券が価値を有するのは，有価証券が目に見えない財産的価値のある私法上の権利と，その発生，移転または行使に証券を要するという特別な結合関係にあるからである。このような権利と証券との結合関係は，比喩的に「表章」という言葉で表され，権利は，証券「上」にあるものと擬制される。

これに対し，借用証や受取書等，財産上意味のある事実の証明に役立つ書面を証拠証券といい，下足札，食堂の食券，手荷物引換証等，所持人が正当な権利者でなかった場合でも債務者が証券の所持人に悪意または重過失なく弁済すれば債務を免れる効力のある証券を免責証券という。有価証券は，証拠証券および免責証券の性質も有しているが，証拠証券および免責証券は，権利の発生，移転または行使に証券を要するものではなく，それらに権利は「表章」されていない。

⑵ 「表章」の具体的内容

a 学 説

有価証券が「財産的価値を有する私法上の権利を表章する証券」であることについては一般的に承認されているが，「表章」の具体的内容，すなわち有価証券における権利と証券との結合関係をいかに解するかという問題については古くから学説の争いがある。有価証券に関する一般的規律を設けた 2018 年改正民法も，学説の争いを考慮して有価証券の定義規定を

置かなかった（深化と進化9頁以下参照）。

　上の問題について，かつての通説は，①権利の発生，移転，行使の全部または一部に証券を要するものと解していたが（田中耕95頁等），その後，②権利の移転または行使に証券を要すると解する見解（大森5頁等）や③権利の移転に証券を要すると解する見解（本間喜一「有価証券の概念に就て」青山衆司博士還暦記念論文『商法及保険の研究』45頁以下（保険評論社，1931）等）も有力となった。現在では，これらの見解に加えて④権利の行使に証券を要すると解する見解も有力であるが（小橋5頁以下等），⑤権利の移転および行使に証券を要すると解する見解が多数説となっている（鈴木＝前田25頁以下等）。

　　b　私　見

　狭義の有価証券，すなわち記名証券を除く有価証券は，流通が予定された証券（流通証券）であり，権利の移転および行使についてとくに公示性を高める必要が高いものであるから，狭義の有価証券に関する理解としては，⑤説が妥当であろう（§9ⅠⅡ，§20Ⅰ参照）。株券については，権利の行使が株主名簿の記載によりなされることから，従来から権利の行使に証券を要するという点について疑問が呈されていたが，「権利の行使につき株券の呈示と株主名簿の名義の書換という二段構えの仕組みがとられているだけのことであって，証券がなければ権利を行使することができない点は，他の場合と別に異なるものではない」と考えてよいであろう（鈴木＝前田27頁）。

　　＊　裏書禁止手形等の記名証券は，流通が予定された証券ではなく，それについて債権以上に権利の公示性を高める必要は認められず，とくに債権譲渡について対抗要件制度がとられているわが国においてその権利の移転および行使に証券を要するものと解することは，合理的ではない（§9Ⅲ，§20Ⅰ参照）。したがって，記名証券を加えた広義の有価証券については，⑤説は，必ずしも妥当しないものと考える。私見によると，記名証券は，証拠証券と客観的な境界線を引きがたいものであり，その有価証券性は，きわめて怪しいものとなる。そこで，広義の有価証券概念を否定し，記名証券を有価証券から除外する見解も有力であるが（石井照久「有価証券理論の反省」竹田先生古希記念『商法の諸問題』452頁（有斐閣，1952）等），

歴史的に裏書禁止手形が有価証券として扱われてきたことも事実であろう。裏書禁止手形においても，証券の発行によってそれ以前に存在する権利とは同一性のない新たな権利が発生するものと理論構成することは不可能ではない（§2 II 4(2)＊参照）。そうだとすると，かつての通説である①説は，私見による広義の有価証券概念としても妥当しうる。もっとも，①説に対しては，例えば「権利の発生のみについて証券を必要とし，従って権利の移転ないし行使につき証券を必要としないようなものがあっても，それは有価証券とは認めるべきではない」といわれ（鈴木＝前田 26 頁），①説の側からも，「権利の発生だけに証券を要するようなものを有価証券と認める趣意ではな」いものと述べられる（西原寛一『商行為法』102 頁（有斐閣，1974））。しかし，非流通証券をも含む広義の有価証券概念は，もっぱら考察の対象を限定するという目的を有するにすぎず，狭義の有価証券概念と異なり，これに理論的整合性を求めることはできない。そうだとすると，広義の有価証券概念は，——その外延に若干の不明確さが残るとしても——歴史的に有価証券と呼ばれてきた証券を広くその中に含めうるものでありさえすれば足りるのではなかろうか（以上の点について，結合法理 22 頁以下参照）。

II　手形小切手の起源と発展

1　手形の起源と発展

　手形の起源については諸説があるが（納富 16 頁以下参照），12 世紀頃，地中海沿岸のイタリアの商業都市において使用される貨幣が異なる土地の者に送金しようとする商人は，両替商にその土地の貨幣を払い込み，両替商から他地払の証書の交付を受けて証書を相手方に送付しており，この証書が約束手形の原型とみられる。そして，13 世紀頃から，この証書に他の土地における自己の取引先に支払を委託する支払依頼状が添付されるようになり，この支払依頼状が独立して為替手形へと発達したものといわれる。為替手形が出現してからは，送金の手段としての約束手形は不要のものとなり，また，ローマ教会の利息禁止の教理が強行された結果，振出地と支払地とが同一である約束手形は，その手形金額に利息が含まれている疑いが濃厚であるとして使用が排斥されたため，為替手形の利用度が約束手形のそれを圧倒するに至っている。もっとも，世界的傾向と異なり，わ

が国の国内取引において利用される手形の大部分は，約束手形である。

2　小切手の起源と発展

小切手制度は，14世紀頃，イタリアの商業都市において官庁または私人が両替商に支払を委託したことに由来するといわれ，その後，オランダを経て，17世紀にイギリスに入り，そこで大いに発展した。わが国においても，小切手の利用度はきわめて高く，枚数，金額ともに手形の利用度を上回っている。

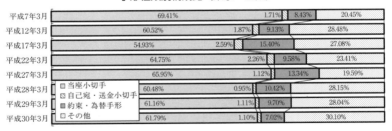

※「その他」は，利札，郵便為替証書，配当金領収書，その他の証券である。
全国銀行協会ホームページより

Ⅲ　手形小切手の機能

1　約束手形の機能

⑴　前　説

　約束手形は，主に期限付債務の支払手段および信用供与手段としての経済的機能を有する。

　「日本は，世界で手形を最も多く利用する国である」といわれており（田邊光 12 頁），とくに約束手形の利用は，他国と比べて多い。しかし，印紙税の負担，保管・運搬コスト，紛失・盗難リスクといった要因から，手形小切手の利用は減少傾向にあり，下請業者が下請代金債権を金融機関に譲渡して金融機関から下請代金の額に相当する金銭の支払を受けるファクタリングや電子記録債権等の発展がこの傾向に拍車をかけている。

⑵　期限付債務の支払

　商品の代金を数ヶ月後に支払う場合，買主は，代金の支払期日を満期として売主に約束手形を振り出し，満期に手形金を支払うことにより売買の決済をすることができる。このように売買などの現実の商取引の裏付けのある手形を商業手形（商手）（真正手形，実手形，商品手形）という。商業手形は，通常，2，3 ヶ月サイト（満期）で決済されるが，手形サイトが 7 ヶ月の手形は「台風手形」，10 ヶ月の手形は「お産手形」，12 ヶ月の手形は「七夕手形」等と呼ばれ，支払が不確実な手形の代名詞となっている。

　＊　中小企業庁と公正取引委員会の通達「下請代金の支払手段について」においては，「下請代金の支払に係る手形等のサイトについては，繊維業 90 日以内，その他の業種 120 日以内とすることは当然として，段階的に短縮に努めることとし，将来的には 60 日以内とするよう努めること」とされている。

10 §1 ● 手形小切手の基礎知識

(3) 信用供与（与信）

a 融通手形

商業手形と異なり，他人に自己の信用を利用させる目的で振出，裏書または引受がなされた手形を融通手形（融手）（好意手形）という。2人の間で相互に融通手形を振り出し合う場合を手形の書合（手形騎乗）といい，書合がなされた手形を書合手形（馴合手形，交換手形）という。手形の書合については，資金のない者同士で一時しのぎのためになされることが少なくない。融通手形当事者間においては，手形の満期までに被融通者が融通者に支払資金を提供するといった合意がなされるのが通常である。

b 手形貸付等

貸付をする場合，貸主は，借主から単なる借用証書を徴する（証貸）代わりに弁済期を満期とする約束手形を振り出させ（手形貸付，手貸），または商業手形を担保として差し入れさせる（商業手形担保貸付，商担手貸）。企業が短期金融の手段として利用するコマーシャル・ペーパー（CP）も，約束手形の形式で発行されている。

c 手形割引

約束手形を所持する者が手形の満期前に手形を現金化したい場合には，他人に手形を譲渡して手形金額から手形の満期までの利息その他の費用を差し引いた金額を入手しうる。これを手形割引という。融通手形については，銀行は割引をしないといわれるが，手形に「融通手形」と書いてあるわけではないから，商業手形との区別は容易ではない。また，銀行の審査に通らない業者は，銀行に手形割引をしてもらうことはできないが，振出人に信用がある優良手形については，手形割引業者が割引してくれることもある。

---

* 手形割引の法的性質については，売買説（西原寛一「手形割引」講座第3巻307頁等）と消費貸借説（田邊光317頁以下等）が対立するが，「具体的な事案ごとに当事者の意思を解釈して定められるべき」問題というべきであろう（神田秀樹・百選（第5版）184頁）。手形割引の当事者である銀行の取引約定書においては，割引手形の買戻請求権が規定されており（資料「東京三菱銀行『銀行取引約定書』」

金法 1590 号 38 頁以下（2000），同「みずほ銀行『銀行取引約定書』」金法 1603 号 37 頁以下（2001）），これは銀行が手形割引を売買とする意思を有していることを示すものといえる。最高裁も，「原審の確定した事実関係のもとにおいては，Y と X との間の本件各約束手形の授受はいわゆる手形の割引として手形の売買たる実質を有し，前記金員の交付は手形の売買代金の授受にあたるものであって，これについては利息制限法の適用がないとした原審の認定判断は，正当」なものと判示している（傍点筆者。最判昭 48・4・12 金判 373 号 6 頁）。

2 為替手形の機能

(1) 前 説

為替手形は，世界的傾向と異なり，わが国内ではほとんど利用されず，主に国際的な送金手段および取立手段としての経済的機能を有し，とくに荷為替手形として利用される。

わが国における手形の利用状況については，「供与信用を生命線とする約束手形の盛行は，近年における有価証券の本道が証券による決済ではなく，証券による信用供与であることを示しているように思われる。しかも，電子送金や電子資金移動法等によって代表されるように，通信手段の発達は為替手形が独占してきた遠隔地者間の資金決済手段の領域を侵食しつつある」といわれる（関 351 頁）。

(2) 送金と取立

他の国に送金する必要のある者が現金を輸送することは，費用がかさみ，盗難の危険があるため，例えば東京の A 社がニューヨークの B 社に送金する場合には，A 社は，東京の銀行に現金を払い込み，その銀行からその銀行のニューヨークにおける支店またはその提携銀行を支払人とする為替手形を振り出してもらい，その為替手形を B 社に送付する。B 社は，その為替手形をニューヨークの銀行に呈示して現金を入手する。

例えば東京の A 社がニューヨークの B 社から取立をする場合には，A 社は，B 社を支払人とする為替手形を振り出して，それを東京の銀行で割り引いてもらい，現金を入手しうる。銀行は，その手形をニューヨークにおける支店またはその提携銀行に送付し，ニューヨークの銀行がその為替

12 §1● 手形小切手の基礎知識

手形を B 社に呈示して現金を入手する。

(3) 荷為替手形

　隔地者間の売買において売主が代金取立のために買主を支払人として振り出した為替手形であって，その担保として売買の目的物の引渡請求権を表章する運送証券が添付されたものを荷為替手形という。手形自体は，普通の手形であるが，売主は，自分の取引銀行からその割引を受けて代金を入手することができ，銀行は，支払地の支店等を通じて手形を買主に呈示して買主から手形金の支払を受け，これと引換えに買主に運送証券を交付する。買主は，運送証券によって売買の目的物を入手しうるが，手形金を支払わなかった場合には，銀行は，売主に遡求することができ，また，運送証券によって運送品を処分して手形の弁済に充当することもできる。国際取引においては，買主の信用が明らかでないため，荷為替手形に買主の取引銀行が発行する商業信用状（荷為替信用状）が添付されることが多い。

3 小切手の機能

　小切手は，主に現金の授受に代わる支払手段としての経済的機能を有する。日常頻繁に現金を支払う必要のある者が自ら支払いをすることは，面倒なうえ，盗難や勘定違いの危険がある。そこで，このような者は，あらかじめ特定の銀行に預金（当座預金）し，銀行から小切手用紙の交付を受け，その銀行を支払人として自分が振り出した小切手が銀行に呈示された場合には，銀行がその預金から支払う旨の契約（小切手契約。これは，当座勘定取引契約として締結される。）を銀行との間で締結する（このような小切手の振出人と銀行との実質関係を資金関係という。小3条）。そして，その小切手の所持人は，自らあるいは自分の取引銀行に取立委任し，支払人である銀行に小切手を呈示して小切手金の支払を受ける。その意味で，小切手は，現金の代用物といえる。

　小切手が現金の代用物としてもっぱら支払の方法として用いられるということは，①支払人が銀行に限られること（小3条），②振出人が処分可能な資金を支払人である銀行に有していなければならないこと（小3条），

③常に一覧払とされること（小 28 条 1 項），④呈示期間前の支払委託の取消が禁止され，支払委託の取消がないときは，支払人が呈示期間経過後においても支払をしうること（小 32 条）等に現れている。

　また，法は，小切手が手形のように信用の用具になることを防止するために，支払人が引受，裏書および保証をすることを禁止している（小 4 条・15 条 3 項・25 条 2 項）。

　　＊　印紙税法は，手形を課税対象の文書（課税文書）とし（印税 2 条・別表第 1），手形には所定の印紙を貼付して印紙税を納付すべきものとしている（印税 8 条）。例えば金額 10 億円を超える手形には 20 万円，金額 1 億円を超え 2 億円以下の手形には 4 万円，金額 100 万円以下の手形には 200 円の印紙税が原則としてかかるが，金額 10 万円未満の手形は，非課税である。課税文書である手形に印紙を貼付しないと，税法上の制裁を課されるが（印税 20 条・22 条），手形の効力には関係しない。他方，小切手は，課税文書とされていない。これは手形が信用証券であるのに対し，小切手はそうではないという点を考慮したものと考えられるが，実際には，印紙税の節約のため，振出日付として実際の振出日よりも先（将来）の日を記載した先日付小切手（§ 15 Ⅰ 2 ＊参照）が約束手形の代用として機能している。わが国において小切手の利用度が高いことも，この点と無縁ではないように思われる。

Ⅳ　手形小切手と銀行取引

1　総　説

　とくにわが国においては，手形小切手の普及に銀行の融資政策が大きな役割を果たしたことが指摘されており（田邊光 13 頁参照），手形小切手は，銀行取引と密接に結びついている。手形貸付や商業手形担保貸付や手形割引も，実際には銀行との間で行われることが多く，その債務の履行は，融資の基本となる契約書である銀行取引約定書に従って行われる。各銀行の銀行取引約定書は，全国銀行協会連合会が昭和 37 年に制定した「銀行取引約定書ひな型」により統一されていたが，公正取引委員会からの指摘等により廃止され，現在は「各銀行独自の判断と責任において改訂する」こ

14 §1 ● 手形小切手の基礎知識

ととなっている。

　小切手は，銀行との間で当座勘定取引契約として締結される小切手契約に従って振り出されるが（小3条。小切手法において銀行とは，郵便局や信用金庫等の一定の金融機関を含む（「小切手法ノ適用ニ付銀行ト同視スベキ人又ハ施設ヲ定ムルノ件」参照）），手形もまた，実際には銀行との当座勘定取引契約に従って振り出される。当座勘定取引契約は，当座預金の受入れ（当座預金契約）と手形小切手等の支払委託との2つの面からなる取引であり，その内容は，全国銀行協会連合会が昭和49年に制定した「当座勘定規定ひな型」により統一されている。当座勘定取引契約を締結するためには，所定の審査を通らなければならない。

　当座勘定取引契約に付随して当座貸越契約が締結されることもある。これは，銀行が信用のある取引先に対して一定限度まで当座預金残高を超過して取引先の振り出した手形小切手の支払に応ずることを約束するものである。当座貸越契約を締結するためには，当座勘定取引契約を締結する場合よりも一層厳しい審査がある。当座貸越契約が締結されていない場合にも，当座預金の残額を超えて手形小切手が振り出されたときに，銀行が任意に立替払をすることもあり，これを過振り（かぶり）という（当座勘定規定ひな型11条参照）。もっとも，これは取引先の信用に問題がない場合等にきわめて例外的な措置として認められるにすぎない。

2　用　紙

　手形小切手の用紙については，法律上とくに制限はないが，不渡手形の発生を防止し，手形取引の正常化を図るため，全国銀行協会の申合せにより統一手形用紙制度・統一小切手用紙制度が行われており，手形小切手は，当座勘定取引契約により銀行から交付された所定の用紙を用いて発行されたものでなければ実際上流通しない。

＊　一時期，統一手形用紙を用いない私製手形が一部商工ローン業者により使用された。このような私製手形による手形金請求について，下級審には，私製手形は単な

る金銭支払約束書で借用書の類というべきものであり，正常な取引により第三者へ転々流通譲渡されることは全く予定されておらず，かつ不可能であることが明らかであるから，原告が本件手形により提起した手形訴訟は手形制度および手形訴訟制度を濫用（悪用）したものであるとして不適法却下した事例（東京地判平 15・10・17 判時 1840 号 142 頁），私製手形は手形としての手段性，用具性が全く認められず，手形としての本来の性質を全く見出せないものといわざるをえず，手形法の趣旨を逸脱して作成されているものというべきであり，原告が使用する私製手形は手形訴訟を利用するために手形制度を濫用（悪用）しているものというべきで，そのような私製手形により原告の提起する手形訴訟は手形訴訟制度を濫用（悪用）したものであるとして訴えを却下した事例（東京地平 15・11・17 判時 1839 号 83 頁）がある。しかし，用紙について制限を設けていない手形法の解釈としては，私製手形であるとの一事をもって手形制度および手形訴訟の濫用と解することは妥当でなかろう（品谷篤哉「判批」金商 1194 号 65 頁以下参照。手形の弊害について，鈴木＝前田 61 頁以下参照）。

3　支払と取立

　小切手の支払人は，銀行に限られるが（小3条），約束手形の振出人や為替手形の支払人も，手形金を自ら直接に手形所持人に支払うことはほとんどなく，銀行を通して支払うことが大部分である。そして，手形小切手の所持人は，自らあるいは自分の取引銀行に取立委任し，支払場所である銀行に手形小切手を呈示して手形金の支払を受ける。

　手形小切手の取立を委任された銀行もまた，わざわざ支払場所（支払人）である銀行まで出向いていって手形小切手金を取り立てるわけではない。そのような手形小切手金を取り立てるために，一定の地域に存在する銀行が参加する手形交換所が設けられており，そこに加盟している銀行は，毎営業日，取立委任を受けた手形小切手を手形交換所に持ち寄り，互いに支払場所である銀行に手形小切手を呈示する。手形小切手の呈示を受けた銀行は，その手形小切手を持ち帰り，当座預金残高確認，印鑑照合等をし，その手形小切手が支払うべきものであることを確認できれば，取引先の当座預金からその手形小切手金額を引き落とすこととなる。

16 §1● 手形小切手の基礎知識

 ＊ 手形交換所は，全国に107ヶ所存在し，各地の銀行協会により運営されている。東京手形交換所においては，手形小切手を機械で読み取って仕分けする処理が行われている。かつては，手形交換所における手形小切手現物の交換を省略して「電子手形交換所」を新設する「チェック・トランケーション」の計画もあったが，費用の問題で見送られた。

4　不　渡

(1)　不渡返還

取引先の当座預金残高が不足している等の場合には，手形小切手の呈示を受けた銀行は，手形の場合は不渡付箋を貼り，小切手の場合は不渡宣言のゴム印を押した上で，手形交換所でその手形小切手の呈示を受けた日の翌日の午前11時までに手形交換所を通して手形小切手を呈示した銀行に手形小切手を返還する（不渡返還）。

手形小切手の不渡返還を受けた銀行は，手形小切手を取立委任した者に返還することとなるが，手形交換所を通して呈示された手形小切手が不渡返還された場合，手形交換所は，不渡報告に掲載して加盟銀行に通知する。

(2)　銀行取引停止処分

資金不足等振出人の信用に関する事由に基づいて不渡りを出した者が同様の事由に基づいてその後6ヵ月以内に2回目の不渡を出した場合には，銀行取引停止処分（当該手形交換所の参加銀行がこの処分を受けた者と2年間当座勘定および貸出取引をすることを禁ずる処分）という厳しい制裁を受け，事実上倒産に追い込まれる。不渡事由は，手形交換所規則により①0号不渡事由（形式不備，裏書不備等），②第1号不渡事由（資金不足，取引なし），③第2号不渡事由（契約不履行，詐取等）に分けられ，0号不渡事由については，銀行取引停止処分を受けず，第2号不渡事由についても，異議申立により銀行取引停止処分を免れうる。

 ＊ 銀行取引停止処分は，わが国独自のものであり，当座勘定取引のみならず貸出取

IV 手形小切手と銀行取引 17

引をも禁ずる点においてかなり酷なものであることは否定しえないが,「単に金融機関の利益を図るための便宜的なものではなく,手形制度の信用維持という公益目的に資するもの」と解され(東京地判昭 57・9・27 判時 1079 号 94 頁),違憲でな

不渡付箋

この手形は本日呈示されましたが契約不履行につき支払いいたしかねます
平成○○年○○月○○日
○○銀行　○○支店

契約不履行

この手形は本日呈示されましたが取引なしにつき支払いいたしかねます
平成○○年○○月○○日
○○銀行　○○支店

取引なし

この手形は本日呈示されましたが資金不足につき支払いいたしかねます
平成○○年○○月○○日
○○銀行　○○支店

資金不足

不渡手形実数(全国)

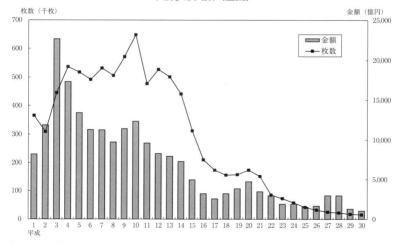

全国銀行協会ホームページより

18 §1 ● 手形小切手の基礎知識

取引停止処分数（全国）

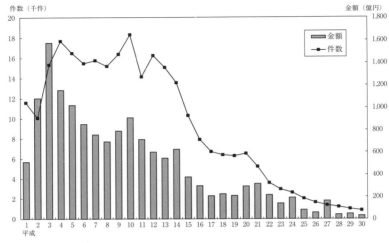

全国銀行協会ホームページより

いことはもとより（東京高判昭 27・12・4 下民 3 巻 12 号 1721 頁参照），独占禁止法に違反するものともいえない（東京高判昭 58・11・17 金判 690 号 4 頁参照）。

V 手形小切手訴訟

　手形または小切手による金銭の支払の請求およびこれに附帯する法定利率による損害賠償の請求を目的とする訴えについては，正当な手形小切手所持人が迅速に権利を実現しうるようにすることを目的として特別の訴訟手続が設けられており，これを手形訴訟（民訴 350 条 1 項）または小切手訴訟（民訴 367 条 1 項）という。手形訴訟の件数は減少傾向にあり，平成 29 年の新受件数は，地方裁判所 92 件，簡易裁判所 16 件に過ぎない（裁判所ホームページ参照）。

　原告は，手形・小切手訴訟によることを強制されるものではなく，また，口頭弁論の終結までいつでも手形・小切手訴訟を通常訴訟手続に移行させうる（民訴 353 条・367 条 2 項）。

手形・小切手訴訟の主な特色として，以下の点が挙げられる。

①反訴（訴訟中に被告から原告を相手方として本訴との併合審理を求めて提起する訴え）の提起が認められない（民訴351条・367条2項）。

②証拠は，原則として書証（手形小切手や文書等）に限られ，例外的に文書の成立の真否と手形小切手の提示に関する事実についてのみ当事者尋問しうる（民訴352条1項・3項・367条2項）。

③手形小切手に関する判決については，原則として無担保で仮執行宣言が付されるため（民訴259条2項），直ちに強制執行手続をなしうる（民執22条2号）。

Ⅵ　手形小切手法

1　総　説

手形小切手に関する法規は，公私法に存在するが，実質的意義における手形小切手法は，広義では手形小切手に関する私法法規の総体を意味し，狭義では手形小切手に特有な私法法規の総体を意味する。そして，その中心を占めるのは，形式的意義における手形小切手法，すなわち「手形法」（昭和7年法20号）および「小切手法」（昭和8年法57号）であり，これらはジュネーブ国際会議（「為替手形・約束手形及び小切手に関する法律統一のための国際会議」）において1930年に成立した「為替手形及約束手形ニ関シ統一法ヲ制定スル条約」および1931年に成立した「小切手ニ関シ統一法ヲ制定スル条約」に基づく。したがって，わが国の手形小切手法は，これらの条約を批准した諸国（ドイツ，フランス等）の手形小切手法とほぼ同一の内容になっている。しかし，英米法系の諸国は，これらの条約を批准しなかったため，世界的には同条約を批准した諸国の手形小切手法と英米法系諸国の手形小切手法との対立が生じている（「為替手形及約束手形ニ関シ統一法ヲ制定スル条約」の成立経過について，大橋14頁以下参照）。両者の手形法を統一する作業は，1988年に成立した「国際為替手形および国

20 §1● 手形小切手の基礎知識

際約束手形に関する条約」（国際手形条約）に結実したが，同条約は，振出
地が日本で支払地がアメリカであるような国際手形についてのみ適用され
るにすぎず，条約発効の条件である 10 ヶ国の批准が実現しても，各締結
国の国内手形法は何らの影響も受けない。

* 形式的意義の手形小切手法は，小切手法 71 条のような私法法規に属さない規定
も含んでおり，そのような規定は，理論的には実質的意義における手形小切手法に
は含まれない。また，手形法 88 条から 94 条および小切手法 76 条から 81 条は，
「為替手形及約束手形ニ関シ法律ノ或抵触ヲ解決スル為ノ条約」および「小切手ニ
関シ法律ノ或抵触ヲ解決スル為ノ条約」に基づいて国内法として規定された，各国
の手形小切手法の抵触を解決するための国際私法的規定であり，それらも実質的意
義における手形小切手法には含まれない。

2 私法における地位

商法を営利性，集団性，反復性，個性喪失性，定型性等の商的色彩を帯
びた取引法と解する場合には（商的色彩論。田中耕太郎『改正商法総則概論』
42 頁以下（有斐閣，1947）等参照），手形小切手法は，実質的意義における
商法に属することとなろう。しかし，小切手には日常生活に利用される
パーソナル・チェック，トラベラーズ・チェック等企業関係以外にも利用
されうるものもある。したがって，商法を企業関係に特有な法規の総体と
とらえる場合には（企業法説。西原寛一『日本商法論第 1 巻』25 頁（日本評
論社，改訂第 2 版，1950）等参照），有力な反対説もあるが（鈴木＝前田 72
頁以下等），手形小切手法なかんずく小切手法は，商法に属するものでは
なく，商法から独立した私法の一分野と解さざるをえないのではなかろう
か（西原・前掲『日本商法論第 1 巻』227 頁以下等参照）。

* 「有価証券法という独立の部門の成立がもし認められるとすれば，手形小切手法
は有価証券法の一部をなすものと認められる」ということは可能であろう（服部
15 頁）。また，電子記録債権法と共に手形小切手法は，「新しい学問分野としての
支払決済法への展望を切り開く」（百選（第 6 版）3 頁）ことが期待される。他方，
「すでに昭和 40 年以降のわが国の手形法は金融取引法としての性格を強く示してお

り，これを市民法ではなく金融取引法の一つとしてとらえる必要があると指摘したい。そのとき手形を取得する第三者となる者は一般的な第三者ではなく，ほとんどの場合が金融機関に集中しているという実態を手形法の解釈においても軽視することはできない」と述べ，「通常の解釈操作を超えた第三者の過保護は問題である」と指摘する見解もある（関 224 頁以下）。これは重要な指摘と考えられるが，取引の安全のみならず責任を負担する者の意思や具体的な帰責性にも配慮しつつ当事者の利害を妥当に調整しようとする民法学の発展を手形法学に反映させるべきであるとの主張もあり（森本滋「手形小切手法の理論と実務」法教 181 号 89 頁以下（1996）），手形小切手法における第三者保護は，私法（市民法）の枠組においても過保護にすぎたものと考えられ，本書においては，さしあたり私法の枠組の中で手形小切手法における静的安全と動的安全との均衡を問い直すこととしたい。

§2 ● 手形小切手行為の意義と手形理論

I 手形小切手行為の意義

1 種 類

手形小切手の①振出（手形小切手を発行する行為），②裏書（手形小切手上の権利を譲渡し，その権利の取立を委任し，またはその権利を質入する行為），③保証（特定の手形小切手上の債務を担保するため，それと同一内容の手形債務を負担する行為），為替手形の④引受（支払人が満期において手形金額の支払義務を負担する行為），⑤参加引受（満期前に遡求原因が生じたとき，支払人以外の者が遡求義務者中のある者のためその者と同一の手形上の債務を負担する行為），小切手の⑥支払保証（支払人が小切手金額の支払義務を負担する行為）は，いずれも行為者が希望したとおりの内容を法律上そのまま認める行為として法律行為であるが，一般の法律行為にみられない特質を有するため，とくに手形小切手行為と呼ばれる。

手形小切手行為は，これについて常に商法の規定を適用するため，絶対的商行為とされている（商501条4号）。

2 定 義

手形行為の定義については諸説があるが，とくに注目されるものは，①「手形上の債務の発生原因たる法律行為」と定義する見解（鈴木＝前田115頁）および②「裏書人または為替手形の振出は，それぞれ権利の移転および支払委託を直接の目的とする行為であることはいうまでもないが，それとあわせて，第二次的に債務負担をも目的とする行為であることを認める

べきである」として（手15条1項・77条1項1号・9号参照），手形行為を「手形債務を負担し，その成立した権利を手形に結合することを目的とする手形債務負担行為と，手形上の権利を移転することを目的とする手形権利移転行為との2つからなる法律行為」と二段階的に定義する見解である（二段階創造説。前田・入門32頁以下）。しかし，①説は，無担保裏書，取立委任裏書および期限後裏書を手形行為から排除する結果になる点において妥当でない。また，②説のように裏書や為替手形の振出を「債務負担をも目的とする行為」ととらえることは，裏書による隠れた手形保証等を除く多くの場合，行為者の実際の意思との乖離が大きくなりすぎるといえる（§10 Ⅱ 2 (2)，§14 Ⅱ 1 参照）。

　手形小切手の保証，約束手形の振出，為替手形の引受・参加引受，小切手の支払保証は，債務の負担を目的とする行為と解されるが，為替手形と小切手の振出は，支払委託，すなわち支払人に対する支払権限の授与と受取人に対する支払受領権限の授与を目的とする行為であり，手形小切手の裏書は，権利の譲渡等を目的とする行為と解すべきである。したがって，手形小切手行為とは，手形小切手上の法律関係の発生または変動を目的とし，署名を要件とする法律行為と定義するのが妥当である（大隅23頁等参照）。

Ⅱ　手形理論——手形小切手債務の発生根拠

> 【設問1】　Yは，Aを受取人とする約束手形を作成して署名し，それを保管していた。ところが，その保管中，Bは，その手形を盗取し，Aの裏書を偽造してXに裏書した。この場合，Xは，Yに手形金の支払を請求しうるか。

1　前　説

　手形小切手の保証，約束手形の振出，為替手形の引受，参加引受は，債

24 §2 ● 手形小切手行為の意義と手形理論

務の負担を目的とする行為である。これに対し，為替手形と小切手の振出
は，債務の負担を目的とする行為ではないが，法定効果として常に行為者
に債務を負担させ（手9条，小12条），裏書も，無担保裏書，取立委任裏
書および期限後裏書の場合を除き，行為者に債務を負担させる（手15条1
項・20条1項但書・77条1項1号，小18条1項・24条）。

　しかし，上のような手形小切手債務の発生根拠については，法の規定す
るところではないため，従来からさまざまな理論が唱えられてきた。これ
らの理論が手形理論と呼ばれるものである。いかなる時期にいかなる要件
の下で権利が証券に表章されて有価証券の効力が発生するかという点（有
価証券理論）は，すべての有価証券について等しく問題となる点であり，
手形理論も，このような有価証券理論の一部をなすものといえる。

＊　かつて「手形理論についての関心が，急速に薄れつつある」ともいわれた（神田
　秀樹「商法の現状と変容」法教200号29頁（1997））。これに対し，手形理論の
　「最も重要な課題は，それが手形債務負担の構成要件・権利取得の構成要件を明ら
　かにすることによって，一方では，手形に署名してこれを相手方に交付するという
　正常な手形行為の法律関係を明らかにすると同時に，他方では，その反面として，
　それらの要件が欠缺する場合にそこから生ずる手形抗弁の種類や性質，その要件お
　よび効果を導く前提となることにある」と解したうえで，田中耕太郎博士の手形理
　論に対する消極的評価（同『商法研究第一巻』387頁以下（岩波書店，1929））に
　ついて，「手形理論の価値ないし必要性の認識については，学説は一致しており，
　田中博士の立場を支持するものはいないといってよい」と述べ，「手形債務の成立
　と手形権利の移転の法律要件と効果を明らかにする手形行為論ないし手形理論こ
　そ，それらの要件を欠くことから生ずる手形抗弁の性質と効果を決定する基礎理論
　であることが忘れられているのではないかと思われる」と述べて抗弁理論と一体性
　を有する手形理論の意義を強調する見解もある（庄子良男『手形抗弁論』259頁，
　275頁，281頁（信山社，1998））。

2　学説と判例

(1)　学　説

わが国における手形理論は，一応，手形を授受する当事者間で手形小切

手の交付契約がなされることによって手形債務が発生すると解する（交付）契約説（小橋 63 頁以下等），手形小切手行為者がその意思に基づいて手形小切手の占有を移転することによって手形小切手債務が発生すると解する発行説（伊澤 114 頁以下等）および手形小切手行為者が手形に署名することによって手形小切手債務が発生すると解する創造説（鈴木＝前田 142 頁以下等）に大別しうる。近時は，手形小切手取引における動的安全の確保という観点から，創造説を基礎として手形小切手行為を無因行為である手形債務負担行為と有因行為である手形小切手権利移転行為に分かついわゆる二段階創造説が有力となっているが（前田 53 頁以下等），創造説の技巧性に対する批判も少なからず見受けられる。

　一方，契約説および発行説には，通常，手形小切手債務を負担したような外観を有責的に作り出した者はその外観を重過失なく信頼した者に対して手形小切手債務を負担しなければならないという権利外観理論が付加される。そして，どのような場合に手形小切手債務を負担したような外観を有責的に作り出したものといえるかという点については，手形小切手に署名しさえすればそれにあたるとする見解（石井＝鴻 208 頁等）と，それでは足りず，例えば盗難・紛失等によって手形小切手が流通した場合には保管上の過失があったことが必要であると解する見解（田邊光 69 頁以下等）とが対立しているが，多数を占める前説からは，手形小切手に署名した者は手形小切手が盗取等によって交付前に流通に置かれた場合にも保管上の過失の有無を問わず善意の第三者に対し責任を負うという，創造説と全く同じ結論が出てくる。

　　＊　創造説に対しては，例えば「手形署名の段階においてすでに手形上の権利・義務が発生するとするが，他の者との法律関係が成立していないのに権利・義務の発生を認めることは，手形上の権利・義務が債権・債務であるだけに困難であり，けっきょく無主の債権とか手形署名者の自己に対する債権というような無理な構成をとらざるをえない」という批判がある（小橋 58 頁）。しかし，手形小切手法律関係においては，当事者資格の兼併が認められ（手 3 条），自己指図約束手形も認められるべきであること（§7 Ⅱ 2 (5) b 参照）を考慮すれば，この批判は必ずしも妥当し

26 §2 ● 手形小切手行為の意義と手形理論

ない。

(2) 判 例

大審院は，当初，契約説をとっていたが（大判明44・12・25民録17輯904頁），昭和年代に至り，発行説に移行した（大判昭10・12・24民集14巻2105頁）。これに対し，最高裁は，大審院の立場を踏襲しながらも（最判昭42・2・3民集21巻1号103頁），さらに一歩踏み出して「流通におく意思で約束手形に振出人としての署名または記名押印をした者は，たまたま右手形が盗難・紛失等のため，その者の意思によらずに流通におかれた場合でも，連続した裏書のある右手形の所持人に対しては，悪意または重大な過失によって同人がこれを取得したことを主張・立証しないかぎり，振出人としての手形債務を負うのが相当である」と判示し（最判昭46・11・16民集25巻8号1173頁），必ずしも特定の手形理論によることなく（田邊光72頁参照），「流通におく意思による署名」を要件として交付欠缺の場合にも手形小切手債務の発生を認めており，学説上の多数説とほとんど変わりのない結論をとっている。

3 最近の学説と私見

(1) 最近の学説

しかし，上の判例・多数説の結論に対しては，最近疑問が投げかけられている。例えば「企業の中には毎月の支払日に多くの取引先へ手形で支払う際に事務量の集中を避けるために支払日前に支払手形を作成し保管することもありうるが，このように作成・署名後保管中に，例えばピストル強盗に襲われ，抗拒不能の状況下で手形を奪われた場合にも，右の説（判例・多数説の結論──筆者）では，手形が転々流通し善意者の手中に入れば手形債務を免れないことになる。手形の作成とか署名自体を責めることはできないであろう」との批判（田邊光69頁以下）は，その問題点を端的に示すものであろう。また，「どの説も①抗拒不能の状態で証券を作成・署名し交付した場合には手形債務の成立を認めないのであるが，……多数説

によれば，②署名後拒抗不能の状態で証券を交付した場合には手形債務を第三者に対して負担することになる。しかし，①の場合には手形取引の安全を害してもよく，②の場合には害してはならないとするほどの帰責性の差が存在するとは思われない」との指摘もある（弥永61頁）。そこで，比較的最近に公表された文献においては，手形小切手取引においても動的安全のみを一面的に強調することには問題があるという意識から，理論構成は必ずしも一様ではないが，保管上の過失なくして手形小切手を盗取された者の責任を否定する見解が目立っている。

(2) 私 見

債務の発生原因として契約を考えることは，私法の解釈としてきわめて自然であり，民法との整合性もとれるようにも思われる。しかし，私見によると，この契約は，必ずしも民法典第3編第2章における債権の発生を目的とする債権契約（狭義の契約）ではありえない。すなわち，手形小切手の保証，約束手形の振出，為替手形の引受・参加引受，小切手の支払保証については，そのような債権契約と解しうるが（保証および為替手形の引受を契約と解すべきことについて，§13 I＊，§14 I 1・Ⅲ参照），為替手形と小切手の振出は，支払委託，すなわち支払人に対する支払権限の授与と受取人に対する支払受領権限の授与を目的とする行為であり，手形小切手の裏書は，権利の譲渡を目的とする行為であるから，これらは債権契約ではありえず，広義の契約といえるにすぎない。そして，債権契約以外の契約，例えば処分契約（裏書の場合）から債務が発生するということは，少なくとも「きわめて」自然なこととはいえないであろう。

しかしながら，例えば「手形を振り出すと，……原因関係上の債権の行使または消長に影響を与えるのであって，相手方の承諾を必要と考えることは，それなりの意味があろう」といわれるように（弥永58頁），債権契約以外の契約から債務が発生すると解することも，両当事者の関与から債務が発生することを認める点において，創造説や発行説のように単独行為から債務が発生すると解することよりも私法の解釈として自然であるように思われる。その意味で，裏書および為替手形と小切手の振出による債務

の負担を契約の法定付随効果ととらえつつ，契約説を支持したい。

　もっとも，裸の契約説は，手形小切手法律関係においては静的安全の保護に偏りすぎた結論を導く。したがって，これに対する権利外観理論の付加は不可欠であろう。権利外観理論による責任は，表見代理責任，とくに民法109条1項の授権表示による表見代理責任と同様の「中間領域における責任」として基礎づけることが可能である（大塚ほか336頁〔大塚龍児〕）。また，例えば「手形法10条は，合意違反の不当補充がなされた手形については債務を負担しないと署名者が争う場合に，悪意・重過失のない取得者に対しては不当補充の抗弁を主張できないことを定めたもので，交付欠缺ゆえに債務不成立であると争う場合ときわめて類似する」とされることから（田邊光71頁以下），権利外観理論による責任は，手形小切手法上は手形法10条または小切手法13条の類推適用により認められるものと解される。

　問題は，権利外観理論の外観の有責的作出として，署名のほかに占有離脱についての過失を要すると解すべきか否かである。この点については，「交付契約説ないし発行説は，手形の交付（占有の手離し）が手形行為の重要な要素であるとするものであるから，権利外観理論導入に当たって，証券の占有移転を顧慮しないことは理論の一貫性を欠く面がまったくないとはいえない」ともいわれる（弥永61頁）。他方，実際上の問題としては，ここで過失を問題とすれば，手形債務成立の限界が曖昧になるといわれる（前田52頁）。しかし，このことは，逆に手形小切手取引における動的安全と静的安全とを柔軟に調和させる可能性を含んでいることの証左ともいえることから，さしあたり積極説を支持したい。

4　手形小切手の設権証券性

(1) 意　義

　一般に設権証券とは，証券に表章される権利が発生するためにその証券の作成等の証券的行為が必要な有価証券であり，手形小切手を典型とし，非設権証券とは，証券の発生前にすでに発生している権利を表章する有価

証券であり，株券を典型とするものと解されているが（平出9頁参照），有価証券はすべて設権証券と理解することも可能だとする見解も少なくなく，例えば「有価証券にあっては，その所持人は，最初の受取人を含めて，発行者が証券を作成・発行したことを主張・立証するだけで権利行使ができるということでもあるから，行使される権利は証券の発行によって創られたと見ることもできるから，有価証券は全て設権証券であるという理解も成り立つ」といわれる（大塚ほか307頁〔大塚龍児〕），したがって，設権証券性の問題は，基本的には，証券の発行によってそれ以前に存在する権利が同一性を保ちつつ変容するにすぎないものと解するのが自然か，証券の発行によってそれ以前に存在する権利とは同一性のない新たな権利が発生するものと解するのが自然かという，単なる理論構成の自然性に関する好みの問題にすぎないとも解されるが，設権証券の典型とされる手形小切手においては，ある債務の支払のために作成された手形がその債権者への交付前に流通に置かれて善意の所持人に対する権利外観理論による債務が発生した場合にも，その債権者は権利を失わないものと解されるのに対し，一般に非設権証券の典型と解されている株券においては，それが株主への交付前に流通に置かれた場合に，権利外観理論による株式の発生を認めつつ本来の株主も権利を失わないと解することは不当なものと解されている（竹内昭夫＝弥永真生『株式会社法講義』212頁以下（有斐閣，2001）参照）。このことからすると，手形小切手については，証券の発行によってそれ以前に存在する権利とは同一性のない新たな権利が発生するものと解するのが自然であるのに対し，株券については，——そのように解することももちろん不可能ではないが——証券の発行によってそれ以前に存在する権利が同一性を保ちつつ変容するものと解するのが自然であろう。

＊　株券等の有因証券を設権証券と構成した場合については，「有因証券であるから，証券上の権利はその効力，範囲は原因となった権利に依存し（それが義務者の抗弁となる），証券を離れた原因となる権利の移転，行使等の処分を認めるわけにはいかず……，証券に対する弁済には当然に原因となる権利の消滅の効果を認めなければならない。その意味では多分に技巧的であることは免れない」とされる（大塚

30 §2 ● 手形小切手行為の意義と手形理論

ほか 296 頁以下〔大塚龍児〕)。

(2) 根 拠

　手形小切手と株券において右のような相違が生ずる理由は，手形小切手が排他性（ある権利が存在すると，それと相容れない内容の権利が同時に成立しえないこと）をもたない純粋な金銭債権を表章するものであるのに対し，株券が会社に対する割合的な支配権を含むという点で排他性をもたないものとはいいきれない株式を表章するものであるという点に求められるのではなかろうか。すなわち，排他性をもたない権利を表章する有価証券においては，その効力発生について権利外観理論の適用を認めてもそれ以前に存在する権利には影響が生じないものと解することが可能であり，そのように解することが妥当な有価証券については，証券の発行によってそれ以前に存在する権利とは同一性のない新たな権利が発生するものと解することが自然である。これに対し，排他性がある権利を表章する有価証券においては，その効力発生について権利外観理論の適用を認めれば必然的にそれ以前に存在する権利に影響が生ずることから，直ちに権利外観理論の適用を認めることは妥当でなく，その効力発生には原則としてそれによって影響を受ける権利を有する者の承諾を要すると解するのが当然の理屈だと思われる。もっとも，その承諾は，交付契約の締結という形でなされる必要は必ずしもなく，すでに証券作成前になされているとみなしうる場合もあろうし，また，未交付証券の善意取得のリスクを発行者自身に確実に負担させうる場合には，取引安全の要請から，権利外観理論の適用を認めることも可能であろう。いずれにせよ，そのような有価証券については，証券の発行によってそれ以前に存在する権利が同一性を保ちつつ変容するものと解するのが自然である（以上の点について，結合法理 106 頁以下参照）。

　＊　通常の手形小切手においては，その効力発生について権利外観理論の適用を認めてもそれ以前に存在する権利には影響が生じないものと解され，設権証券性が肯定

されるが，裏書禁止手形小切手においては，その効力発生について権利外観理論の適用は認められない。そこで，裏書禁止手形小切手の設権証券性が問題となるが，裏書禁止手形小切手における証券発行前の原因関係上の権利とその発行後の権利との間には，以下ような相違点がある。

①裏書禁止手形小切手発行前の原因関係上の債務は，持参債務でもありうる（民484条1項，商516条参照）。これに対し，裏書禁止手形小切手においても，支払地として債務者の営業所または住所あるいは債務者の取引銀行の所在地が記載されているかぎり，証券発行後の債務は取立債務と解される（鈴木＝前田240頁参照）。

②裏書禁止手形小切手発行前の原因関係上の債権は，原則として債権者が権利を行使することができることを知った時ときから5年または権利を行使することができる時から10年で消滅時効にかかる（民166条1項）。これに対し，裏書禁止手形小切手についても，手形法70条1項，77条1項8号および小切手法51条の適用があると考えられることから，証券発行後の権利は，所定の短期消滅時効にかかり，時効の完成後は場合により利得償還請求権が発生する（手85条，小72条）。

③裏書禁止手形小切手発行後の権利については，手形小切手訴訟という特別の訴訟が認められる。もっとも，人的抗弁の切断が認められない裏書禁止手形小切手について手形小切手訴訟を認めることは，被告である債務者に酷であるとして，裏書禁止手形小切手について手形小切手訴訟の提起を否定する見解もあるが（松田二郎「手形訴訟制度について」『株式会社法研究』247頁（弘文堂，1959）等），通常の手形小切手における原因関係上の当事者間の法律関係において手形小切手訴訟が認められる以上，裏書禁止手形小切手についても同様に手形訴訟が認められなければならないであろう（渡辺忠之ほか編著『裁判実務手形訴訟』9頁以下（日本評論社，1965）等参照）。

以上のような相違点をもって，裏書禁止手形小切手においても，証券の発行によってそれ以前に存在する権利とは同一性のない新たな権利が発生するものと理論構成し，設権証券性を肯定することは不当ではあるまい（以上の点について，結合法理18頁以下参照）。

【設問1　コメント】　創造説に対しては，単独行為による債権の発生を認めることは妥当でないという批判がなされることがあるが，通説によると，例えば為替手形の引受は単独行為と解されている（私見は反対。§13　I＊参照）。契約説を前提として権利外観理論をとる場合に占有離脱に関する過失を考慮すべきか否かについて，筆者は，静的安全と動的安全との均衡という観点から，積極に解したが，この見解は，実は世界的には珍しい説である。

§3 ● 手形小切手行為の性質

手形小切手行為の性質としては，一般に書面性，要式性，文言性，無因性，独立性といった点が挙げられる。

I　書　面　性

手形小切手行為の書面性とは，手形小切手行為が書面の作成を通じてなされる意思表示であるということである。

II　要　式　性

> **【設問2】**　Yは，振出日を記載せずに約束手形をXに振り出した。この場合，Xは，振出日を補充しないままYに手形金の支払を請求しうるか。

1　前　説

法律行為の要式性とは，法定の方式を具備しなければ法律行為が成立しないということである。手形小切手行為は，署名を要件とする一定の方式を要する法律行為である。

2　手形小切手の厳格な要式証券性

(1)　意　義

法定の方式を具備しなければ効力を生じない証券を要式証券というが，手形小切手は，手形法1条・75条，小切手法1条所定の事項を記載しな

ければとくに救済される一定の例外を除いて手形小切手としての効力を生じない（手2条・76条，小2条参照）「厳格な要式証券」である。これに対し，例えば船荷証券は，要式証券ではあるが（商758条），商法758条に列挙されている事項のうちで，重要でない事項（例えば10号の「運送賃」。大判昭7・5・13民集11巻943号参照）を具備しなくとも，効力を失わないものと解されており，厳格な要式証券ではない。

　もっとも，現在の銀行実務において用いられている当座勘定規定には「もし，小切手もしくは確定日払の手形で振出日の記載のないものまたは手形で受取人の記載のないものが呈示されたときは，その都度連絡することなく支払うことができるものとします」という規定があり（当座勘定規定ひな型17条）。手形交換においても，手形小切手要件である振出日および受取人の記載を欠く手形小切手は，必ずしも形式不備を理由としては不渡にはならない（東京手形交換所規則63条1項，同細則77条1項1号参照）。その意味で，わが国の現在の銀行実務は，必ずしも手形小切手の要式証券性を「厳格」なものとしてとらえてはいないこととなる。

(2) 根　拠

a　学説・判例

　なぜ，手形小切手は要式証券，それも厳格な要式証券とされているのであろうか。この点については，例えば，手形小切手行為は書面の作成を通じてなされる意思表示であるから，それによって発生する法律関係の内容を確定するために必要な事項はすべて証券に記載されなければならない，といった手形小切手行為の書面性からの説明がなされている（鈴木＝前田129頁参照）。しかし，手形小切手要件のうち，受取人や確定日払手形における振出日については，必ずしも法律関係の内容を確定するために必要な事項とはいえないであろう。そこで，振出日や受取人の記載のない「手形小切手」に手形小切手としての効力を認める余地はないかという点が問題となるが，判例は，「手形法75条，76条は，約束手形において振出日の記載を必要とするものとし，手形要件の記載を欠くものを約束手形としての効力を有しないものと定めるにあたり，確定日払の手形であるかどうか

34 §3 ● 手形小切手行為の性質

によって異なる取扱いをしていないのであって，画一的取扱いにより取引の安全を保持すべき手形の制度としては，特段の理由のないかぎり法の明文がないのに例外的取扱いを許すような解釈をすべきではない」と述べて問題を否定しており（最判昭41・10・13民集20巻8号1632頁），学説も，概ね判例の見解を支持している（前田216頁，219頁等）。

「画一的取扱いにより取引の安全を保持すべき」という点は，手形小切手において必要的記載事項として最小限の記載事項が法定されていることのみならず，有益的記載事項が限定され（§7Ⅱ3⑴参照），無益的記載事項および有害的記載事項があることの根拠ともなろうが，最近，次のような注目すべき見解も主張されている。すなわち，「厳格な要式証券ではないとされる船荷証券を考えてみれば明らかな通り，その定型性は相当に緩和されているが，広く活発に流通している。すなわち定型性が強ければ流通性が促進されるとは，直ちには言えない」と述べ，手形に「定型性が要求されるのは，情報調査対象の限定による取引費用の削減にある。しかしある記載が一定のコストの増加をもたらすとしても，手形取引に関係する者が積極的にそのコスト増を引き受けるのが一般であれば，それを法が認めないとする必要はないはずである。手形の厳格な定型性といっても，それはあくまでも手形取引に関係する者の便益の増加のために要求されるにすぎないからである。すなわち手形の定型性の程度は，取引費用削減の問題だけで決まるのではなく，手形取引市場の関係者がそのコスト増を現実に受け入れるか否か，すなわち手形取引関係者の主体的な受容可能性と相まって決まる」と解される（落合誠一「手形の厳格な要式証券性の一考察」竹内昭夫先生追悼論文集『商事法の展望』238頁以下（商事法務研究会，1998））。

　　b 私 見

上述のようにわが国の銀行実務は，振出日や受取人の記載のない手形小切手を有効な完成手形としてある程度受容しているものといえ，仮に上の見解に従えば，そのような手形小切手を「法が認めないとする必要はない」ということとなるようにも思われる。しかし，わが国の手形法は，手

II 要式性　35

形に関する法状態の国際的統一という目的を有するジュネーブ国際条約に基づくものである。手形法の土台となっている民法および商法が異なる以上，手形に関する法状態を実質的に統一しようとすることには無理を伴うであろうが，要式の統一性までも正面から放棄してしまうことは，条約を破棄することに等しいものといえる。もっとも，そのような手形小切手を法律上有効な完成手形とみないことが有害無益というのであれば，手形法も国内法である以上，国際条約に拘泥する必要はなかろうが，例えば確定日払手形においても，振出日は，手形の個別化等の一定の機能を有している（小橋一郎『商法研究III〔手形(2)〕』167頁以下（成文堂，1984）参照）。また，判例の立場が維持される以上，そのような手形小切手が銀行実務の取扱を超えてわが国内の手形取引関係者に完全に受容されることもないはずである。筆者は，わが国における手形小切手の厳格な要式性の究極的な根拠は，わが国がジュネーブ国際条約を締結している点にあるものと考える。すなわち，同条約が予定しない要式の「手形小切手」を認めることは，手形小切手に関する法状態の国際的統一という目的を害し，同条約を事実上破棄することにつながることから，原則として許されないものと考える（以上の点について，拙稿・百選（第7版）81頁参照）。

*　手形小切手が厳格な要式証券とされているのと同様の理由から，手形小切手に類似する有価証券の効力を認めることも許されないものと考える。手形小切手との類似性は，その経済的機能によって判断すべきであろう。もっとも，手形小切手の経済的機能は多様であるが，その主たる経済的機能は，個別的な支払・与信機能にあるものといえる。したがって，わが国においては，手形小切手以外の個別的な支払・与信機能を果たす有価証券は，手形小切手に関する法状態の国際的統一というジュネーブ国際条約の目的を害さないような特別の事情が認められないかぎり，法的効力を否定されるものと解すべきである（結合法理81頁以下参照）。

【設問2　コメント】　この設問におけるXの請求を否定することについて，抵抗を感ずる読者もおられよう。本文で紹介している落合誠一教授の見解は，説得的であるが，手形法が手形に関する法状態の国際的統一という目的を有するジュネーブ国際条約に基づくことを考慮すると，直

ちに支持できない。

Ⅲ　文　言　性

1　総　説

　手形小切手行為の文言性とは，手形小切手上の法律関係はもっぱら手形小切手上の記載によって決せられるということである。このように，権利の内容が証券の記載だけで決せられる証券を文言証券という。

　手形小切手行為の文言性は，手形小切手行為の書面性から導かれるものと解される。すなわち，手形小切手行為は，書面の作成を通じてなされる意思表示であるから，手形小切手行為者はもっぱら手形小切手上に記載されたとおりの効果を欲して手形小切手行為をなしたものと認められる（鈴木＝前田119頁参照）。

＊　手形小切手の文言性と人的抗弁の切断（手17条・77条1項1号，小22条。§12Ⅱ参照）との関係は微妙な問題であるが，有力な見解は，「手形の文言証券性という語については，……①人的抗弁の切断と同意義に用いるものと，②手形行為は証券の記載を内容とする意思表示によって構成せられる法律行為であり，したがって手形行為者は証券の文言通りの債務を負担することを意味するもの，との2つの用語法がある。これらの2つの用語法が表現しようとする事態は，いずれも手形ないし手形行為の重要な特徴であり，また，いずれの用語法も文言証券という語の文字の意義から考えて不自然なものではない。したがって，どのような意味で文言証券という語を用いるのかを明らかにしている限り，いずれの用語法に従ってもよく，いずれの用語法は決定的に誤っていると断定することはできない」と指摘している（上柳克郎『会社法・手形法論集』347頁（有斐閣，1980））。ここでは，さしあたり両者が同様の機能を有することを確認しておけば足りよう。その意味で，人的抗弁の切断が認められない裏書禁止手形小切手については，文言性を強調することは妥当でない。

2 手形外観解釈の原則と手形客観解釈の原則

> **【設問3】** (1) Yは，支払期日を8月31日とするつもりで7月31日とする約束手形をAに振り出し，Aは，その手形をXに裏書した。この場合，Xは，7月31日にYに手形金の支払を請求しうるか。
> (2) Yは，支払期日を平年の2月末日とするつもりで2月29日とする約束手形をAに振り出し，Aは，その手形をXに裏書した。この場合，Xは，2月末日にYに手形金の支払を請求しうるか。

手形小切手行為の文言性の解釈的側面として，手形外観解釈の原則と手形客観解釈の原則がある。

手形外観解釈の原則とは，手形小切手行為は法定の方式を形式的に備えていれば記載が真実に合致しなくてもその効力を妨げられないということである。例えば振出日付として実際の振出日よりも先（将来）の日付を記載した先日付小切手や後（過去）の日付を記載した後日付小切手も有効である（§15Ⅰ2＊参照）。

手形客観解釈の原則とは，手形小切手行為の解釈はもっぱら手形小切手面上に記載された文言に基づいて行うべきであって，手形小切手面の記載以外の事実に基づいて行為者の意思を推測して記載を補充変更して解釈することは許されないということである（最判昭47・2・10民集26巻1号17頁参照。§5Ⅱ1参照）。そして，手形小切手面上に記載された文言の解釈については，一般社会通念に従ってなされるべきこと当然であり，例えば平年の2月29日という支払期日の記載については，月の記載を重視して2月末日，すなわち2月28日の意味と解され，不能の日を記載したものとして無効と解すべきではない（最判昭44・3・4民集23巻3号586頁）。

> **【設問3 コメント】** 手形外観解釈の原則と手形客観解釈の原則との区別は，ややこしい。この設問は，手形客観解釈の原則の問題であるが，手形小切手行為の書面性を指摘したうえでその文言性をきちんと論じる

38　§3 ● 手形小切手行為の性質

必要がある。小問(1)においては，Ｘが悪意の場合にも注意してほしい。
小問(2)の解答に際しては，常識感覚が問われよう。

3　手形小切手の変造

【設問4】　(1)　Ａは，金額を 100 万円とする約束手形を Ｂ に振り出し，
Ｂ は，その手形を Ｃ に裏書した。Ｃ は，その手形の金額を 1000 万円に
変更して Ｄ に裏書した。この場合，Ｄ は，誰に対していくらの手形金
を請求しうるか。
　(2)　Ａは，支払期日を 8 月 31 日とする約束手形を Ｂ に振り出し，Ｂ
は，その手形を Ｃ に裏書した。Ｃ は，その手形の支払期日を 7 月 31 日
に変更して Ｄ に裏書した。この場合，Ｄ は，誰に対していつ手形金を
請求しうるか。

(1)　意　義

　手形小切手の変造とは，例えば約束手形の所持人が勝手に手形金額を増
額するように，手形小切手に記載された（手形小切手署名者の手形小切手所
持人に対する責任ないし債務の内容に関する）文言を無権限で変更すること
である。変造は，訂正，付加，抹消等，さまざまな形でなされうる。手形
小切手に記載された文言を関係者全員の同意を得て変更することは，権限
に基づくものであるから，変造ではない。手形小切手に記載された文言を
関係者の一部の同意を得て変更することは，その者に対する関係では変造
とならないが，それ以外の者との関係では変造となる。

(2)　効　果

　手形小切手の変造がなされた場合には，変造後に署名した者は，変造後
の文言に従って責任を負い，変造前に署名した者は，変造前の文言に従っ
て責任を負う（手 69 条・77 条 1 項 7 号，小 50 条）。これは，手形小切手行
為者の責任は手形小切手行為時の手形小切手の文言に従うということを規
定したものである。したがって，例えば約束手形の満期が変造された場合

には，変造前に署名した裏書人は，所持人に対し変造前の満期に従って遡求権保全手続がとられたことを条件に遡求義務を負うこととなる（最判昭50・8・29判時793号97頁参照。受取人の変造について，§10 Ⅲ 5参照）。

　もっとも，手形小切手の変造前の署名者であっても，例えば約束手形の振出人が手形要件を鉛筆で薄く記載していた場合のように変造されやすい不用意な方法によって手形小切手の記載を行い，手形小切手の変造を容易ならしめた場合は，変造後の文言を重過失なく信頼した手形小切手所持人に対し権利外観理論により変造後の文言に従った責任を負うものと解すべきである（田邊光286頁等参照。このような場合を白地手形の不当補充とみるものとして，福岡高判昭55・12・23判時1014号130頁参照）。

　手形小切手の変造者自身については，裏書人として手形小切手に署名している場合にはその変造した文言に従って責任を負うが，白地式裏書のある手形小切手に変造を加えて他に交付する場合（§9 Ⅱ 2参照）のように手形小切手に署名していない場合には手形小切手上の責任を負わず，不法行為責任（民709条）を負うにとどまるものと解するのがかつての通説であった（鈴木＝前田169頁等参照）。しかし，手形小切手の変造者について，既存の手形小切手行為の署名を冒用して内容の異なる他人の手形小切手債務を成立させている点から，偽造者と同様に（§5 Ⅲ 4参照）手形法8条または小切手法11条の類推適用による手形小切手責任を認める見解が近時有力となっており（川村92頁以下等。反対，木内宣彦「手形の変造」現代講座第2巻306頁），妥当であろう。

　＊　手形小切手の変造前の署名者は，手形小切手の変造を容易ならしめたことにより変造後の文言に従った責任を負担する場合であっても，変造前の文言に従った責任を免れるわけではない。例えば満期が変造された場合には，手形小切手所持人にとっては，変造前の文言のほうが有利なときもある。そこで，このような場合には，変造について善意無重過失の手形小切手所持人は，手形小切手の変造を容易ならしめた変造前の署名者に対し変造前の文言と変造後の文言のどちらかを選択して権利を行使しうるものと解される（前田275頁以下等参照）。

40 §3● 手形小切手行為の性質

(3) 変造の証明責任

手形小切手が変造された場合，変造に関する証明責任を署名者と所持人とのいずれが負うかが問題となる。

判例は，「約束手形の支払期日（満期）が変造された場合においては，その振出人は原文言（変造前の文言）にしたがって責を負うに止まるのであるから（手77条1項7号，69条），手形所持人は原文言を主張，立証した上，これにしたがって手形上の請求をするほかはないのであり，もしこれを証明することができないときは，その不利益は手形所持人にこれを帰せしめなければならない」と解している（最判昭42・3・14民集21巻2号349頁）。

学説は分かれているが，問題は，立証の負担ではなく，証明責任，すなわち要証事実の存否について裁判所が確信を抱けない真偽不明の場合に法律効果の発生が認められないという当事者の一方が被る不利益である。このような証明責任については，手形小切手が変造された場合であっても，請求する権利の根拠については権利者が証明責任を負うという民事訴訟法の一般原則通り所持人が負うものと解するほかないであろう（坂井167頁以下等参照）。このように解しても，手形小切手の署名者が訴訟において手形小切手の変造の事実について存否不明にまでもっていくためには，通常，相当の立証の負担を伴うはずである（木内・前掲現代講座第2巻312頁参照）。

> 【設問4 コメント】 手形法69条および小切手法50条の趣旨が手形小切手行為の文言性と密接な関係にあることを理解してほしい。小問(2)においては，遡求権の行使には主たる債務者に対する支払呈示が必要となる。手形小切手の変造が問われる場合には，証明責任についても留意されたい。

IV 無 因 性

1 総 説

　法律行為の無因性とは，法律行為が例えば売買契約等のその原因となる法律関係（原因関係）の存否，無効等の影響を受けないことである。このように，原因関係の影響を受けない証券を無因証券という。

　法律行為の無因性は，その原因関係からの峻別，すなわち独自性を前提とする。従来の学説においては，無因性の多義性として，手形小切手行為の独自性も，無因性（広義の無因性）の問題としてとらえられてきたようであるが（福瀧 74 頁以下参照），独自性と無因性（狭義の無因性）とは一応分けて考えるべきであろう。民法上の物権行為に関する議論においては，その独自性については，学説によりニュアンスを異にするが，その無因性については，売買当事者の通常の意思ないし意識を重視し，これを原則として否定するという点において一致している（深化と進化 66 頁以下参照）。他方，手形小切手行為に関する議論においては，その独自性については，手形小切手の交付が例えば売買契約の要素となっていないためか（民 555 条参照），自明の問題としてとらえられているようであり，その無因性については概ね肯定され，手形小切手は，その効力が原因関係の影響を受けない無因証券の典型と解されてきた（その効力が原因関係の影響を受ける有因（要因）証券の典型としては，株券が挙げられている。）。これに対し，創造説を基礎として手形行為を手形債務負担行為と手形権利移転行為の二段階に分け，後者を有因行為と解する見解（前田 53 頁以下等）の出現を皮切りに，近時においては，手形小切手行為の無因性を全体として否定する見解（伊沢和平「手形行為と善意者保護のあり方」竹内昭夫編『特別講義商法 II』110 頁以下（有斐閣，1995））や，わが国の私法と無因債務との整合性に疑問を呈し，手形小切手行為の無因性の効果を指図の概念から導くべきことを主張する見解（柴崎暁『手形法理と抽象債務』127 頁以下（新青出版，

42 §3 ● 手形小切手行為の性質

2002)) も現れるに至っているが，以下に述べるように，手形小切手行為の無因性は，原則として肯定されるべきである。

　手形小切手行為の無因性について，約束手形の振出等の債務負担行為の無因性は「迅速かつ簡易な権利追求」を可能とする理論であり，裏書のような処分行為の無因性は「取引の容易化と安全」を図る理論であるといわれるが（林竧「手形行為の無因性」法教204号12頁参照），両者の無因性の相違は，明確に意識されるべきである。そこで，以下においては，さしあたり手形小切手の保証，約束手形の振出，為替手形の引受・参加引受，小切手の支払保証を手形小切手債務負担行為と規定し，その無因性と裏書（手形小切手権利移転行為）の無因性とを分けて説明し，為替手形と小切手の振出の無因性については後述したい（§7 I 2(2) a ＊参照）。

＊1　無因性という用語は，ドイツ語の Abstraktheit の訳語であるが，抽象性と訳されることも少なくない。元来は，内容的な無色性あるいは非類型性を含むものであるが，最近のドイツにおける学説の一部においては，他の契約に対する独立性すなわち非不従性という意味でのみ使用されるべきことが主張されている（結合法理226頁参照）。

＊2　手形小切手行為の無因性の根拠として，法が支払委託，支払約束，裏書等の単純性を規定していること（手1条2号・12条1項・75条2号・77条1項1号，小1条2号等）を挙げる見解があるが（小橋10頁以下等），「同様の条文は，手形の有因性を認めるフランス手形法にも存在するのであり，わが国の手形法のもととなっているジュネーブ手形法条約の制定過程では，有因・無因のいずれにもくみしないとされた」との指摘もある（弥永25頁）。これらの条項は，手形小切手行為自体に条件（原因関係の存在・有効性）を付しえないことを規定しているのではなく，単に手形小切手の記載に条件を付しえないことを規定しているにすぎないものとも解され（深化と進化62頁以下参照），手形小切手行為の無因性の絶対的な根拠になるものではないと考える。電子記録債権については，手形法1条2号等のような単純性に関する規定が存在しないことにも留意すべきであろう。

＊3　手形小切手行為の原因（法律上の原因。民703条参照）については，従来，売買契約のような「原因」契約と考えられてきたが，近年，ドイツの判例・学説に倣い，これを手形の授受（交付）に関する合意に求める見解（交付合意論）が有力にとなっている（福瀧78頁以下参照）。筆者も，基本的にその見解を支持しているが

（深化と進化 33 頁以下参照），生成中の議論でもあることから，本書においては，さしあたり従来の考え方に立っておきたい。

2 手形小切手債務負担行為の無因性

【設問 5】 (1) Y は，売買代金支払のために約束手形を X に振り出したが，X が履行期を過ぎても品物を引き渡さなかったため，売買契約を解除した。この場合，X は，Y に手形金の支払を請求しうるか。

(2) Y は，売買代金支払のために約束手形を X に振り出したが，X は，履行期を過ぎても品物を引き渡さなかった。この場合，X は，品物を引き渡さないまま Y に手形金の支払を請求しうるか。

(3) Y は，運送賃支払のために約束手形を運送人 X に振り出したが，運送賃債権は，時効により消滅した。この場合，X は，Y に手形金の支払を請求しうるか。

---

(1) 根 拠

例えば約束手形の受取人から裏書を受けようとする者に対し手形振出の原因関係上の債務の存否，有効無効等に関する調査義務を課す場合，手形の流通が阻害されることは明らかである。したがって，原因関係上の債務の不存在，無効等の抗弁（原因関係における抗弁）は，手形法 17 条または小切手法 22 条によって「債務者ヲ害スルコトヲ知リテ」手形小切手を取得した場合を除いて裏書等により切断される狭義の人的抗弁（§12 Ⅱ 1 参照）と解するのが妥当である。そして，狭義の人的抗弁が「債務者ヲ害スルコトヲ知リテ」手形小切手を取得したという限定的な場合を除いて裏書等により切断されるのは，これが手形小切手の盗取者のような無権利者に対する抗弁（無権利の抗弁）ではなく，手形小切手上の権利者に対する抗弁であるからにほかならない。したがって，手形小切手債務負担行為は，原因関係の存否，無効等の影響を受けない無因行為であり，その根拠は，手形法 17 条および小切手法 22 条が「債務者ヲ害スルコトヲ知リテ」手形小切手を取得した場合を除いて裏書等により切断される狭義の人的抗弁の

存在を認めている点に求められるものと考える。手形小切手行為の無因性を全体として否定する場合には，手形法17条および小切手法22条の適用範囲は，きわめて狭いものとなり（伊沢和・前掲『特別講義商法Ⅱ』112頁参照），規定の存在意義が疑われることとなろう。その意味で，人的抗弁の切断が認められない裏書禁止手形小切手については，債務負担行為の無因性を認める絶対的根拠はないといえる。

＊　原因関係における抗弁は，例えば債権譲渡の効力のみを有するものとされる期限後裏書（手20条1項・77条1項1号，小24条1項。§10Ⅱ3⑷参照）がなされる場合には，民法468条1項の原則通り切断されずに手形小切手上の権利に付着したまま譲受人に承継される。したがって，原因関係における抗弁の切断は，直接的には期限前の裏書等の手形小切手法的譲渡行為の効力であり，手形小切手債務負担行為の無因性が，期限前の裏書等が原因関係における抗弁を切断するための「前提」というべきものである。この点に関し，「無因債務の法律上の原因の欠缺に基づく不当利得の抗弁権は，それが依拠する不当利得返還請求権の作用であるから，原則として，無因債権について不当利得返還請求権の当事者間でのみ認められる属人的な抗弁権である」と主張する見解もある（渋谷光義「手形の無因性と人的抗弁の制限」法学政治学論究37号183頁（1998））。しかし，債権譲渡おける抗弁対抗の原則は，民法468条1項が規定するところであり，同条は，元来属人的なものを含めて抗弁が承継されることを原則としたものと解すべきではなかろうか（反対，永井和之「手形行為の無因性と文言性」現代講座第2巻45頁以下）。

(2)　効　果

手形小切手債務負担行為の無因性によって例えば約束手形の受取人は，振出人に対し原因を証明することなく手形金の支払を請求しうる（証明責任の転換）。

しかし，例えば約束手形振出の原因である売買契約が解除された場合に振出人が受取人に対し手形金の支払を拒みうるという結論については，争いがない。問題は，この結論を手形小切手債務負担行為の無因性を前提にいかなる理論構成によって導くかである。現在の有力説は，ドイツの伝統的学説に倣い，振出人が受取人に対して不当利得（民703条参照）の抗弁を有するものと解している（木内209頁等）。これに対し，最近，ドイツの

Ⅳ 無 因 性 45

判例・学説が採用する交付合意論（§3 Ⅳ 1 ＊ 3 参照）に倣い，手形小切手債務負担行為当事者間において手形小切手上の権利と原因債権の同一性を認め，手形小切手債務負担行為当事者間における手形小切手「行使」の有因性を認めようとする見解も主張されている（庄子良男『ドイツ手形法理論史（下）』990 頁（信山社，2001），同・百選（第 6 版）163 頁）。この見解によると，上の有力説と異なり，振出人は，不当利得の抗弁のみならず原因関係におけるすべての抗弁を受取人に対して主張しうる。

＊　例えば①売買契約における買主である約束手形の振出人 A が売主である受取人 B に対し同時履行の抗弁権（民 533 条参照）を有している場合や②運送契約における運送人である約束手形の振出人 A が荷送人である受取人 B に対し運送賃債権の時効消滅（商 586 条参照）の抗弁権を有している場合に B の A に対する手形金請求において A によるその主張を認めることが妥当であるか否かであるが，ドイツの判例が述べる「契約当事者は，手形債権者としてもまた，原因行為から彼に帰属する以上の権利を自己のために手形に基づいて請求してはならない」という原則（庄子・前掲『ドイツ手形法理論史（下）』990 頁参照）は，それなりの説得力を有しており，積極に解すべきである（§6 Ⅱ参照）。ただし，手形小切手債務負担行為の無因性を前提に手形小切手債務負担行為当事者間における手形小切手「行使」の有因性を認めるという法律構成は，かなり技巧的であるから，上の一種の衡平の原則が手形小切手債務負担行為当事者間において手形小切手債務負担行為の無因性を制限するものと解する（福瀧 76 頁以下，川村 203 頁参照）。

【設問 5　コメント】　設問のポイントは，手形小切手債務負担行為の無因性にもかかわらず，行為当事者間で原因関係上の抗弁が対抗されうる根拠を不当利得そのものに求めるか，不当利得を含めたより広い意味の衡平の原則に求めるかという点である。前者においては，小問(2)および小問(3)における X の請求は肯定され，後者においては，否定される（§6 Ⅱ参照）。

3 裏書（手形小切手権利移転行為）の無因性

> 【設問6】 Aは，約束手形をBに振り出し，Bは，売買代金支払のためにその手形をCに裏書したが，BC間の売買契約は取り消された。その後，Cは，その手形をDに裏書した。この場合，Bは，Dに対し手形の返還を請求しうるか。

　手形小切手権利移転行為である裏書の無因性については，それ自体が無因性の絶対的根拠にはなりえない手形法12条1項・小切手法15条1項を除けば，規定上の根拠をとくに見出せないことから，譲渡当事者の意思を考慮せざるをえないものと考える。「無因論を採用するか否かは，『立法政策』の問題」といわれるが（林・前掲法教204号12頁），立法政策が明確でない場合に当事者の意思を考慮することは許されよう。

　手形小切手が表章する債権は，きわめて個性の希薄な金銭債権であるから，これを裏書する者の意思は，物を譲渡する者の意思よりも，同じ支払手段である金銭の占有を移転する者の意思に近いものとなろう。金銭の占有の移転については，例えば「原因をなす行為（例えば債権契約）が取消されることはあり得るけれども，その取消の結果としては，貨幣の所有権が原状に復するのではなくて，単に取得した貨幣の数額に相当する数額の貨幣の返還または回復が問題となるにとどまる」といわれるが（末川博『物権・親族・相続』268頁以下（岩波書店，1970）），この点は，原則として手形小切手にも妥当するのではなかろうか。例えば，Aが約束手形をBに振り出し，Bが売買代金の支払のためにその手形をCに裏書したが，BC間の売買契約が取り消され，その後，仮にCがその手形を悪意のDに裏書した場合であっても，Bとしては，通常は不当利得としてCから手形金額相当の金銭の返還を受けうるであろうし，Cから金銭的満足が得られればDから手形自体が返還されなくとも，とくに不満はないものと思われる。

　以上のことから，裏書の無因性の根拠は，裏書当事者間の通常の意思に

あるものと解される。そして，裏書の無因性を認めることは，手形小切手取引の安全にも資するであろう。以上に述べた点は，手形小切手行為以外の手形小切手法的譲渡行為，すなわち白地式裏書がなされている場合や受取人白地で振り出された場合における交付による譲渡（手14条2項3号・77条1項1号，小18条参照）や無記名式小切手の譲渡にも妥当するものと解される。

* 取引の安全の要請も，絶対的なものとは考えられない。本文で述べた例において例えばCが行方をくらましたとき，Bは，事実上Cから手形金額相当の金銭の返還を受けることはできなくなる。裏書を絶対的無因行為と解する伝統的学説によれば，このようなときであっても，Bは，Dに対し抗弁を主張することはできても，手形の返還を請求しえないこととなろう。これに対し，手形譲渡行為を無因行為と解しつつも，手形法16条2項を類推適用して第三者に対しても一般的に原因関係に基づく手形返還請求権を認めようとする見解もある（今泉邦子「原因関係に基づく抗弁」法学政治学論究12号183頁以下（1992））。しかし，無因主義のメルクマールは，まさに第三者に対する追及効を否定することにあるのであるから，そのように解することは，手形譲渡行為を有因行為と解していることと実質において変わりがないものといえる。

　筆者は，上のような結論を必ずしも全面的に不当と解するものではないが，上に述べた例において例えばBがCへの不信等から明確に裏書の効力の全部を売買契約の効力にかからせており，DがこのようなBの意思についても悪意であったときは，もはや取引の安全を貫く必要はないであろうから，Bは，Dに対し手形の返還を請求しうるものと解する。また，手形割引のうち手形の売買の実質を有するものについては，その裏書当事者の意思は，売買当事者の意思そのものとなるから，その裏書は有因行為と解する余地もあろう。

　上のような意味において，筆者は，裏書の無因性を絶対的なものとは考えない。その結果，裏書が例外的に原因関係の影響を受けて無効となる場合には，裏書による法定効果としての債務負担も原則として生じないものと解されるが，善意取得者に対しては権利外観理論が適用されることとなろう（以上の点について，深化と進化78頁以下参照）。

【設問6　コメント】「裏書の相対的無因性」などということを言い出せば，話がややこしくなることは承知している。しかし，裏書の無因性

48 §3● 手形小切手行為の性質

について当事者の意思を考慮に入れる場合には，無因性を絶対的なものとして把握することは困難となろう。故前田庸教授の「手形権利移転行為有因論」は，わが国手形法学における一つの金字塔であり，一蹴できる見解ではない。

V 独 立 性

【設問7】 (1) Aは，約束手形を未成年者であるBに振り出し，Bは，その手形をYに裏書した。その後，Yは，その手形をXに裏書したが，Bは，Yへの裏書を取り消した。この場合，Xは，Yに手形金の支払を請求しうるか。
(2) 未成年者であるAは，約束手形をYに振り出し，Yは，その手形をXに裏書した。その後，AがYへの振出を取り消した場合，Xは，Yに手形金の支払を請求しうるか。

1 総 説

手形小切手行為の独立性とは，一般に，同一の手形に数個の手形小切手行為がなされた場合，各手形小切手行為は独立に効力を生じ，ある行為（例えば約束手形の振出）が制限行為能力・偽造等の実質的理由により無効でありまたは取り消されてもそれを前提とする他の行為（例えば約束手形の保証）の効力に影響を及ぼさないというものであるとされ，手形小切手行為独立の原則と称される。このような原則は，手形法7条（手77条2項）および小切手法10条において一般的に規定され，さらに手形法32条2項（手77条3項）および小切手法27条2項おいてとくに保証について規定されている（手形小切手保証独立の原則）。

もっとも，例えば約束手形の振出が無効でありまたは取り消された場合，受取人の振出人に対する債権は無効なのだから，これを譲渡すること

は不能である。しかし，振出の無効により裏書の目的である権利の譲渡が不能となっても，裏書の法定効果としての債務負担は，手形法7条の原則により例外的に影響を受けないものと解される（裏書について手形小切手行為独立の原則の適用を認める判例として，最判昭33・3・20民集12巻4号583号）。その意味では，手形小切手行為の独立性は，本来，手形小切手債務負担の独立性というべきものである。

手形小切手行為独立の原則は，前提である行為が実質的理由により効力を否定される場合に適用されるものであり，前提である行為が法定の方式を欠くため効力を否定される場合には適用されない。

2　手形小切手行為独立の原則の理論的根拠

手形小切手行為独立の原則の理論的根拠については従来から争いがあるが，現在有力なのは，独立して手形小切手上の記載を内容とする債務を負担するという手形小切手行為の文言性による当然の原則と解する当然説（鈴木＝前田124頁以下等）と手形小切手の流通性を確保するための政策的な特則と解する政策説（田邊光224頁以下等）である。

まず，手形小切手の振出については，これを前提とする行為がないから，手形小切手独立の原則の適用を問題にする意味はない。次に，手形小切手の裏書については，原則としてその債務負担は，意思表示の効果ではなく，法定効果と解すべきであるから（§10Ⅱ2(2)参照。例外については，§14Ⅱ1参照），その発生を「当然」の原則ということはできない。また，保証等の他の手形小切手行為についても，当然説の説明は，必ずしも説得力を有していない。すなわち，手形小切手行為の文言性とは，手形小切手上の法律関係はもっぱら手形小切手上の記載によって決せられるということにすぎず，「文言性は，有効に成立した手形債務の内容を文言記載のみによって決するとする法理であって，手形行為の有効・無効には関係がない」といわれ（高窪利一「手形行為独立の原則」現代講座第2巻65頁），独立して手形小切手上の記載を内容とする債務を負担するという意味まで含んでいるものと解されるかは疑問である。また，当然説の中には手形小切手

50 §3 ● 手形小切手行為の性質

行為の書面性から独立性を導く見解もあるが（高窪利一「手形行為独立の原則」現代講座第 2 巻 65 頁），手形小切手行為が書面の作成を通じてなされる意思表示であるということと手形小切手行為の独立性との結びつきも必然的なものとは解されない。したがって，手形小切手行為独立の原則の根拠については，政策説に従うのが妥当である。

3　悪意の所持人に対する適用

　手形小切手行為独立の原則が悪意の所持人にも適用されるか否かが問題となる。

　判例は，上の問題を肯定するが（前掲最判昭 33・3・20），学説は，悪意者を利する必要はないとして否定する傾向が強いようである。とくに政策説によると，政策の内容に悪意の所持人保護は含まれていないものと考えることができ，これを否定することは理論的にも全く問題はない。これに対し，当然説によりつつ，悪意の所持人に対する適用を否定することは困難を伴う。そして，手形小切手行為独立の原則を悪意の所持人にも適用する場合には，場合により権利の分属という問題も生ずる（前田 423 頁以下参照）。

【設問 7　コメント】　手形小切手行為独立の原則が問われる場合，問題となるのは，当該原則の理論的根拠である。この問題は，裏書の担保的効力をいかに解するかという問題と密接な関係にある。私見と異なり，裏書の担保的効力を意思表示の効果と解する場合には，むしろ当然説に従うべきであろうが，その場合には，本文で述べたように権利の分属という問題が生じ，また，小問(1)と小問(2)の結論は，異なるものにもなりうる。

§4 ● 手形小切手行為の成立要件

I 形式的要件——署名

1 総 説

　すべての手形小切手行為に共通の形式的要件は，署名である（手1条8号・13条1項・25条1項・31条2項・57条・75条7号・77条，小1条6号・16条・26条2項・53条2項）。署名は，自署のほか記名捺印を含む（手82条，小67条）。自署とは，行為者の名称を行為者の意思で手書することである。記名捺印とは，行為者の名称を何らかの方法（タイプライター，活字，ゴム印等）で記載し，行為者の意思で捺印することである。この場合の捺印は，実印である必要はなく，三文判等でもよい。

　手形小切手行為における署名の意義，すなわち手形小切手行為の成立に自署または記名捺印を要することの意義については，一般に①手形小切手行為者に手形小切手上の責任を負担することを自覚させるため，とくに慎重な手続をさせるという主観的理由と，②手形小切手行為者に固有な筆跡または印影を手形小切手面に顕出させ，手形小切手所持人に手形小切手行為者の同一性を確知させるとともに，手形小切手行為の偽造を防止するという客観的理由とが挙げられる。しかし，「手形行為代理の場合に代理権の授与が無方式でなされうることを考えれば，上の主観的理由をそれほど重視することはできない」といわれる（鈴木＝前田133頁注六）。また，手形小切手行為者の同一性を手形小切手所持人に認識させることは，手形小切手制度にとって不可欠の政策的要請であると考えられるが，筆跡や印影から手形小切手行為者の同一性を認識することは，一部の手形小切手所持

52 §4 ● 手形小切手行為の成立要件

人においてのみ可能なことであって，多くの手形小切手所持人は，署名の名称，すなわち記名捺印における記名のみから手形小切手行為者の同一性を認識しているのが実情と思われる（平出130頁以下参照）。したがって，上の客観的理由も破綻しているものとみられ，上の主観的理由を重視しえないとすれば，手形小切手行為の成立に署名を要することの意義は，全体のかなりの部分において失われているものとみられる。

＊1 「電子署名」は，暗号技術を利用した個人認証手段であり，本人しか知らない秘密情報を用いて本人を確認する公開鍵暗号方式等の方式がある。電子署名及び認証業務に関する法律においては「電磁的記録に記録することができる情報について行われる措置であって」「当該情報が当該措置を行った者の作成に係るものであることを示すためのもの」であり，かつ「当該情報について改変が行われていないかどうかを確認することができるもの」と定義されている（同法2条1項）。

＊2 「有価証券中には，証券上の文言の不備のものと相俟って署名のなされないものもある。しかし，それがためにその証券の有価証券性を否定することは妥当でない」とされる（升本喜兵衛『有価証券法』51頁（評論社，1952））。

2 署名の名称

> 【設問8】 松本烝治という氏名のAは，振出人欄に「竹田省」と署名して約束手形をBに振り出し，Bは，その手形をCに裏書した。この場合，Cは，誰に手形金の支払を請求しうるか。

(1) 総 説

手形小切手の署名の名称が周知性または慣用性を有する必要があるか否かについては争いがある。

上の問題について従来の判例・通説は，必要説をとっていたものと考えられるが（大判大10・7・13民録27輯1318頁，鴻常夫「署名と記名捺印」講座第1巻137頁等），現在では不要説が多数説となっている（前田116頁等）。しかし，手形小切手行為者の同一性を手形小切手所持人に認識させることが手形小切手制度にとって不可欠の政策的要請であり，名称以外に

手形小切手行為者の同一性を認識する有効な手段が見当たらないことからすると，手形小切手の署名における行為者の名称については，ある程度厳格に解する必要があろう。

　例えば甲がA名義で手形行為をするためには，「甲はA名義による商取引を継続して，慣用性が生まれてから初めて手形行為をするほかないことになる」と述べて判例の立場を批判する見解もある（永井和之「手形行為と表見代理・表見代表・名板貸」竹内昭夫編『特別講義商法Ⅱ』136頁（有斐閣，1995））。会社や個人商人の商号の周知性は，商業登記をすることにより生まれると考えるべきであり，この見解のように慣用性について必要以上に厳格に解すべきではないと考えるが，甲のA名義に全く周知性がない状況においては，仮に甲が将来的にA名義を反復・継続する意思を有していたとしても，甲のA名義での第1回目の手形行為を有効と認める（大塚龍児・百選（第6版）5頁）ことにも賛成できない。また，「現在では，銀行を支払担当者とする統一手形用紙を用いた手形が手形取引のほとんどを占め，このような手形においては予め銀行に届け出た記名判および印鑑を押捺して振出または引受がなされることから，通称でない名称を用いた署名を有効と解したところでこのような名称を用いて署名をする者が増えて困るようなおそれはなく，手形取引界が混乱するおそれはない」ともいわれるが（伊沢和平「署名に用うべき名称」現代講座第2巻87頁以下），前述のように私製手形も出現しており（§1Ⅳ2＊参照），現在の銀行実務のやり方も，永続的なものとはいいきれない。

　以上のことから，上の問題については，必要性をとるべきである。署名の名称に周知性または慣用性が認められる場合には，名称は，通称や雅号や芸名等でもよく，他人の名称でもよい（最判昭43・12・12民集22巻13号2963頁）。

(2)　周知性・慣用性のない名称を用いた署名

　周知性または慣用性のない名称を用いた署名による手形小切手行為は，行為者の意思如何にかかわらず他人のための（代行方式の）手形小切手行為となり（§5Ⅰ1参照），その他人からの授権がなければ偽造となると解

すべきである。したがって，振出人がそのような署名を用いて手形小切手を振り出した場合，振出人は手形法8条または小切手法11条の類推適用による責任を負い（§5Ⅲ4参照），手形小切手自体は無効とならず，他の手形小切手行為について手形小切手行為独立の原則（手7条・77条2項，小10条）の適用も認められると解すべきである（§3Ⅴ1参照）。その意味では，上の問題について必要説をとる実益は大きくないともいえるが，署名が周知性または慣用性のない名称を用いていること（偽造）について悪意の者からの手形小切手の支払請求を否定し（§5Ⅲ3(2)，4参照），そのような署名に対する法の否定的評価を明確にしておくことは，手形小切手行為者の同一性を手形小切手所持人に認識させることが不可欠な政策的要請である手形小切手制度の運用に必要なのではあるまいか。

＊　神田秀樹・百選（第7版）5頁は，「個々の具体的な事案において，行為者自身が手形債務を負担する意思で他人の名称を使ったか否かを判定することは容易ではないと思われる」と指摘する（岩原紳作・百選（第5版）7頁参照）。その意味でも，自己のための手形小切手行為と他人のための（代行方式による）手形小切手行為とは，行為者の意思ではなく，署名の周知性・慣用性という客観的基準により区別されるべきである（§5Ⅰ参照）。

【設問8　コメント】　現代の日本社会において名称以外に手形小切手行為者の同一性を認識する有効な手段は，住所である。電子記録債権においては，債務者の住所は必要的記録事項になっているが（電子記録債権法16条1項），手形小切手においては，支払人・振出人の住所は有益的記載事項であるにすぎない（手2条3項・4項・76条3項・4項，小2条2項・4項）。このような法制度においては，署名の名称が周知性または慣用性を有する必要はあると解さざるをえないと思う。

3 署名の名称と印影との関係

> 【設問 9】 松本烝治という氏名の A は，振出人欄に「松本烝治」と記名
> し，実在する人物の「竹田省」と読める印を押捺した約束手形を B に
> 振り出し，B は，その手形を C に裏書した。この場合，C は，誰に手形
> 金の支払を請求しうるか。

手形法 82 条および小切手法 67 条が「本法ニ於テ署名トアルハ記名捺印
ヲ含ム」と規定したのは，わが国の慣習に従ったものであるが，「元来，
私印には，官印においての如き印面に刻すべき文言の指定なく，……従つ
て，如何なる文言を如何なる形態で刻するかは，各人の自由である」とさ
れている（広浜嘉雄「記名捺印論」法学 1 巻 11 号 478 頁（1932））。また，わ
が国の捺印制度は，「ある人の印判はこれであるというように，それを特
定できるだけの完備した制度」ではないから，手形法 82 条および小切手
法 67 条の解釈としても，署名における行為者の名称と印影とが形式的に
一致ないし関連していることを要しないものと解すべきである（仙台高判
平 6・2・28 判時 1551 号 132 頁）。

拇印も，行為者の名称と形式的関連性を認められるものではないが，判
例は，鑑別手続の困難性を理由に記名拇印による署名の効力を否定してい
る（大判昭 7・11・19 民集 11 巻 2122 頁）。手形小切手の引落に際して使用
印影と届出印鑑とを肉眼で照合して免責の保護を受けている銀行として
は，拇印を届出印鑑として受理することはできないであろう。しかし，そ
のような銀行の便宜のためにのみ署名が手形小切手行為の要件とされてい
るわけではなく，記名拇印による署名の効力を否定することには疑問があ
る（伊沢和・前掲現代講座第 2 巻 106 頁参照）。

> * しかしながら，手形小切手の署名において例えば「松本烝治」という名称に「竹
> 田省」と読める印が押捺されていてもよいと解さざるをえないのであろうか。手形
> 行為者の同一性を手形所持人に認識させることは，手形小切手制度にとって不可欠

の政策的要請であると考えられるが，上のような署名においては，単に行為者の名称と印影とが形式的関連性を有しないというにとどまらず，両者が外観上明らかに矛盾しているため，署名が全体として手形小切手行為者の同一性を疑わせるようなものになっている。そこで，一見して明らかに手形小切手行為者の同一性を疑わせるような署名については，慣用性のない名称による署名と同様にこれを無効とすることも考えられないではない。

> 【設問9 コメント】 行為者の名称と関連性がない印影は，一般生活上の認印としては認められないであろう。しかし，手形小切手の署名における行為者の名称と印影との関係については，わが国の捺印制度の現状を考慮すると，関連性不要説に従わざるをえないが，関連性不要説にも最低限度の歯止めは必要なのではなかろうか。

II 実質的要件

1 権利能力

> 【設問10】 (1) A大学同窓会の代表者Bは，振出人を「A大学同窓会代表B」とする約束手形をCに振り出した。この場合，Cは，誰に手形金を請求しうるか。
> (2) Aマンション管理組合の代表者Bは，振出人を「Aマンション管理組合代表B」とする約束手形をCに振り出した。この場合，Cは，誰に手形金を請求しうるか。

(1) 総 説

手形小切手上の権利義務の主体となりうるのは，自然人と法人である（民3条・34条）。法人は，定款その他の基本約款で定められた目的の範囲内で権利能力を有するが（民34条），その「目的の範囲内の行為とは，定款に明示された目的自体に限局されるものではなく，その目的を遂行する

上に直接または間接に必要な行為であれば，すべてこれに包含されるものと解するのを相当とする。そして必要なりや否やは，当該行為が目的遂行上現実に必要であったかどうかをもってこれを決すべきではなく，行為の客観的な性質に即し，抽象的に判断され」るため（最判昭 27・2・15 民集 6巻 2 号 77 頁），法人は，常に手形小切手権利能力を有することとなる。

(2) 権利能力のない社団・財団

権利能力のない社団・財団の代表者が機関として手形小切手行為をした場合，その社団・財団が「個人財産から分離独立した基本財産を有し，かつ，その運営のための組織を有して」いるときはその基本財産が手形小切手債務の責任財産となるものと解される（最判昭 44・11・4 民集 23 巻 11 号1951 頁）。

> ＊　権利能力のない社団・財団の基本財産が手形小切手債務の責任財産となる場合に代表者個人も手形小切手責任を負担するか否かについては争いがあるが，判例は否定している（前掲最判昭 44・11・4）。肯定説は，法人格なき社団・財団については責任財産が公示されていないことを理由とするが（平出慶道・百選（第 3 版）19 頁等参照），社団・財団の機関による手形小切手行為が行われ，社団・財団の基本財産が有効に手形小切手債務の責任財産となる以上，社団・財団の代表者の手形小切手責任を問題とすることは妥当であるまい（前田 121 頁等参照）。

(3) 民法上の組合

民法上の組合の代表者が代表者名義で手形小切手を振り出した場合，各組合員は，各組合員の氏名が表示された場合と同様，手形小切手について共同振出人として合同責任（§17 Ⅰ 2 (2)参照）を負うものと解される（最判昭 36・7・31 民集 15 巻 7 号 1982 頁）。

> 【設問 10　コメント】　大学等の同窓会は，権利能力のない社団であるが，近年，「一般社団法人及び一般財団法人に関する法律」により一般社団法人になる例が増えている。また，マンション管理組合は，「建物の区分所有等に関する法律」により法人格を取得していない場合は権利能力のない社団であることが多いが，民法上の組合であることもある。

2 意思能力

意思能力，すなわち泥酔者のような自己の行為の法的な結果を認識・判断しうる能力を欠く者の手形小切手行為は，無効である（民3条の2）。

判例・通説の立場によると，手形小切手行為者が署名の時点において意思能力を有している場合には，手形小切手の占有が離脱した時点において意思能力を喪失していたときでも権利外観理論によって債務を負担させられることとなるが，権利外観理論によって債務を負担させるためにも，意思能力は，手形小切手の占有離脱の時点において存在していることが必要なものと解すべきである（§2 Ⅱ参照）。

3 行為能力

手形小切手行為能力については，制限行為能力者保護の見地から，行為能力に関する民法の規定がそのまま適用されるものと解される。

民法によると，未成年者が法定代理人の同意なくしてなした手形小切手行為は，取り消しうるが（民5条），営業の許可を受けた者は，その営業に関しては完全な手形小切手行為能力を有するものとされる（民6条1項）。しかし，営業の許可を受けた未成年者であっても，その営業に関しない事柄については行為能力を有しないから，例えば遊興費を捻出する目的の場合には手形小切手行為能力を有しないものと解される。これに対し，「手形行為自体は客観的には常に営業の範囲内に属し，したがって，営業外の関係に基づいてなされたときも有効と認められ，それは人的抗弁事由となりうるにすぎない。手形能力については，客観的にあるかないかが問題になるだけであって，制限的にあるということは問題にならない」と解する見解もあるが（鈴木＝前田138頁以下），制限行為能力者保護の見地からは妥当でない（大隅＝河本44頁等参照）。

成年被後見人の手形小切手行為は，常に取り消しうる（民9条）。

被保佐人の債務負担を伴う手形小切手行為は，民法13条1項2号の「借財又は保証をすること」に該当し（大判明39・5・17民録12輯758頁参

照），無担保裏書のように債務負担を伴わない手形小切手行為は，同項3号の「重要な財産に関する権利の得喪を目的とする行為をすること」に該当するものと解され，いずれも保佐人の同意なくしてなされた場合には取り消しうる。

被補助人の手形小切手行為は，家庭裁判所が補助人の同意を得ることを要する被補助人の行為として「借財を為すこと」または「重要な動産に関する権利の得喪を目的とする行為を為すこと」を指定したにもかかわらず，補助人の同意なくしてなされた場合には取り消しうる（民17条。龍田節「手形小切手能力・意思表示の瑕疵」現代講座第2巻114頁参照）。

* 手形小切手行為を取り消しまたは追認する場合，判例は，取消については必ず手形小切手交付の相手方に対してなすことを要求しながら（大判大11・9・29民集1巻564頁），追認については現在の所持人に対してもなしうるものと解している（大判昭7・7・9民集11巻1604頁）。しかし，転々流通する手形小切手の性質を考慮すると，手形小切手行為は相手方が特定しない行為とも考えられ，取消についても追認についても，交付の相手方または現在の所持人のいずれに対してもなしうるものと解するのが妥当である（川村61頁等参照）。

4 公序良俗・強行規定違反

> 【設問11】 Yは，賭博による債務支払のために約束手形をAに振り出し，Aは，その手形をXに裏書した。この場合，Xは，Yに手形金の支払を請求しうるか。

手形小切手行為の無因性から，学説においては，原因が公序良俗（民90条）に違反する場合にも手形小切手行為の有効性を認めるのが通説である（大隅31頁以下等）。判例は，例えば賭博による債務支払のために小切手の交付を受けた者が小切手金の支払を求めることは公序良俗に反して許されないと解しているが（最判昭46・4・9民集25巻3号264頁），その法律構成は明確でない。

60 §4● 手形小切手行為の成立要件

＊ 民法においては，動機の不法について，例えば「法律行為において動機が表示された場合には問題となるとする見解，または一方当事者の不法動機を相手方が知っていた場合には問題になるとする見解が通説的な地位を占めている」といわれる（幾代通『民法総則（第2版）』218頁（青林書院，1984））。そうだとすると，手形小切手行為についても，原因が公序良俗に違反する場合に例えば行為の当事者双方が原因の公序良俗違反を知っていたときは，原因のみならず手形小切手行為自体も不法性を帯び，民法90条により無効となるものと解する余地があるのではなかろうか（林竧「手形行為の無因性」法教204号15頁（1997）参照）。ただし，そのように解する場合においても，公序良俗違反による手形小切手行為の無効は，権利外観理論により善意無重過失の第三者には対抗しえないものと解されよう（竹田44頁参照）。

手形小切手行為の動機が強行規定に違反する場合についても，上と同様に解する余地がある（最判昭44・3・27民集23巻3号601頁参照）。

【設問11 コメント】 手形小切手行為が無因性を有するといっても，例外を許さないものではないと思う。その意味で，通説のように手形小切手行為が公序良俗に反することはありえないものと割り切ってしまうことには，疑問を禁じえない。通説に従う場合には，Xについて手形法17条の適用が問題となる。

---

5 意思の欠缺・意思表示の瑕疵

【設問12】 Yは，金額を150万円とするつもりで1500万円とする約束手形をAに振り出し，Aは，その手形をXに裏書した。この場合，Xは，Yに手形金の支払を請求しうるか。

---

(1) 学説と判例

かつては，手形小切手行為についても意思の欠缺・意思表示の瑕疵に関する民法の規定（民93条～96条）を全面的に適用する見解が有力であったが（全面適用説。松本48頁以下等），現在においては，取引の安全を考慮してそれらの規定を個別的に修正して適用するか（個別的修正説。伊澤127頁以下等），一般的に修正して適用するか（一般的修正説。小橋73頁以下

等），その適用を排除する（適用排除説。鈴木＝前田142頁以下等）ことによって，瑕疵ある意思表示により手形小切手行為をなした者の善意者に対する責任を認めるのが多数説である。しかし，最近の傾向として，再び全面適用説も有力になりつつある（関245頁以下等）。

判例は，従来より，多数説と同様に「手形を詐取された事実があっても，そのような事由は悪意の手形取得者に対する人的抗弁事由となるに止まり善意の手形取得者に対しては振出人は手形上の義務を免れることはでき」ず（最判昭25・2・10民集4巻21号23頁），「錯誤による振出行為の無効は善意の譲受人には対抗し得」ず（最判昭29・3・9裁集民13号23頁），「強迫に因る手形行為取消の抗弁は，手形法上いわゆる人的抗弁として，善意の手形所持人には対抗できない」ものと解しており（最判昭26・10・19民集5巻11号612頁），また，「手形の裏書は，裏書人が手形であることを認識してその裏書人欄に署名または記名捺印した以上，裏書としては有効に成立するのであって，裏書人は，錯誤その他の事情によって手形債務負担の具体的な意思がなかった場合でも，手形の記載内容に応じた償還義務の負担を免れることはできないが，右手形債務負担の意思がないことを知って手形を取得した悪意の取得者に対する関係においては，裏書人は人的抗弁として償還義務の履行を拒むことができるものと解するのが相当」であると判示している（最判昭54・9・6民集33巻5号630頁）。

(2) 私 見

私法の枠組の中で手形小切手法における静的安全と動的安全との均衡を問い直そうとする本書においては（§1 VI 2参照），全面適用説をとることが理論的に明快であるかもしれない（高木正則「手形行為における意思の欠缺・意思表示の瑕疵」法論74巻6号130頁（2002）参照）。しかし，強迫について民法96条をそのまま適用すると，強迫よる手形小切手行為は，常に取り消しうることとなるが，このことは署名した手形小切手を（保管上の過失により）盗取された場合に外観を重過失なく信頼した者に対して債務を負担しなければならないと解される（§2 II 参照）ことと均衡を失すると考えられる。強迫における畏怖の程度は，表意者が完全に選択の自由を

62 §4 ● 手形小切手行為の成立要件

失ったことを必要としないものと解されているが（最判昭 33・7・1 民集 12 巻 11 号 1601 頁），選択の自由を失わせるには至らない程度の強迫を受けて手形小切手に署名してそれを交付した者の外観に対する帰責性は，署名した手形小切手を保管上の過失により盗取された署名者のそれと同等またはそれを超えるものであろう。

　全面適用説の中には，例えば「強迫による意思表示をして強迫状態を脱した後になってからも第三者が生じないような措置をとらないで放置していた者は，虚偽表示の規定を類推適用して善意の第三者に対して強迫の意思表示の取消の効果を主張することができないと解される」と主張する見解もある（関 245 頁以下）。しかし，手形小切手は，不動産と異なり，物理的に流通するものであるから，いったん譲渡した手形小切手を取り戻すこと（サルベージ）は必ずしも容易ではなく，これを取り戻せなかった場合に民法 94 条 2 項の類推適用の基礎となる「虚偽の外観を作出したに等しい落ち度」（内田貴『民法 I 第 4 版総則・物権総論』61 頁（東京大学出版会，2008））を認めることが困難になるときも少なくないであろう。したがって，強迫による手形小切手行為については，善意・無重過失の第三者に対しては手形小切手行為の取消しを対抗しえないものと解するのが妥当である。「強迫による取消はすべて善意・無過失の第三取得者に対抗できない」ものと解する見解（傍点筆者。龍田・前掲現代講座第 2 巻 134 頁）もあるが，これにも賛成できない。

　以上のことから，全面適用説は，必ずしも妥当でないものと考える。他方，適用排除説によると，当事者間における抗弁は，すべて「一般悪意の抗弁」という形で抽象化されるため，当事者間の法律関係がきわめて曖昧なものとなってしまう。また，個別的修正説に対しては，便宜的にすぎるとの批判が可能であろう。したがって，手形小切手行為については，意思表示に関する民法の規定を権利外観理論により一般的に修正して適用し，善意・無重過失の第三者に対しては手形小切手行為の無効・取消を対抗しえないものと解するのが妥当である（権利外観理論による一般的修正説。田邊光 75 頁以下等参照）。

Ⅱ　実質的要件　63

＊　選択の自由を失わせる強迫を受けて手形小切手行為をした場合には，意思能力を
　欠いていたことを理由に第三者に対しても手形小切手行為の無効を主張しうるもの
　と解される。判例にも，債権者の夜を徹しての強硬な要求により債務者が疲労困憊
　して手形を振り出した行為を不成立ないしは無効としたものがある（東京高判昭
　52・5・10 判時 865 号 87 頁）。

(3)　手形小切手金額の一部についての錯誤

　前掲最判昭 54・9・6 は，「手形行為者が手形金額 1500 万円の手形を金
額 150 万円の手形と誤信して交付したものであるとすれば，手形行為者に
は，手形金のうち 150 万円を超える部分については手形債務負担の意思が
なかったとしても，150 万円以下の部分については必ずしも手形債務負担
の意思がなかったとはいえず，しかも，本来金銭債務はその性質上可分な
ものであるから，少なくとも債務負担に関する限り，手形の交付について
の手形行為者の錯誤は，手形金のうち 150 万円を超える部分についてのみ
存し，その余の部分については錯誤はなかったものと解する余地があり，
そうとすれば，特段の事情のない限り，手形行為者が悪意の取得者に対す
る関係で錯誤を理由にして手形金の支払義務の履行を拒むことができるの
は，手形金のうち 150 万円を超える部分についてだけであって，その全部
についてではないものといわなければならない」と解している。例えば
「金銭債務は可分であるが，一定金額についての債務負担の表示は可分で
はない」といわれるように理論的には疑問もあるが（林竧・百選（第 5 版）
17 頁），結論的には妥当であろう。

> 【設問 12　コメント】　手形小切手行為も法律行為である以上，これに
> 意思表示の瑕疵に関する民法の規定を全面的に適用することは，自然で
> あろうが，交付欠缺の場合との均衡を考慮すると，無理が出てくる。他
> 方，判例の立場は，適用排除説に最も近いものといえようが，手形小切
> 手行為当事者間において意思表示の瑕疵に関する規定を排除しなければ
> ならない理由はないと思う。

§5◉　他人のための手形小切手行為

Ⅰ　総　　説

1　自己のための手形小切手行為との区別

　手形小切手行為も，一般の法律行為と同様，他人のためにもなされうる。

　近時，「手形行為の有権代理の場合であっても，いったんは手形署名実行者について手形債務は成立し，代理権の証明によってその効果だけが本人のみに帰属するようになると構成することはできないか」と問題を提起し，「金銭債権を表象する一回型有価証券である手形・小切手については，内心的効果意思の抽象化・客観化が徹底されるべき」との観点から，「手形署名における『名義の意義』は一応の行為者を推定させる程度のものにすぎない」として，「有権代理の場合にはその法律効果だけが本人に帰属することになり，その反射効として代理人自身の責任がなくなるにすぎないとの理論構成が可能ではないであろうか」と述べ，「権限の有無や行為者の内心的効果意思，さらには名義いかんを問わず，手形であることを認識してまたはすべくして手形の必要的記載事項（手形要件）を満たした手形用紙に署名行為を実行した者について有効な手形行為が成立する」ものと解する見解が主張されている（尾崎安央「手形署名名義と手形行為者・手形債務者の確定について」平出慶道先生・高窪利一先生古稀記念論文集『現代企業・金融法の課題（上）』169頁以下，199頁以下，204頁（信山社，2001））。

　しかし，手形小切手の署名の名称は，周知性または慣用性を有する必要

があり（§4Ⅰ2(1)参照），周知性または慣用性のない名称を用いた署名による手形小切手行為は，行為者の意思如何にかかわらず他人のための（代行方式の）手形小切手行為となると解すべきである（§4Ⅰ2(2)参照）。上の見解は，自己のための手形小切手行為と他人のための（代行方式の）手形小切手行為の区別について「行為者の内心的効果意思」を問題としない点では妥当であるが，「名義いかんを問わず，手形であることを認識してまたはすべくして手形の必要的記載事項（手形要件）を満たした手形用紙に署名行為を実行した者」をいったんは自己のために手形行為をした者と解する点で妥当でない。そのような解釈を是認する場合には，手形行為者の同一性を手形所持人に認識させることがきわめて困難となろう。法が手形行為の成立要件として署名を要求した趣旨からすると，自己のための手形小切手行為と他人のための（代行方式の）手形小切手行為とは，署名の名称の周知性・慣用性という客観的基準により区別されるべきである。

2　代理方式と代行方式

他人のための手形小切手行為には，代理方式によるものと代行（機関）方式によるものとがある。前者は，他人が本人のためにする旨を示してする方式のものであり，後者は，他人が直接本人名義でする方式のものである。

* 　代行方式による手形小切手行為には，代行者が本人の指図により機械的に手形小切手行為をする場合（固有の意味における代行）と代行者が一定の権限において手形小切手行為をする場合（代理的代行，署名の代理）とがある。判例は，手形小切手の代理的代行を代理の一方式として有効なものととらえてきたが（大判大4・10・30民録21輯1799頁等），「他人が本人の指図に従って本人名義の手形行為をした場合は，実質的にも形式的にも機関による手形行為であるのに対し，他人が権限を与えられ自己の決定に従って本人名義の手形行為をした場合は，実質的には代理であるとしても，形式的にはやはり機関による手形行為であって，手形上の表示が行為の効果を決定する手形関係においては，実質よりも形式によって考えるべきである」とされ（鈴木＝前田168頁以下），「使者ないし意思伝達機関というのは，補助者の対外的な現われ方の問題であって，裁量の余地の有無により両者が区別さ

れるべきものではないから，代行と署名の代理とを事実上区別することは妨げない
としても，法的取扱における相違はない」とされる（小橋43頁以下）。これに対
し，「代理の場合には，代理人の署名によって手形小切手行為が成立しており，そ
のうえで権限の有無が効果の帰属に関して問題になるものであるのに対し，代行の
場合には，無権限者すなわち表示機関ではない他人の署名の効力そのものが問題に
なる」とも解されるが（倉沢康一郎「手形小切手行為の代理・代行」現代講座第2
巻185頁），例えば「Aが甲に権限を与えて，自己のためにA名義で署名させた場
合に，Aの手形上の責任を否定しなければならない理由は，なんら存在しない」と
いうべきであろう（前田114頁）。手形小切手行為については，固有の意味におけ
る代行と代理的代行との区別を重視することは妥当でなく，代理方式による手形小
切手行為と代行方式による手形小切手行為の両者をあわせて他人のための手形小切
手行為ととらえるほかないであろう。換言すれば，書面行為である手形小切手行為
においては，方式，すなわち形式的要件を除いては代理と代行とに理論的区別はな
く，理論的に問題とすべき区別は，自己のための手形小切手行為と他人のための手
形小切手行為の区別に尽きるものと考える（以上の点について，結合法理126頁以
下参照）。

II 形式的要件

【設問13】 (1) A会社の代表取締役Bは，振出人を「A会社代表取締
役B」とする約束手形をCに振り出し，Cは，その手形をDに裏書し
た。この場合，Dは，誰に手形金の支払を請求しうるか。
　(2) A会社の代表取締役Bは，振出人を「A会社B」とする約束手形
をCに振り出し，Cは，その手形をDに裏書した。この場合，Dは，
誰に手形金の支払を請求しうるか。
　(3) A会社の代表取締役Bは，振出人を「A会社」とする約束手形
をCに振り出し，Cは，その手形をDに裏書した。この場合，Dは，
誰に手形金の支払を請求しうるか。

---

1 代理方式による場合

この場合における手形小切手行為の効果が本人に帰属するための形式的

要件は，他人が本人のためにすることを示して手形小切手上に署名することである（民99条1項。顕名主義）。代理人が本人のためにする旨を示さないで手形小切手上に署名した場合には，代理人の自己のための手形小切手行為となり，代理人が手形小切手上の責任を負うこととなる（民100条本文）。手形小切手行為は，商行為であるが（商501条4号），商法504条の適用はなく，民法100条但書も適用されないものと解される。

　本人のためにする旨の表示としては，例えば，「A代理人B」，「Aを代理してB」，「A会社代表取締役B」，「A支配人B」，「A営業部長B」，「A後見人B」等がある。判例は，約束手形の振出人欄に「合資会社安心荘斉藤シズエ」という名称が記されていた事案において「手形上の表示から，その手形行為が本人のためになされたものか，代理人のためになされたものか判定しがたい場合においても，手形の文言証券たる性質上，そのいずれであるかを手形外の証拠によって決することは許されない。そして，手形の記載のみでは，その記載が本人のためにする旨の表示であるとも，また，代理人のためにする表示であるとも解しうる場合の生ずることを免れないが，このような場合には，手形取引の安全を保護するために，手形所持人は，本人および代理人のいずれに対しても手形金の請求をすることができ，請求を受けた者は，その振出が真実いずれの趣旨でなされたかを知っていた直接の相手方に対しては，その旨の人的抗弁を主張しうる」ものと解しており（最判昭47・2・10民集26巻1号17頁），妥当であろう。

2　代行方式による場合

(1)　総　説

　この場合における手形小切手行為の効果が本人に帰属するための形式的要件は，他人が直接に本人の名義を手形小切手上に署名することである。記名捺印の代行による手形小切手行為が可能なことはほぼ争いはないが，自署の代行により手形小切手行為をなしうるかは問題である。

　否定説は，例えば「本人の署名自体を代行することは行為者がみずから

自己の名称を記すものである自署の性質上，認めることはできない」と主張する（田中誠 133 頁）。これに対し，肯定説は，「他人が書いたものであっても，筆跡によって行為者を識別できる以上，その行為者が権限を与えられているならば，本人の責任を否認する必要はない。そして，このように解しても，記名は何人がいかなる方法で名前を表示したものでもよいため，捺印を加える必要かあるのに対し，署名は本人または権限を与えられた者が手書したものでなければならないから，記名捺印と署名との区別が全然なくなるわけではない」（鈴木＝前田 169 頁以下）とか，「署名の代行を無効と解するということは，代行者の権限の有無にかかわらず無効とすることであって，方式に瑕疵があることを意味することになる。しかし，署名が本人によってなされたか代行されたかは手形面からは識別できないことであって，手形面上識別できないような方式の瑕疵を認めることは，手形取引の安全の見地からいって到底是認できない。ことに振出が署名の代行の方法によってなされた場合には，右の見解（否定説——筆者）によると振出の方式に瑕疵があることになり，……その手形上になされるすべての手形行為に瑕疵があることになって，その書面は紙片と同様になってしまうという重大な結果を導く」（前田・入門 69 頁）と主張する。手形小切手取引の安全という見地から，肯定説を支持すべきである。

(2) 代行方式による法人の手形小切手行為の可否

代行方式による法人の手形小切手行為が認められるかという点について，判例は，否定説に立って「手形行為者が法人である場合には，当該法人の代表機関が法人のためにすることを明らかにして自己の署名をすることを要するものと解するのが相当である。けだし，法人はその機関たる地位にある自然人と別個の人格を有するが，代理の場合と異なり，機関の法律行為を離れて別に法人の法律行為があるわけではなく，法人が裏書人である場合における法人の署名とはその機関の地位にある自然人の署名をいうものと解されるからである」と述べる（最判昭 41・9・13 民集 20 巻 7 号 1359 頁）。これに対し，肯定説は，「正当な代表者が会社の印章ないし職名印を押捺したことが明らかにされても，その個人名が手形上に表されて

いない以上は，絶対に会社の責任を否認しなければならないとする必要は存しない。理論上，法人と個人とをこの点について区別することは理由がないと考える」と主張する（鈴木＝前田 170 頁）。しかし，「法人の署名がその代表者によってなされる必要があるとの要請は，単に法人の署名についての観念的な要請であるにとどまらず，法人の署名の表示形式においても尊重されるべき」であろう（服部榮三「法人その他の団体の手形行為」現代講座第 2 巻 151 頁）。また，手形小切手行為に限らず，法人名のみの署名が社会一般に承認されていないのは，行為者の同一性，すなわち署名を行った者の権限を疑わせるためでもあろう。したがって，否定説によるべきものと考える。

【設問 13　コメント】　小問(2)は，手形小切手における本人のためにする旨の表示の意義を，小問(3)は，代行方式による法人の手形小切手行為の可否をそれぞれ問うた問題である。いずれの問題についても，最高裁判例がある。小問(3)については，「理論上，法人と個人とをこの点について区別することは理由がない」ことは確かであるが，法解釈は「理論」だけでもないと思う。

Ⅲ　実質的要件

1　前　説

　他人のための手形小切手行為の効果が本人に帰属するための実質的要件は，代理方式と代行方式のいずれの場合においても，他人が本人のために当該手形小切手行為を行う権限を有することである。A が自己または第三者の利益を計る目的で（例えば自己の借金の支払いのため）B のための手形小切手行為をした場合，相手方がその目的を知り，または知ることができたときは，その行為は，A のための手形小切手行為とみなされる（民 107条）。

支配人や代表取締役等の代理権・代表権に加えた制限は，善意の第三者に対抗しえない（会社11条3項・349条5項等）。

2　利益相反の禁止

【設問14】　Y社は，約束手形をその取締役であるAに振り出し，Aは，その手形をXに裏書した。この場合，Xは，Yに手形金の支払を請求しうるか。

利益相反禁止規定（民108条，会社356条1項2号等）と手形小切手行為との関係について，判例は，例えば「約束手形の振出人は，その手形の振出により，原因関係におけるとは別個の新たな債務を負担し，しかも，その債務は，挙証責任の加重，抗弁の切断，不渡処分の危険等を伴うことにより，原因関係上の債務よりもいっそう厳格な支払義務であるから，会社がその取締役に宛てて約束手形を振り出す行為は，原則として，商法265条（現行会社法356条1項2号・365条1項——筆者）にいわゆる取引にあた」るものと解したうえで，いわゆる相対的無効説により2005年改正前商法256条（現行会社法356条1項2号・365条1項）に違反して約束手形をその取締役に振り出した会社の善意の第三者に対する責任を認めており（最判昭46・10・13民集25巻7号900頁。民法108条違反の手形小切手行為に

約束手形取締役会承認済の例

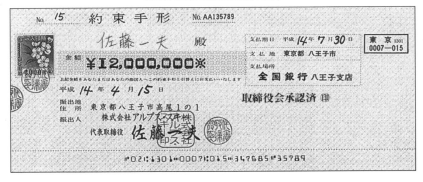

ついて，最判昭 47・4・4 民集 26 巻 3 号 373 頁参照）結論的には妥当であろう。

【設問 14　コメント】　相対的無効説は，ある意味では理論の放棄ともいえようが，「今日では，……利益相反取引規制違反の取引一般について，相対的無効説をとる見解が通説化している」といわれ（田中亘・百選（第 7 版）77 頁），手形取引についてのみ手形法独自の解決をすることも妥当であるまい。

3　無権代理・超権代理

【設問 15】　A は，権限を有しないにもかかわらず振出人を「B 代理人A」とする約束手形を C に振り出し，C は，その手形を D に裏書した。この場合，D は，誰に手形金の支払を請求しうるか。

(1)　本人の責任

a　総　説

　他人が本人のために当該手形小切手行為を行う権限を有していない無権代理の場合，他人のための手形小切手行為の効果は，原則として本人に帰属しないが（民 113 条参照），本人は，これを追認することによって遡及的にその効果を自己に帰属させうる（民 116 条参照）。また，これを追認しないときにも，民法上の表見代理に関する規定（民 109 条 1 項・110 条・112条 1 項）やその他の第三者保護規定（商 24 条，会社 13 条・354 条等）によって手形小切手上の責任を負わされることがある。他方，代理人が金額において手形小切手行為を行う権限を超えた超権代理の場合，本人は，原則として代理権を与えた範囲で責任を負うものと解される。

b　表見代理等により保護される第三者の範囲

　判例は，手形小切手取引においても，表見代理により保護される第三者は無権限者と直接取引した相手方に限定されるものと解しているが（最判昭 36・12・12 民集 15 巻 11 号 2756 頁），民法 110 条の第三者かどうかは手

72 §5 ● 他人のための手形小切手行為

形取得の経路によって形式的に考えるべきでなく，実質的な取引関係を考慮に入れて考察すべきものと解している（最判昭45・3・26判時578号75頁）。これに対し，学説の多くは，例えば「通常の固定的な当事者間の行為については直接の相手方のみについて考えればよいが，転軽流通する手形の場合には，直接の相手方のみならず，爾後の手形取得者についても……救済を認めることが必要と思われる」として，直接の相手方のみならず，第三取得者も表見代理によって保護されるべきものと解している（鈴木＝前田166頁以下）。

しかし，仮に上のように解しても，実際に例えば民法110条の正当理由を具備して保護される第三取得者は数少ないものと考えられることから，名義人が表見代理の帰責事由を具備する場合に，第三取得者を含めて広く善意者を保護しうる理論（権利外観理論または創造説等）を立てる見解もある（加藤勝郎「手形行為の表見代理」伊澤孝平先生還暦記念『判例手形法小切手法』85頁以下（商事法務研究会，1969），前田161頁以下等）。これに対し，手形小切手取引においても通常の解釈操作を超えて第三者の保護を拡大することを不当とする見解は，表見代理によって保護される第三者を無権限者と直接取引した相手方に限定する判例を積極的に支持している（関262頁以下）。表見代理等により手形小切手上の責任を負わされる本人は手形小切手に署名しているわけではないという点では表見代理等により他の民事上の責任を負わされる者と変わりがない点を重視して，判例の立場を支持すべきであろう。

c 使用者責任

無権限の手形小切手行為者が本人の被用者であり，行為の外形が被用者の職務の範囲内の行為に属するものとみられる場合には，重過失なく行為の外形を信じた相手方は，本人の使用者責任（民715条）を問いうる（最判昭36・6・9民集15巻6号1546頁）。とくに，重過失なく手形が真正に振り出されたものと信じた第三取得者も本人の使用者責任を問いうるものと解されている（最判昭45・2・26民集24巻2号109頁）ことは注目されよう。

Ⅲ　実質的要件　73

*　過失相殺（民 722 条 2 項）の可能性を含む使用者責任には，「①柔軟に両当事者
　の帰責事由を取り込む素地があり，②帰責事由の度合いに応じた損失の分担が可能
　であり，③相対的解決になじむといった特徴がある」という指摘もなされている
　（藤田友敬「偽造手形」法教 204 号 18 頁（1997））。

⑵　無権代理人・超権代理人の責任

　無権代理・超権代理により手形小切手行為がなされた場合に本人の追認
がないときは，無権代理人・超権代理人が原則として手形小切手金全額に
ついて責任を負う（手 8 条・77 条 2 項，小 11 条）。所持人が表見代理によっ
て本人の責任を問いうる場合にも，「表見代理は，善意の相手方を保護す
る制度であるから，表見代理が成立すると認められる場合であっても，こ
の主張をすると否とは，相手方たる手形所持人の自由であり，所持人とし
ては，表見代理を主張して本人の責任を問うことができるが，これを主張
しないで，無権代理人に対し手形法 8 条の責任を問うこともできる」もの
と解されている（最判昭 33・6・17 民集 12 巻 19 号 1532 頁）。

　無権代理人または超権代理人の責任は，意思表示に基づく責任ではな
く，手形小切手取引の安全という政策により認められた一種の担保責任で
あるから，相手方が悪意の場合には認められないが（一般悪意の抗弁。§12
Ⅱ1 参照），民法 117 条 2 項におけるのとは異なり，相手方が善意の場合
には過失があるときにも認められるものと解される（平出 193 頁等参照）。

　本人が実在しない場合においても，手形法 8 条または小切手法 11 条の
類推適用により代理人として手形小切手行為をした者の責任を認めるべき
である（最判昭 38・11・19 民集 17 巻 11 号 1401 頁参照）。

> 【設問 15　コメント】　この設問には，手形行為独立の原則等，いくつ
> かの問題点が含まれているが，特に表見代理により保護される第三者の
> 範囲は難問である。使用者責任は，第三取得者も追及しうるが，損害賠
> 償請求事件であるから，手形訴訟によることができないという問題があ
> る（宍戸善一・百選（第 7 版）23 頁参照）。

74 §5● 他人のための手形小切手行為

4 手形小切手の偽造

> **【設問16】** Aは，権限を有しないにもかかわらず振出人を「B」とする約束手形をCに振り出し，Cは，その手形をDに裏書した。この場合，Dは，誰に手形金の支払を請求しうるか。

　無権限者が代行方式によって手形小切手行為を行った場合，かつての判例は，その者に本人のためにする意思があるときは，無権代理として代理法理の適用を認めるものの，その者に本人のためにする意思がないときは，偽造として代理法理の適用はないものと解してきた（大判昭8・9・28新聞3620号7頁，大判昭8・9・28民集12巻22号2362頁）。しかし，このような区別の仕方については学説の批判が強く，判例も，やがて，無権限者が本人のためにする意思なくして代行方式による手形小切手行為を行った場合に，遡及的追認を認め（最判昭41・7・1判タ198号123頁），表見代理に関する規定の類推適用を肯定するようになった（最判昭43・12・24民集22巻13号3382頁）。さらに，「手形法8条による無権代理人の責任は，責任負担のための署名による責任ではなく，名義人本人が手形上の責任を負うかのように表示したことに対する責任であると解すべきところ，手形偽造の場合も，名義人本人の氏名を使用するについて何らの権限のない者が，あたかも名義人本人が手形上の責任を負うものであるかのように表示する点においては，無権代理人の場合とかわりはなく，したがって，手形署名を作出した行為者の責任を論ずるにあたり，代理権表示の有無によって本質的な差異をきたすものではなく，代理表示をせずに直接本人の署名を作出した偽造者に対しても，手形法8条の規定を類推適用して無権代理人と同様の手形上の担保責任を負わせて然るべき」ものと判示されるに至り（最判昭49・6・28民集28巻5号655頁），代理方式による手形小切手行為と代行方式による手形小切手行為とにおける代理法理の適用に関する差異はほぼ解消されている。

IV　手形小切手行為と商号使用の許諾　75

＊　手形小切手の偽造について本人のためにする意思の有無を問題にすることは，その判断の困難さからいって妥当でない。前述のように自己のための手形小切手行為と他人のための（代行方式の）手形小切手行為とは，署名の名称の周知性・慣用性という客観的基準により区別されるべきであり（§5Ⅰ参照），周知性または慣用性のない名称の署名をして手形小切手行為をした者については，その意思如何にかかわらず他人のために手形小切手行為をしたものと解し，その他人から当該手形小切手行為を行う権限を授与されていない場合には常にこれを偽造と解するのが妥当である。

【設問16　コメント】　設問においては，【設問15】で論じられるべき問題のほか，偽造者の責任が論じられなければならない。偽造者は，他人名義を自己を表示する名称として用いたのであり，自ら手形行為をした本人として手形責任を負うべきものと解する見解も有力であるが（偽造者行為説。大隅健一郎『商事法研究（下）』213頁以下（有斐閣，1993）等），この見解によると，結局，法が手形行為の成立要件として署名を要求した趣旨は没却されよう。

IV　手形小切手行為と商号使用の許諾

【設問17】　⑴　Aは，自己の商号を使用して営業することをBに許諾した。しかし，Bは，Aの商号を営業に使用しないまま，振出人をAとする約束手形をCに振り出した。この場合，Cは，誰に手形金の支払を請求しうるか。
　⑵　Aは，自己の商号を使用して手形小切手行為をすることをBに許諾し，Bは，振出人をAとする約束手形をCに振り出した。この場合，Cは，誰に手形金の支払を請求しうるか。

商法14条および会社法9条は，外観を信頼した者の保護を目的として，自己の商号を使用して営業または事業を行うことを他人に許諾した者（許諾者）は自己を営業主または事業主と誤認して取引をした者に対しそ

の取引により生じた債務につきその他人（被許諾者）と連帯して弁済の責任を負うものと規定している。したがって，許諾者の商号で営業を営んでいる被許諾者が営業または事業のために自ら振出人となる意思で許諾者の商号を使用して約束手形を振り出した場合，受取人が振出人を許諾者と誤認したときは，受取人は，被許諾者および許諾者に対して手形金の支払を請求しうることとなる（最判昭 42・2・9 判時 483 号 60 頁参照）。

　自己の名称を営業に使用することを許諾したにもかかわらず，被許諾者がその名称を営業に使用せず手形小切手行為のみに使用した事案において，判例は，許諾者について平成 17 年改正前商法 23 条を「類推適用」して責任を認めている（最判昭 55・7・15 判時 982 号 144 頁）。この事案において被許諾者は，営業においてその名称を慣用的に使用していないから，この事案について同条を「適用」する余地はなかったものと解されるが，許諾者は，手形小切手債務を負担したような外観を有責的に作出したものといえるから，この者について外観法理の発現といえる同条を「類推適用」する基礎は存在したものと考えられる。その意味においてこの判例は支持されよう。

　自己の名称を営業ではなく手形小切手行為に使用することを許諾した者について，判例は，平成 17 年改正前商法 23 条の「適用」を否定するが（最判昭 42・6・6 判時 487 号 56 頁），このような者も，手形小切手債務を負担したような外観を有責的に作出したものといえるから，同条を「類推適用」して責任を認める余地はあったものと解する。

＊　手形小切手の署名における行為者の名称は，慣用性を有するものでなければならないと解すべきであるから（§4Ⅰ2参照），慣用性を有しない他人の商号を使用した手形小切手行為は，行為者の主観的意思にかかわらず他人のための手形小切手行為となり，そのような手形小切手行為がなされた場合には，商法 14 条または会社法 9 条の「適用」は問題とならないものと解すべきである。したがって，手形小切手行為について商法 14 条または会社法 9 条が「適用」されるのは，被許諾者が営業または事業において許諾者の商号を慣用的に使用していたにもかかわらず，相手方が行為者を許諾者と誤認したという例外的な場合に限られることとなる。

Ⅳ　手形小切手行為と商号使用の許諾　77

【**設問 17　コメント**】　この設問は，平成 17 年商法改正前においては「名板貸」として論じられていた問題に関するものであるが，手形小切手の署名における行為者の名称が周知性または慣用性を有する必要があるか否かという点がまず問題となる。私見によると，小問⑴においても小問⑵においても，規定の「適用」は否定されるが，その「類推適用」は否定されない。

§6 ● 手形小切手関係と原因関係

Ⅰ 手形小切手の授受が原因関係に及ぼす影響

> **【設問18】** Yは，Xから商品を購入し，約束手形をXに振り出した。この場合，Xは，手形金の支払を請求せずにYに売買代金の支払を請求しうるか。

1 前　説

　振出や裏書等により手形小切手が授受される場合には通常その原因となる法律関係（原因関係）が存在し，手形小切手の授受は，その原因関係に影響を及ぼす。無因性は，手形小切手関係が原因関係に影響を及ぼさないことまでは意味しない。

　手形小切手の授受が原因関係に及ぼす影響は，手形小切手を授受する当事者の意思によって決定される。これを大別すると，原因関係における債務（原因債務）の支払に代えて手形小切手が授受される場合と原因債務の支払のために手形小切手が授受される場合とがある。

2 支払に代えて授受される場合

　原因債務の支払に代えて手形小切手が授受される場合とは，手形小切手を授受する当事者間において原因債務を消滅させる場合である。

　かつての民法513条においては，債務の履行に代えて為替手形を発行した場合，それは更改の性質を有するものとされていた。しかし，例えば「更改は，1個の契約によって旧債務を消滅させるとともに新債務を成立

させるものである。別個の行為によって生じた債権を対価として交付することによって旧債務を消滅させるものではない。したがって，旧債務が存在しかつその消滅することと，新債務が成立することとは，互に因果関係を有し，一方の効果を生じないときは，更改契約自体か無効となる。すなわち，旧債務が存在しないときは，新債務は成立せず」といわれ，更改は，一般に有因性を有するものと解されている（我妻栄『新訂債権総論』360頁（岩波書店，1964）。これに対し，無因的更改を認める最近の見解として，高田晴仁「支払に代えてなす手形行為と更改——民法513条2項後段の意義——」法研70巻1号（1997）参照）。手形小切手行為は，原則として無因性を有するから（§3Ⅳ参照），支払に代えて手形小切手が授受される場合の法的性格は，代物弁済（民482条）と解される。

3　支払のために授受される場合

(1)　総　説

　原因債務の支払のために手形小切手が授受される場合とは，手形小切手を授受する当事者間において原因債務を消滅させない場合である。したがって，この場合には，原因債務と手形小切手債務とが並存することとなるが，債権者が債務者から手形小切手の支払を受ければ，原因債務は消滅する。しかし，この場合に手形小切手上の権利が時効または遡求権保全手続の懈怠により消滅しても，原因債務は，当然には消滅しない。また，この場合に債権者が対価を得て手形小切手を譲渡したとき，原因債務は，対価を得たことにより消滅するわけではなく，所持人から遡求権の行使を受けるおそれがなくなったことにより消滅するものと解される（最判昭35・7・8民集14巻9号1720頁参照）。

　他方，債務者は，債権者からの原因債務の請求に対しては，「民法533条の基礎にある信義衡平の原則」から，原則として手形小切手の返還と引換えに支払うべき旨の抗弁をなしうるものと解される（最判昭33・6・3民集12巻9号1287頁参照）。債務者としては，手形小切手の返還を受けておかなければ，第三者が手形小切手を善意取得したために二重払をしなけれ

ばならなくなる可能性があり，また，自己の前者に対する遡求権を行使できなくなるからである。ただし，債務者が原因関係の履行期を徒過している場合には，債権者から手形小切手の返還を受けなくても履行遅滞となる（最判昭40・8・24民集19巻6号1435頁）。

支払のために手形小切手が授受される場合は，さらに支払の方法として手形小切手が授受される場合と担保として手形小切手が授受される場合とに分けられる。

> ＊　手形小切手を時効にかけた債権者は，有効な手形小切手を債務者に返還しえない。もっとも，約束手形の受取人である債権者が手形を時効にかけた場合には，第三者が手形を善意取得する可能性はなく，振出人である債務者が自己の前者に対し遡求権を行使することもないから，債権者は，約束手形を返還しなくても原因債権を行使しうるものと解される（大判昭10・6・22新聞3869号11頁参照）。問題は，手形小切手が時効にかかっていなかったならば債務者が遡求権を行使しえたにもかかわらず，債権者が手形小切手を時効にかけた場合の法的処理である。この問題については見解が分かれるが，債務者は，債権者に対し遡求権を行使しえなくなったことに基づく損害賠償請求権を取得し，これと原因債務とを相殺して債権の行使を拒みうるものと解するのが妥当であろう（田邊光304頁以下等参照）。

(2) 支払の方法として授受される場合

原因債務の支払の方法として手形小切手が授受される場合とは，その授受により手形小切手債務が発生するときに当事者間において手形小切手上の権利と原因債権のうち前者を先に行使させる場合である。したがって，この場合には，原因債務の履行期は，原則として手形小切手の満期まで延長されたものと解され，債権者としては，手形小切手金の支払が拒絶されたときにはじめて原因債権を行使でき，債務者としては，手形小切手の支払のための呈示を受けないかぎり原因債務につき履行遅滞に陥らないこととなる。

(3) 担保のために授受される場合

原因債務の担保として手形小切手が授受される場合とは，その授受により手形小切手債務が発生するときに当事者間において手形小切手上の権利

と原因債権のうちどちらを先に行使してもよい場合である。もっとも，この場合には，原因債務の履行場所を手形債務の履行場所と同じにする（原因債務を取立債務とする）という特約がなされたものと推定されることから，債務者は，手形小切手の支払のための呈示を受けなくとも原因債務の履行期を過ぎれば当然に履行遅滞に陥るわけではない。

手形小切手の授受の分類

手形小切手の授受 ── 支払に代えての授受

支払のための授受 ── 支払の方法としての授受

担保のための授受

4　当事者の意思が不明な場合

手形小切手を授受する当事者間の意思が明らかでない場合，原因債務の支払に代えて手形小切手が授受されたものと解することは妥当でない。原因債権が消滅すれば，それに伴って原因債権についての担保も消滅し，手形小切手債務も確実に履行されるものともかぎらないからである。したがって，この場合には，原因債務の支払のために手形小切手が授受されたものと解すべきであるが，問題は，その支払の方法として手形小切手が授受されたものと解するか，その担保のために手形小切手が授受されたものと解するかである。

まず，約束手形が裏書人と被裏書人との間で授受された場合のように他に第一次的な手形小切手債務者（約束手形の振出人，為替手形の引受人等）が存在する場合においては，債務者は，債権者がまず第一次的な手形小切手債務者に手形小切手金を請求することを期待しているものと考えられるため，原因債務の支払の方法として手形小切手が授受されたものと解される。また，約束手形が振出人と受取人との間で授受された後，他に裏書されていない場合のように，債務者のほかに第一次的な手形債務者が存在しない場合においても，現在発行されている大部分の約束手形のように第三者方払の記載があるときは，債務者は，支払資金を支払担当者に供給して

いるものと考えられるため，やはり原因債務の支払の方法として手形が授受されたものと解される。

　争いがあるのは，第三者方払の記載のない約束手形が振出人と受取人との間で授受されたような場合であるが，判例は，支払場所を受取人宅とする約束手形が振り出された事案において「手形がその原因関係たる債務の支払の確保のため振出された場合に，当事者間に特約その他別段の意思表示がなく債務者自身が手形上の唯一の義務者であって他に手形上の義務者がない場合においては，手形は担保を供与する趣旨の下に授受せられたものと推定するを相当」と解している（最判昭23・10・14民集2巻11号376頁）。通説も，債権者にとっては原因債務の担保のために手形が授受されたものと解するほうが有利であり，債務者にとっては手形上の権利と原因債権とのどちらを先に行使されても利害関係に変わりがないとして，判例と同様の結論をとる（田邊光301頁以下等）。これに対し，原因債務の担保のために手形小切手が授受される場合，判例・通説に従うと，債務者は，手形小切手の支払のための呈示を受けなくとも原因債務について履行遅滞に陥る可能性があり，支払の方法として手形小切手が授受される場合よりも債務者に不利になる可能性があるとして，当事者の意思が不明の場合には原因債務の支払の方法として手形小切手が授受されたものと解する見解があり（前田290頁），この見解を支持すべきである。手形の支払呈示期間経過後についても，同様に解してよい（通説は反対か。白井正和・百選（第7版）175頁参照）。

> 【設問18　コメント】　設問の解答に際しては，当事者の意思による場合分けが必要となる。問題は，当事者の意思が不明な場合であるが，現在発行されている大部分の手形のように銀行が支払担当者とされているときは，実はあまり問題はない。手形において銀行が支払担当者とされている場合であっても，支払呈示期間経過後については議論があるが，原因債務の支払の方法として手形小切手が授受されたものと解してよいであろう。

Ⅱ　手形小切手金の請求と原因債権の時効の完成猶予

> **【設問 19】**　Y は，運送賃支払のために約束手形を X に振り出した。X は，Y に手形金支払請求の訴えを提起したが，Y は，訴訟中に運送賃債権が時効消滅したから，手形金支払義務はないと主張した。この場合，X の請求は認められるか。

1　前　説

　手形小切手授受の当事者間において原因債権の時効消滅が人的抗弁事由となるか否かについては争いがある。

　上の問題を否定する場合には，債権者の債務者に対する手形小切手金請求訴訟において債務者が原因債権の時効消滅を主張することは意味がない。これに対し，この問題を肯定する場合に債務者による原因債権の時効消滅の主張が認められれば，債権者の手形小切手金請求訴訟は，棄却される。しかし，その場合に債権者の手形小切手金請求訴訟の提起が原因債権の消滅時効の完成を猶予する（民 147 条 1 項 1 号）ものと解するときは，債務者による原因債権の時効消滅の主張は認められなくなる。そこで，手形小切手授受の当事者間において原因債権の時効消滅が人的抗弁事由となるものと解する立場においては，債権者による手形小切手金請求訴訟の提起が原因債権の消滅時効の完成を猶予するか否かが重要な問題となる。

　手形小切手授受の当事者間において原因債権の時効消滅が人的抗弁事由とならないものと解する立場においても，原因債権のために別の担保が存在する場合等には，債権者による手形小切手金請求訴訟の提起が原因債権の消滅時効の完成を猶予するか否かが問題となる。

2　判　例

　上の問題について，判例は，「債務の支払のために手形が授受された当

事者間において債権者のする手形金請求の訴えの提起は，原因債権の消滅時効を中断する効力を有するものと解するのが相当である。けだし，かかる手形授受の当事者間においては，手形債権は，原因債権と法律上別個の債権ではあっても，経済的には同一の給付を目的とし，原因債権の支払の手段として機能しこれと並存するものにすぎず，債権者の手形金請求の訴えは，原因債権の履行請求に先立ちその手段として提起されるのが通例であり，また，原因債権の時効消滅は右訴訟において債務者の人的抗弁事由となるところ，右訴えの提起後も原因債権の消滅時効が進行しこれが完成するものとすれば債権者としては，原因債権の支払手段としての手形債権の履行請求をしていながら，右時効完成の結果を回避しようとすると，更に原因債権においても訴えを提起するなどして別途に時効中断の措置を講ずることを余儀なくされるため，債権者の通常の期待に著しく反する結果となり，他方，債務者は，右訴訟継続中に完成した消滅時効を援用して手形債務の支払を免れることになって，不合理な結果を生じ，ひいては簡易な金員の決済を目的とする手形制度の意義をも損なう結果を招来するものというべきであり，以上の諸点を考慮すれば，手形金請求の訴えの提起は，時効中断の関係においては，原因債権自体に基づく裁判上の請求に準ずるものとして中断の効力を有するものと解するのが相当である」と判示している（最判昭 62・10・16 民集 41 巻 7 号 1497 頁）。

3　学説と私見

学説においては，上の判例の立場を支持する見解が多数説といえるが（前田 631 頁以下等），原因債権の時効消滅はそもそも人的抗弁事由とならないものと解する見解も有力である（田邊光 306 頁以下等）。その理由として，例えば①「原因債務が時効消滅した後に債権者が手形金の支払を受けても何ら不当利得の関係は生じない」（田邊光 307 頁），②「当事者間では，支払決済という面においては手形の交付により以後原因債権は手形債権によりとって代わられた関係にあ」る（川村 37 頁注 5）といった点が挙げられる。①の点については，まさにそのとおりであろうが，人的抗弁を

不当利得の抗弁に限定することは妥当でない。また，②の点については，原因債務の支払に代えて手形が授受された場合にはそのようにいえても，原因債務の支払のために手形小切手が授受された場合にはそのようにはいえず，むしろ「契約当事者は，手形債権者としてもまた，原因行為から彼に帰属する以上の権利を自己のために手形に基づいて請求してはならない」ものと考えるのが妥当である（庄子良男『ドイツ手形法理論史（下）』990 頁（信山社，2001）参照）。したがって，手形小切手授受の当事者間において原因債権の時効消滅は人的抗弁事由となるものと解すべきである（以上の点について，§3 Ⅳ 2 (2)参照）。

手形小切手授受の当事者間において原因債権の時効消滅が人的抗弁事由となるものと解する場合に，債権者による手形小切手金請求訴訟の提起が原因債権の消滅時効の完成を猶予しないと解するときは，上の判例が述べるような不合理な結果を生ずる。したがって，債権者による手形小切手金請求訴訟の提起は，原因債権の消滅時効の完成を猶予するものと解すべきである。

手形小切手上の権利の消滅時効期間が確定判決により確定の時から 10 年に延長されるときには（民 169 条 1 項参照），これに応じて原因債権の消滅時効期間も，同じくその時から 10 年になるものと解される（最判昭 53・1・23 民集 32 巻 1 号 1 頁）。

【設問 19　コメント】　最判昭 62・10・16 民集 41 巻 7 号 1497 頁の事案において時効の完成猶予が問題とされた原因債権は，民法上 3 年の短期消滅時効にかかる請負代金請求権であった。しかし，2017 年民法改正により，民法上の短期消滅時効制度は廃止された。その意味で，本問のような状況は少なくなると考えられる。

§7● 手形小切手の振出

Ⅰ 意義と効力

1 意 義

振出とは，手形法1条，75条または小切手法1条の要件（必要的記載事項）を備えた証券を作成して受取人に交付することである。約束手形の振出は，債務の負担を目的とし（手75条2号参照），為替手形および小切手の振出は，支払の委託を目的とする契約である（手1条2号，小1条2号参照）。

振出は，他の手形小切手行為の基礎となるため，基本手形小切手行為と呼ばれ，振出により作成された手形小切手を基本手形小切手という。

2 効 力

(1) 約束手形の場合

約束手形の振出により振出人は，受取人に対し手形金を支払う義務を負担する（手78条1項・28条）。

約束手形の振出人の支払義務は，第一次的・無条件的なものである。これに対し，例えば裏書人の支払義務は，手形所持人が振出人に対して支払を求めて振出人が支払を拒絶したときにはじめて生ずる第二次的・条件付のものである（手77条1項4号・43条前段）。

約束手形の振出人の支払義務は，絶対的な義務である。これに対し，裏書人の支払義務は，手形所持人が振出人に対して支払呈示期間内に支払のための呈示をしなければ消滅する相対的なものである（手77条1項4号・

53条1項)。もっとも、約束手形の振出人の支払義務も、満期の日から3年で時効によって消滅する(手77条1項8号・78条1項・70条1項)。

約束手形の振出人の支払義務は、最終的なものである。これに対し、裏書人の支払義務は、裏書人が義務を履行して手形を受け戻せば、自己の前者である裏書人または振出人に対してさらに支払を求めうる中間的なものである(手77条1項4号・49条)。

(2) 為替手形および小切手の場合

a 支払委託

為替手形または小切手の振出により振出人は、支払人(小切手の場合は、支払人は銀行に限られる。小3条)に対し支払人自身の名義で振出人または第三者の計算において(手3条3項、小6条2項参照)支払をする権限を授与するとともに、受取人に対し手形金の支払を受領する権限を授与する。このような支払委託をドイツ法における支払指図と解する見解も有力であるが(小橋265頁等)、わが国の民商法には指図に関する特別の規定はないから、妥当でない。わが国の手形小切手法の解釈としては、為替手形および小切手の振出は、支払権限授与契約と支払受領権限授与契約の2個の独立した契約から成り、支払人に対する支払権限授与の意思表示は、手形小切手所持人を伝達者として支払人に伝達されるものと解するのが妥当である(鈴木=前田354頁以下等参照)。

* 振出人と支払人との間には資金関係があり、振出人と受取人との間には原因関係があるが、これらの関係は、受取人に対する支払受領権限の授与の効力に影響しないものと解すべきである。したがって、為替手形および小切手の振出も、無因性を有するものと解される。その根拠としては、手形小切手債務負担行為についてと同様、手形法17条および小切手法22条が「債務者ヲ害スルコトヲ知リテ」手形小切手を取得したときを除いて裏書等により切断される狭義の人的抗弁の存在を認めている点に求めうるのではなかろうか(§3 Ⅳ 2(1)参照)。

b 振出人の担保責任の負担

為替手形または小切手の振出により振出人は、受取人に対し、支払人に

よる支払がなされなかったときに遡求義務（支払担保責任）を負担し，為替手形の場合にはさらに支払人による引受がなされなかったときにも満期前の遡求義務（引受担保責任）を負担する（手9条1項，小12条本文）。

引受担保責任については，手形上の記載によって免れうるものとされるが（手9条2項1文），支払担保責任については，これを免れうるとすると，誰も責任を負担しない手形小切手が生じる可能性があるため，これを免れえないものとされ，支払を担保しない旨の記載は無益的記載事項とされる（手9条2項2文，小12条但書）。為替手形の振出人が単に無担保と記載した場合は，引受無担保の記載と解される。

II　手形小切手の記載事項

1　総　説

手形小切手の記載事項には，必要的記載事項（手形小切手要件）および有益的記載事項とがある。必要的記載事項とは，必ず記載しなければならず，記載しなければ原則として手形小切手としての効力を生じない事項である（手1条・2条・75条・76条，小1条・2条）。有益的記載事項とは，記載しなくてもよいが，記載すれば記載に応じて手形小切手上の効力を認められる事項である。

そのほか，記載しても手形小切手上の効力を認められない無益的記載事項および記載すれば手形小切手を無効にする有害的記載事項がある。

Ⅱ　手形小切手の記載事項　89

2　必要的記載事項

(1)　前　説

手形小切手の記入例

約束手形

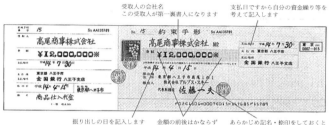

為替手形

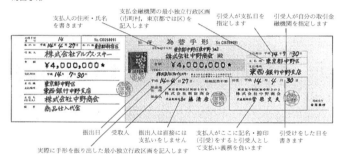

小切手

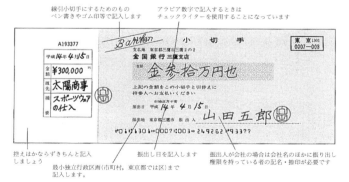

全国銀行協会「優しい手形・小切手のはなし」より

90 §7● 手形小切手の振出

手形小切手の必要的記載事項には，手形小切手文句，支払文句，手形小切手金額，手形小切手当事者，満期（手形のみ），支払地，振出日，振出地がある。

(2) 手形小切手文句（手1条1号・75条1号，小1条1号）

手形小切手文句とは，「約束手形ナルコトヲ示ス文字」（約束手形文句），「為替手形ナルコトヲ示ス文字」（為替手形文句）または「小切手ナルコトヲ示ス文字」（小切手文句）である。その証券が約束手形，為替手形または小切手であり，他の債務証書ではないことを明らかにするために記載が必要とされる。

手形小切手文句は，偽造を防ぐため，「証券ノ文言」，すなわち支払文句の中に記載されなければならず，標題に記載されただけでは足りないものと解される（田邊光37頁等）。

手形小切手文句は，「証券ノ作成ニ用フル語」をもって記載されなければならない。すなわち，手形小切手所持人が混乱して錯誤に陥るのを防ぐため，例えば支払約束または委託文句が日本語で記載されている場合には，手形小切手文句も，日本語で記載されなければならない。

(3) 支払文句（手1条2号・75条2号，小1条2号）

支払文句（約束手形の場合は支払約束文句であり，為替手形または小切手の場合は支払委託文句である。）は，支払を目的とする手形小切手の中核をなす記載である。

支払文句は，「単純」なものでなければならず，支払を原因関係にかからせる等の条件が付されたものであってはならない。そのような条件が付されると，手形小切手の流通性が害されるからである。

(4) 手形小切手金額（手1条2号・75条2号，小1条2号）

【設問20】 Yは，金額を100万円とするつもりで金額欄に「金壱百円也」，その右上段に「¥1,000,000」と記載した約束手形をAに振り出し，Aは，その手形をXに裏書した。この場合，Xは，Yに100万円の手形金の支払を請求しうるか。

手形小切手金額は，外国通貨により記載されてもよいが（手41条・77条1項3号，小36条），「一定」のものでなければならない。例えば「100万円または150万円」という選択的記載や「50万円以上」または「100万円以下」という不確定な記載は認められない。

変造を防いで読みやすくするため，例えば金額欄に「金百万円」と記載され欄外に「¥1,000,000」と記載される場合もあるが，差異のある金額が重畳的に記載された場合には，手形小切手金額の一定性が害される。そこで，法は，そのような場合の救済規定を設け，金額が文字および数字により記載されたときは文字により記載された金額を手形小切手金額とし，文字または数字により重複して記載されたときは最小金額を手形小切手金額としている（手6条・77条2項，小9条。その適用例として，最判昭61・7・10民集40巻5号925頁参照）。もっとも，当座勘定規定においては，「手形，小切手を受入れまたは支払う場合には，複記のいかんにかかわらず，所定の金額欄記載の金額によって取り扱います」という規定が設けられている（当座勘定規定ひな型6条）。

【設問20　コメント】「金壱百円也」という記載は，文字なのであろうか数字なのであろうか。また，この設問について手形法6条を適用すると，やや非常識な結論が出てくるが，それでもよいのであろうか。例えば明白な誤記については，手形法6条は適用されないとも考えられるが，「金壱百円也」は，明白な誤記といえるかは微妙な判断ともいえる。

---

(5)　手形小切手当事者

a　総　説

基本手形小切手の当事者として，約束手形には受取人および振出人を（手75条5号・7号），為替手形には支払人，受取人および振出人を（手1条3号・6号・8号），小切手には，支払人および振出人を（小1条3号・6号），それぞれ記載しなければならない。振出人の記載は，署名による（§4 I参照）。

92 §7● 手形小切手の振出

小切手を振り出す場合の当事者は，振出人と受取人と支払人の3人であるが，小切手については，無記名式で振り出すことが認められているため（小5条），受取人の記載は，有益的記載事項にすぎない。これに対し，手形については，受取人を記載せずに無記名式で振り出すことは，法律上認められていない。その理由として，無記名式の手形を認める場合には，①信用証券としての手形が通貨類似の作用を営み，国家の通貨高権を害するおそれがある点，②裏書が不可能になり，裏書人の信用によって流通することが阻止される点等が挙げられるが（鈴木＝前田44頁以下），「無記名裏書（白地裏書）を認むる以上は，實際の結果は無記名裏書を認めたると大差はない」ともいわれ（大橋129頁以下），いずれも説得力ある理由とはいいがたい。当座勘定規定においては，「もし，……手形で受取人の記載のないものが呈示されたときは，その都度連絡することなく支払うことができるものとします」という規定があり（当座勘定規定ひな型17条），実際には「無記名式の手形」も流通して決済されていることには注意すべきである。

手形小切手当事者としては，人（自然人，法人）の名称が形式的に記載されていれば足り，実在人の名称が記載されていなくてもよい。また，例えば振出人の署名が偽造されたものであったとしても，手形小切手自体は，無効とはならない。

＊　無記名式の手形を認めないことについては，立法論としては疑問があるが，この点については，例えば「無記名式の振り出しというものは，手形においても小切手においても本来的に可能であると考える。それにも関わらずジュネーブ条約においてこれを手形にのみ採用せざるは，無記名式にて振り出された場合惹起されるとされる不払いの危険性を回避することが可能であるか否かという基準によったということができよう」ともいわれる（広瀬理恵子「手形の無記名証券としての可能性」法学政治学論究36号213頁（1998））。

b　当事者資格の兼併

手形小切手関係においては，当事者の地位は形式的なものであり，ま

た，第三者の参加も予想されるため，自己指図または自己宛という形で同一人が異なる当事者資格を兼ねることが一般的に認められ（手3条1項・2項，小6条1項・3項参照），反対に解する学説や古い判例もあるが（川村104頁，大判昭5・11・6民集9巻1027頁等），明文のない自己指図約束手形や自己指図自己宛為替手形等も認められるものと解すべきである（田邊光3頁等参照）。

　銀行は，小切手の支払保証（§14Ⅳ参照）の請求があるときは，自己宛小切手を交付することにしているが（当座勘定規定ひな形13条），このような自店舗宛の自己宛小切手を，確実な預金の裏づけがあるという意味で預金小切手（預手，よて）という。預金小切手の振出依頼人と銀行との法律関係をいかに解するかという点については争いがあるが，振出依頼人は遡求義務を負わないことから，両者の間に支払委託関係または支払委託類似の関係を認めること（前田739頁以下等参照）は困難であり，両者の間で小切手の売買が行われたものと解するのが妥当であろう（田邊光266頁等参照）。預金小切手は，取引界においてその支払が確実なものとして現金と同様に取り扱われているため，その提供は，債務の本旨に従った履行の提供（民493条）となる（最判昭37・9・21民集16巻9号2041頁）。し

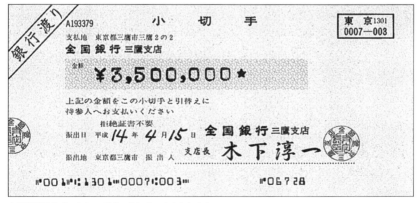

預金小切手

全国銀行協会「やさしい手形・小切手のはなし」より

94 §7 ● 手形小切手の振出

がって，預金小切手が授受された場合には，原因債務が消滅するため，その支払に代えて授受されたこととなる。

送金のための依頼を受けて銀行が遠隔地にある自行他店舗または取引銀行を支払人として振り出す小切手を送金小切手（送手，そうて）というが，送金小切手のうち自行他店舗宛のものは自己宛小切手である。

c 当事者の重畳的記載と選択的記載

「AおよびB」という当事者の重畳的記載の有効性については争いがない。例えば約束手形の振出人が上のように重畳的に記載された場合には，AおよびBは，共同振出人として合同責任（§17 I 2⑵参照）を負い（手77条1項4号・47条1項），所持人は，遡求権を行使するためにはAおよびBに手形を呈示しなければならない。また，受取人が上のように重畳的に記載された場合には，AおよびBは，共同的に権利を取得する。

「AまたはB」という当事者の選択的記載の有効性については問題がある。例えば約束手形の振出人または為替手形の支払人が上のように選択的に記載された場合については，手形関係の内容を不確定にするため，その記載を無効なものと解する見解もある（田中誠440頁等）。しかし，約束手形の振出人の記載が本人のためにする旨の表示であるとも代理人のためにする表示であるとも解しうる場合に手形の無効を回避する解釈がとられていること（最判昭47・2・10民集26巻1号17頁。§5 II 1参照）との均衡を考慮すると，この場合についても，所持人に選択権を認めることにより手形が無効となるのを回避するのが妥当ではなかろうか。その他の当事者が選択的に記載された場合についても，これを無効と解する理由はないであろう（鈴木＝前田188頁等参照）。

---

* 例えば約束手形の表面に単にAの署名とBの署名とが列記されている場合には，これを選択的記載と解する見解もあるが（鈴木＝前田188頁），選択的記載が不明確な記載であることは否定しえないから，賛成しえない。また，これを振出人の重畳的記載，すなわち共同振出と認める余地はあろうが，手形法31条3項との関係で，その記載を「共同振出人の記載とするためには，余白の関係上，必ずしも容易ではないとしても約束手形の左半分に上下に記載するか，署名に『振出人』の肩書

II 手形小切手の記載事項 95

きを附する等より振出人としての署名を明らかにしなければならない」ものと解される（大阪地昭 53・3・7 金判 566 号 41 頁）。

(6) 満期（手1条4号・75条3号）

a 総説

満期とは，手形が支払われるべき期日である。手形の満期が休日（手87条）の場合には，これに次ぐ第1取引日が「支払ヲ為スベキ日」（手38条1項・77条1項3号）となる（手72条1項・77条1項9号）。満期は，不合理な日であってはならず，例えば振出日より以前の日または暦日にない日を満期としてはならない（ただし，§3Ⅲ2参照）。

手形法は，満期の態様を①確定日払，②日付後定期払，③一覧払，④日付後一覧払の4種に限定している（手33条・77条1項2号）。これに対し，小切手は，常に一覧払とされるため（小28条1項），満期は，問題とならない。

b 確定日払

> **【設問21】** Yは，振出日を令和2年4月1日とするつもりで振出日を令和2年7月1日，満期を同年6月30日とする約束手形をAに振り出し，Aは，その手形をXに裏書した。この場合，Xは，Yに手形金の支払を請求しうるか。

確定日払とは，「令和○年●月×日」と記載して，特定の日を満期とするものであり，実際に流通している大部分の手形は，確定日払手形である。判例は，「手形要件は，基本手形の成立要件として手形行為の内容を成すものであるところ，手形の文言証券としての性質上，手形要件の成否ないし適法性については，手形上の記載のみによって判断すべきものであり，その結果手形要件の記載がそれ自体として不能なものであるかあるいは各手形要件相互の関係において矛盾するものであることが明白な場合には，そのような手形は無効であると解するのが相当である。そして，確定日払の約束手形における振出日についても，これを手形要件と解すべきも

96 §7 ● 手形小切手の振出

のである以上，満期の日として振出日より前の日が記載されている確定日払の約束手形は，手形要件の記載が相互に矛盾するものとして無効である」と判示しており（最判平9・2・27民集51巻2号686頁），妥当であろう。

> **【設問21　コメント】** この設問自体は，単純な問題であるが，前掲最判平9・2・27の事案は，振出日白地で振り出された手形の満期が変造され，その後振出日が補充されたというものであり，それほど単純ではない。法曹志望者にとっては，この判例を検討することは良いトレーニングになるであろう。

c　日付後定期払

日付後定期払とは，例えば「日付後1ヵ月半」と記載して，振出の日付から手形に記載された期間を経過した日を満期とするものである（手36条1項・2項・4項・5項・37条2項・4項・73条・77条1項2号・9号参照）。

d　一覧払

一覧払とは，例えば「呈示次第」と記載して，一覧の日，すなわち支払のための呈示のあった日を満期とするものである。したがって，一覧払手形と小切手は，呈示をすれば直ちに手形小切手金額が支払われることとなる。手形の支払呈示は，原則として振出の日付から1年以内にしなければならず（手34条1項・77条1項2号），小切手の支払呈示は，原則として振出の日付から10日以内にしなければならない（小29条）。

満期の記載のない手形は，一覧払のものとみなされ，手形の無効が救済される（手2条2項・76条2項）。

e　一覧後定期払

一覧後定期払とは，例えば「一覧後90日」と記載して，一覧の日から記載された期間を経過した日を満期とするものである。一覧のための呈示は，原則として振出の日付から1年以内にしなければならない（手23条・78条2項）。一覧後の期間は，振出人が手形に日付ある一覧の旨を記載して署名した日から進行するが，振出人がその記載を拒んだ場合は，拒絶証

書によって証明する（手25条・78条2項）。拒絶証書の作成がなくても責任を免れない為替手形の引受人および約束手形の振出人に関しては，上の場合の満期は，呈示期間（原則として1年間）の末日に呈示があったものとして計算する（手35条2項・77条1項2号。手36条1項・2項・4項・5項・37条2項・4項・73条・77条1項2号参照）。

(7) 支払地（手1条5号・75条4号，小1条4号）

支払地とは，満期において手形小切手金の支払がなされるべき「地」である。手形小切手金の支払がなされる「場所」は，支払場所の記載がある場合にはその場所，その記載がない場合には債務者の住所であるが（民520条の8・520条の18・520条の20），法は，支払場所の探求の手がかりを与えるために，支払地を記載すべきものとしている。支払地が実在する地でなければならないことはいうまでもない。

「A地およびB地」という支払地の重畳的記載は，所持人の負担を重くするものとして無効なものと解すべきであるが，「A地またはB地」という支払地の選択的記載は，所持人に選択権を認めることにより手形小切手が無効となるのを回避するのが妥当であろう。

約束手形において支払地の記載が欠けている場合には，振出地の記載があればそれが支払地とみなされ（手76条3項），支払地のほか振出地の記載が欠けている場合にも，振出人の肩書地があればそれが振出地とみなされ（手76条4項），さらに支払地とみなされて（手76条3項）手形の無効が救済される。為替手形および小切手において支払地の記載が欠けている場合には，支払人の肩書地があればそれが支払地とみなされる（手2条3項，小2条2項）。さらに小切手においては，支払地のほか支払人の肩書地の記載も欠けている場合には，振出地が支払地となり（小2条3項），振出地の記載が欠けている場合にも，振出人の肩書地があればそれが振出地とみなされ（小2条4項），さらに支払地となり（小2条3項），小切手の無効が救済される。

* 判例は，支払地を最小独立行政区画（市町村および東京都特別区）を意味するも

のと解しているが（大判明 34・10・24 民録 7 輯 9 巻 724 頁等），支払地が例えば「虎の門」と記載されている場合には，「東京都港区」を支払地としたものと解している（東京高判昭 28・5・30 東高民時報 4 巻 1 号 32 頁）。しかし，法の趣旨は，地点まで記載する必要はないということであろうから，地点まで限定して記載されている場合にこれを無効と解する必要はなく，支払地は，最小独立行政区画を最大限度とするが，最小眼度は「場所」でもよいものと解される（鈴木＝前田 197 頁等参照）。

(8)　**振出日**（手 1 条 7 号・75 条 6 号，小 1 条 5 号）

振出日とは，手形が振り出されたとされる証券上の記載であり，日付後定期払手形の満期，一覧払手形および一覧後定期払手形の呈示期間を定める基準となる。振出日は，不合理な日であってはならず，支払日より以後の日または暦日にない日を振出日としてはならない。しかし，振出日が手形が実際に振り出された日と一致する必要はなく，先日付または後日付の手形小切手も有効である。振出人の能力や代理権の有無は，手形小切手が実際に振り出された日によって決定される。振出日は，単一でなければならず，重畳的記載や選択的記載は認められない。

(9)　**振出地**（手 1 条 7 号・75 条 6 号，小 1 条 5 号）

振出地とは，手形が振り出されたものとされる「地」である。振出地の記載は，支払地や振出人の住所地の記載がある場合にはあまり意味がない。振出地は，実在する地でなければならないが，手形が実際に振り出された地と一致する必要はない。また，振出地の最小限度は，支払地と同様，「場所」でもよいものと解される。

振出地の記載が欠けている場合には，振出人の肩書地が振出地とみなされ（手 2 条 4 項・76 条 4 項，小 2 条 4 項），手形小切手の無効が救済されるが，手形においては，実際にも振出地が記載されず，振出人の肩書地が振出地とみなされる場合が多い。

Ⅱ　手形小切手の記載事項　99

3　有益的記載事項

(1)　総　説

　法に規定のある有益的記載事項には，支払人・振出人の住所地・肩書地（手2条3項・4項・76条3項・4項，小2条2項・4項），第三者方払文句（手4条・77条2項，小8条），利息文句（手5条・77条2項，小7条），裏書禁止文句（手11条2項・77条1項1号，小14条2項），一覧払手形の支払呈示期間の変更または支払呈示の一時禁止（手34条・77条1項2号），準拠暦の指定（手37条4項・77条1項3号），換算率または外国通貨現実支払文句（手41条2項・3項・77条1項3号，小36条2項），無費用償還文句（手46条・77条1項4号，小42条），戻手形の振出禁止（手52条1項・77条1項4号）等多くのものがある。

　　＊　法に規定のない事項を記載した場合について，通説的見解は，「手形法に規定のない事項は，これを手形に記載しても手形上の効力を生じない。この点は現行法には明文の規定がなく，学説上も異論がないではないが，法律が手形に記載しうべき事項を一々明定したのは，それ以外の任意の記載を認めない趣旨と解せられるのみならず，手形流通の円滑をはかるためにはその記載を簡明にする必要があることに徴しても，その趣旨をうかがうことができる。あるいは手形所持人に有利な事項は手形上記載者を拘束するとする見解もあるが，このような個別的かつ実質的な判断を要する基準をもって手形の定型性を動かすことは適当とはいえない」と述べており（大隅90頁以下），妥当であろう。船荷証券のように取引関係者が比較的限定されている有価証券においては，必ずしも上のように厳格に解する必要はなかろうが，手形小切手のように多種多様な取引関係者が存在する有価証券においては，法に規定のない事項を自由に記載しうるものと解することは妥当であるまい（§3Ⅱ参照）。

(2)　第三者方払文句（手4条・77条2項，小8条）

　第三者方払文句とは，第三者の営業所または住所において支払うべき旨の記載である。第三者方払には，①支払人または約束手形の振出人が自ら第三者の営業所または住所で支払う場合（支払場所の指定）と，②支払人または約束手形の振出人が第三者にその営業所または住所で支払わせる場

100　§7 ● 手形小切手の振出

合（支払場所および支払担当者の指定）とがあるが，いずれも手形小切手の支払場所欄に記載される。銀行から交付される統一約束手形には支払場所として当該銀行の店舗が印刷されているが，これは支払場所および支払担当者の指定である。支払人または約束手形の振出人とその支払担当者との間には，為替手形または小切手における振出人と支払人との間と同様の支払委託関係がある（§7 I 2(2)a 参照）。小切手については，第三者は，銀行でなければならないものと規定されている（小8条但書）。

支払場所は，支払地内になければならず，支払地内にない支払場所の記載は無効である，もっとも，支払場所は，有益的記載事項にすぎないから，支払地内にない場合においても手形小切手自体を無効にするわけではなく，支払地内にない支払場所が記載されている手形小切手は，支払地内にある主たる債務者の住所において支払われることとなる（民520条の8参照）。

* 2017年民法改正において「指図債権及び無記名債権の弁済は，債務者の現在の営業所（営業所がない場合にあっては，その住所）においてしなければならない」と規定する商法516条2項が削除され，「指図証券の弁済は，債務者の現在の住所においてしなければならない」と規定する改正民法520条の8が新設されたことにより，債務者が個人商人の場合に営業所において弁済できなくなるとも解され，問題を含む。

(3) 利息文句（手5条・77条2項，小7条）

利息文句とは，手形小切手金額につき満期まで一定利率の利息を付する旨の記載である。手形については，一覧払および一覧後定期払のものについてのみ認められ，確定日払および日付後定期払のものについては認められず，利息を記載しても，これを記載していないものとみなされる。前二者の手形においては，満期が所持人による手形呈示の時期によって決定され，振出に際して満期までの利息の額を算出してこれを手形金額に参入しえないため，利息文句を認める必要があるのに対し，後二者の手形においては，満期がはじめからわかっており，振出に際して満期までの利息の額

を算出してこれを手形金額に参入しうるため，利息文句を認める必要がないからである。利息文句には利率を記載することを要し，これを記載しないと利息文句自体が無効となる。また，利息は，その起算日について別段の定めをしないときは手形に記載された振出日から発生する。

4　無益的記載事項

　無益的記載事項には，①すでに法が規定しており，その記載がなくても同じ効果の認められる記載（受戻文句，手形の指図文句等。手11条1項・39条1項，小34条1項参照），②法の規定によって記載の効力が認められない記載（確定日払手形および日付後定期払手形の利息文句等。手5条1項参照）および③手形に記載しても手形上の効力は生じないが，手形外における直接の当事者の合意としては効力を生ずるとされる記載（遡求の通知の免除，支払遅滞による損害賠償額の予定，管轄の合意等）がある。

5　有害的記載事項

　有害的記載事項には，①法が禁止する記載（分割払の記載等。手33条2項参照），②手形の効力を原因関係の存否，効力にかからしめる記載，③支払を条件または反対給付にかからしめる記載等がある。

§8 ● 白地手形小切手

I 意 義

1 総 説

手形小切手法は，欠けている手形小切手要件が補充されれば補充前の署名者が手形小切手債務を負担する証券を認めており（手10条・77条2項，小13条），このような証券を白地手形小切手という。

白地手形小切手は，原因債務の金額や弁済期が確定していない場合や金融を得る際に融資者である受取人が定まらない場合等に用いられる。また，手形サイト（満期）が長いために手形の信用に不安がもたれるのを避ける場合にも，振出日白地手形が用いられる。

所持人によって有益的記載事項が補充される手形小切手を準白地手形小切手といい，手形法10条または小切手法13条の類推適用が認められるが，これには手形小切手要件がすでに備わっているため，準白地手形小切手は，手形小切手としては無効な白地手形小切手と異なり，有効な手形小切手にほかならない。

---

*1 手形小切手は，厳格な要式証券であり，手形小切手要件を欠いているものは，原則として手形小切手としての効力を認められない（手2条・76条，小2条）。したがって，白地手形小切手は，原則として手形小切手としては無効なものと解さざるをえない（木内305頁以下等参照）。これに対し，白地手形小切手を有効な手形小切手とみる見解もあるが（伊澤360頁以下等），手形法2条等の文理に反し，妥当でない。ただし，一部の手形小切手要件の欠缺が救済される関係で，例えば満期の記載が欠けている手形については，所持人は，手形法2条2項または76条2項

Ⅰ　意　義　103

により有効な一覧払手形として請求することも，白地手形として満期を補充して請求することもできるものと解すべきである（鈴木＝前田218頁以下等参照）。

＊2　ジュネーブ国際会議においては，フランス等の多数の国々が白地手形の承認に反対したため，ジュネーブ統一条約の第2附属書は，白地手形に関する手形法10条を排除する権限を各国に留保している（大橋147頁注2）。

白地手形

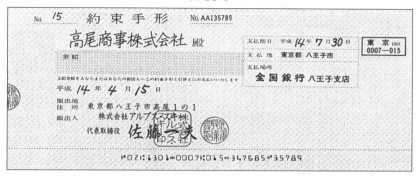

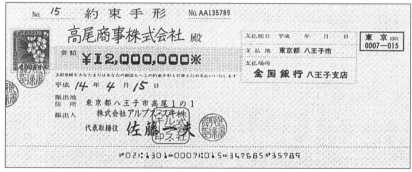

2　有価証券性

白地手形小切手は，手形小切手としては原則として無効なものであるが，欠けている手形小切手要件が補充されれば有効な手形小切手になることから，欠けている手形小切手要件を補充する権利（白地補充権）と補充を条件とする手形小切手上の権利（以下これらの権利を「白地手形小切手上の権利」という。）とを表章する，手形小切手とは異なる有価証券と解され

104　§8 ● 白地手形小切手

る（鈴木＝前田 216 頁以下参照）。上述のように白地手形小切手は，実際上の必要に基づいて商慣習として認められるに至ったものであるため（大判大 10・10・1 民録 27 輯 1686 頁等参照），商慣習上の有価証券といわれる。

＊　「白地手形についても，交付契約説と創造説の対立がある」といわれるが（森本滋「手形小切手の理論と実務」法教 194 号 106 頁（1997）），白地手形小切手上の権利義務の発生原因についても，手形小切手と同様の権利外観理論が付加された契約説をとるのが妥当である（§2 Ⅱ参照）。このように権利外観理論により白地手形小切手上の権利義務が発生することを認める場合には，白地手形小切手は，設権証券と解さざるをえない（§2 Ⅱ4参照）。また，有価証券行為としての白地手形小切手行為は，手形小切手行為と同様，原則として無因性を有するものと解するのが妥当であり（§3 Ⅳ参照），白地手形小切手は，無因証券と解される。

3　白地手形小切手でないものとの区別

【設問 22】　Y は，約束手形用紙に受取人以外の必要的記載事項を記載し，それを保管していた。ところが，その保管中，A は，その証券を盗取し，これを X に交付し，X は，その紙片の受取人欄に自己の氏名を記入した。この場合，X は，Y に手形金の支払を請求しうるか。

　白地手形小切手は，手形小切手としては原則として無効である。しかし，他方において白地手形小切手は，欠けている手形小切手要件が補充されても補充前の署名者が手形小切手債務を負担しないものとも区別される。そこで，両者の区別の基準が問題とされ，主観説，客観説および折衷説の争いがある。

　主観説は，署名者に他人をして手形小切手要件を補充せしめる意思があるか否かによって区別する（田邊光 334 頁等）。これに対し，客観説は，書面の外形上補充を予定されているか否かによって区別する。すなわち，手形小切手用紙を使用していれば，すべて白地手形小切手とみる（升本 134 頁以下等）。また，折衷説は，主観説と客観説の双方の基準によって区別

する。すなわち，署名者に他人をして手形要件を補充せしめる意思かあるかまたは書面の外形上補充を予定されていれば，これを白地手形とみる（鈴木＝前田217頁以下等）。判例は，基本的に主観説に立つものといえるが（前掲大判大10・10・1等），交付欠缺の場合にも「流通におく意思で約束手形に振出人としての署名または記名押印をした者」の責任を認めている（最判昭46・11・16民集25巻8号1173頁。金融依頼目的の交付の場合について，最判昭31・7・20民集10巻8号1022頁参照）。

　私見によると，白地手形小切手は，白地補充権と補充を条件とする手形小切手上の権利を表章する有価証券であり，これらの権利は，署名を要件とする交付契約または権利外観理論の適用により発生する。したがって，白地手形小切手とそうでないものとは，署名を要件とする交付契約の存否または権利外観理論の適用の有無により区別される。上の主観説には権利外観理論が付加されうることから（田邊光334頁等），私見は，主観説に分類されようか。

*1　欠けている手形小切手要件が補充されても補充前の署名者が手形小切手債務を負担しないものについても，すべての手形小切手要件が補充されれば，補充後の署名者は，手形小切手債務を負担するものと解される（手形小切手独立の原則。手7条・77条2項，小11条）。

*2　白地手形小切手であるためには，少なくとも1個の署名がなければならないと解されるが，この署名は振出人のみならず，引受人，裏書人または保証人の署名であってもよいものと解されている（大判大9・12・27民録26輯2109頁）。また，捺印だけがある場合にも白地手形小切手とみることができないではない（最判昭37・4・20民集16巻4号884頁参照）。

【設問22　コメント】　主観説と客観説との対立を中心とする白地手形小切手に関する議論のあり方については，疑問がないではない。白地手形は，白地補充権と補充を条件とする手形小切手上の権利を表章する有価証券なのであるから，今後は，そのような有価証券の権利の発生にはいかなる要件が必要となるかという議論をより深化させるべきであろう。

II　権利の移転と行使

1　権利移転

　白地手形小切手は，権利移転について商慣習により手形小切手と同様の取扱が認められている。

　受取人白地手形は，小切手と同様，証券の交付により譲渡されることとなる（大判昭7・3・18民集11巻312頁参照）。その意味では，受取人白地手形は，無記名証券ともいえる。

2　権利行使

> **【設問23】**　Aは，振出日白地の約束手形をBに振り出した。Bは，その白地手形をCに交付し，Cは，振出日を補充しないまま支払のために手形を呈示したが，支払を拒絶された。支払呈示期間経過後，CがAに対して手形金の支払を請求する訴えを提起した。
> 　(1)　この訴えは認容されるか。
> 　(2)　この訴えを棄却する判決が確定した後，Cが振出日を補充してAおよびBに対して手形金の支払を請求した場合，この請求は認められるか。
> 　(3)　この訴えの提起後，CのAに対する手形上の権利の時効期間が満了したが，最終口頭弁論期日以前にCが振出日を補充した場合，この訴えは認容されるか。

(1)　総　説

　白地手形小切手は，手形小切手要件が補充されてはじめて完全な手形小切手となるものであり，補充があるまでは未完成の手形小切手にすぎないから，それにより手形小切手上の権利を行使することはできない（最判昭41・6・16民集20巻5号1046頁）。

　判例は，「手形の所持人が，手形要件の一部を欠いたいわゆる白地手形

に基づいて手形金請求の訴え（以下「前訴」という。）を提起したところ，右手形要件の欠缺を理由として請求棄却の判決を受け，右判決が確定するに至ったのち，その者が右白地部分を補充した手形に基づいて再度前訴の被告に対し手形金請求の訴え（以下「後訴」という。）を提起した場合においては，前訴と後訴とはその目的である権利または法律関係の存否を異にするものではないといわなければならない。そして，手形の所持人において，前訴の事実審の最終口頭弁論期日以前既に白地補充権を有しており，これを行使したうえ手形金の請求をすることができたにもかかわらず右期日までにこれを行使しなかった場合には，右期日の後に該手形の白地部分を補充しこれに基づき後訴を提起して手形上の権利の存在を主張することは，特段の事情の存在が認められない限り前訴判決の既判力によって遮断され，許されない」ものと解している（最判昭 57・3・30 民集 36 巻 3 号 501 頁）。

　また，裏書人の支払義務は，手形所持人が振出人に対して支払呈示期間内に支払のための呈示をしなければ消滅する相対的なものである（手 77 条 1 項 4 号・53 条 1 項）。したがって，白地手形小切手は，満期に支払のため呈示しても，裏書人に対する手形上の権利行使の条件が具備せず，後日白地を補充しても，右呈示が遡って有効になるものではない（最判昭 41・10・13 民集 20 巻 8 号 1632 頁参照）。

(2)　白地手形小切手に基づく訴えの提起と時効の完成猶予

　白地手形小切手に基づく訴えの提起により時効が完成猶予されるか否かという問題について，判例は，「手形法 77 条，70 条，78 条は，満期の記載のある約束手形の所持人の振出人に対する権利は，満期の日から 3 年をもって時効により消滅する旨規定しているから，本件のような受取人白地の手形についても，白地部分である受取人の補充がなくても，未完成手形のままの状態で前示時効は進行することとなる。このように，一方で，未完成手形のままの状態で，手形上の権利について，時効が進行するものとすれば，このこととの比較均衡からいって，他方で，白地手形の所持人は，白地部分である受取人の補充をすることなく，未完成手形のままの状

態で，右時効の進行に対応し，法律の定めるところにより，時効の進行を中断するための措置をとり得べきものと解するのが相当である。もっとも，白地手形の所持人は，何時でも，白地部分を補充して，手形上の権利を行使し，もって，時効の進行を中断することができるのであるが，白地手形の経済的機能を考え，その円滑な流通を妨げないようにする見地からいって，時効中断の目的のみのために，早期に白地の補充を強制する結果となることは妥当とはいいがたく，また，白地手形のままの状態で，進行しつつある時効について，特にその中断の途を閉ざすべき合理的根拠は見出しがたい。したがって，本件のように受取人の名称を適法に補充することにより自ら手形上の権利者となり得べき白地手形の所持人は，その間の時効の進行を中断することによって，将来右受取人の補充により行使し得る手形上の権利を保有し得るものと解するのが相当である」と解している（最判昭 41・11・2 民集 20 巻 9 号 1674 頁）。

【設問 23　コメント】　前掲最判昭 57・3・30 についても前掲最判昭 41・11・2 についても，有力な反対説があり，この設問は，既判力制度や時効制度に関する理解と絡む難問といえる。その意味で，この設問については，さしあたり判例を正確に理解していれば十分であろうが，当てはめは多少難しいかもしれない。

III　白地補充権

1　意　義

　白地補充権とは，欠けている手形小切手要件を補充しうる権利（権限）であり，その行使により手形小切手上の権利を発生させるものとして，一種の形成権である。

　前述のように白地補充権を含めた白地手形小切手上の権利義務の発生原因については，手形小切手と同様の権利外観理論が付加された契約説をと

ることが妥当であり，白地手形小切手は，設権証券でありかつ無因証券と解される。したがって，白地手形小切手上の白地補充権も，原因関係における合意の影響を受けない無制限（無因）のものと解さなければならない。

---

* 白地補充権を無制限（無因）のものと解する見解は，従来の客観説または折衷説の見解とほぼ一致するが（鈴木＝前田 220 頁等参照），従来の主観説の多くは，白地補充権を原因関係における合意により具体的に制限された（有因の）ものと解している（田邊光 337 頁以下等）。主観説をとる場合には，白地補充権を有因のものと解することが自然であろうが，必然ではあるまい。白地手形小切手を白地補充権と補充を条件とする手形小切手上の権利を表章する有価証券と解する場合には，少なくとも補充を条件とする手形小切手上の権利は無因性を有するものと解されよう。そのように解しつつ白地補充権が有因性を有するものと解することは，一つの有価証券に有因の権利と無因の権利が表章されていることを認めることとなり，場合によっては両者の分離をきたし，法律関係を複雑にするものとして妥当でない。他方，白地補充権は，白地手形小切手に表章されていないものと解する見解もある（川村 119 頁以下）。しかし，「表章」という用語は，権利の移転等に証券を要することの比喩にすぎず（§1Ⅰ3(1)参照），そのように解する場合には，白地補充権は，債権譲渡の方法（民 467 条）により移転されることとなるはずであって，その見解が「白地補充権は白地手形に付着して，それとともに，手形法的流通方法に従って，一体的・統一的に流通していく」と述べていることは（川村 115 頁），白地補充権が白地手形に表章されていることを認めていることにほかならないのではなかろうか。

---

2 不当行使

(1) 総説

　手形法は，「未完成ニテ振出シタル為替手形ニ予メ為シタル合意ト異ナル補充ヲ為シタル場合ニ於テ其ノ違反ハ之ヲ以テ所持人ニ対抗スルコトヲ得ズ但シ所持人ガ悪意又ハ重大ナル過失ニ因リ為替手形ヲ取得シタルトキハ此限ニ在ラズ」と規定し（手 10 条），この規定を約束手形に準用しており（手 77 条 2 項），小切手法も，同様に規定している（小 13 条）。しかし，この規定の理解の仕方については争いがある。

　白地補充権を原因関係における合意により具体的に制限された有因のも

110　§8 ● 　白地手形小切手

のと解する見解においては，その合意と異なる補充は合意の範囲を超える
かぎりにおいて無効であるが，この規定は，取引の安全の見地から，その
無効を善意・無重過失の所持人に対抗しえないものとしたこととなる（田
邊光 339 頁以下等参照）。これに対し，私見のように白地補充権を原因関係
における合意の影響を受けない無制限のものと解する見解においては，そ
の合意は人的抗弁にすぎず，その合意と異なる補充も有効であり，本来，
所持人は「債務者ヲ害スルコトヲ知リテ」白地手形小切手を取得したので
ないかぎり保護されてよいはずである（手 17 条，小 22 条参照）。しかし，
手形法 10 条等は，白地手形小切手行為者の「負担しなければならない危
険の大きさ」（田邊光 344 頁）も考慮し，とくに原因関係における合意を悪
意・重過失の所持人に対抗しうるものと解される（鈴木＝前田 220 頁以下
等参照）。

　不当補充後に署名した者は，補充後の文言に従って責任を負うものと解
される。

(2)　手形法 10 条または小切手法 13 条の適用範囲

> **【設問 24】**　(1)　A は，未確定の売買代金の支払のため金額白地の約束
> 手形を B に振り出した。その後，売買代金は，100 万円と確定したが，
> B は，その白地手形の金額を 120 万円と補充してこれを C に裏書した。
> この場合，C は，誰に対していくらの手形金の支払を請求しうるか。
>
> 　(2)　A は，未確定の売買代金の支払のため金額白地の約束手形を B
> に振り出した。その後，売買代金は，100 万円と確定したが，B は，そ
> の白地手形の手形金額に 120 万円と補充しうる旨偽って白地未補充のま
> まこれを C に裏書し，C は，その白地手形の金額を 120 万円と補充し
> た。この場合，C は，誰に対していくらの手形金の支払を請求しうるか。

　手形法 10 条または小切手法 13 条の適用範囲については争いがあり，有
力な反対説もあるが（前田 254 頁以下），補充権の行使により完成された手
形小切手を取得した所持人について手形法 10 条または小切手法 13 条が適
用されることは，文理上否定できず，そのように解しても，白地手形小切

手行為者の「負担しなければならない危険の大きさ」を考慮すると，結論において不当ではない。

　補充前の白地手形小切手を取得した所持人についてもこれらの規定が適用されるか否かについて，判例は，小切手法 13 条は「既に補充権の行使によって完成された小切手を善意で，かつ重過失なくして取得した所持人の場合に適用されるのみならず，善意でかつ重過失なくして白地小切手を取得した所持人が自ら予めなされた合意と異なる補充をした場合にも適用あるものと解するを相当とする。けだし，同法 13 条の法意は，小切手の流通を円滑にし，善意で，かつ重過失なき所持人を保護することを主意とするものであるからである」と述べており（最判昭 36・11・24 民集 15 巻 10 号 2536 頁。手形法 10 条について，最判昭 41・11・10 民集 20 巻 9 号 1756 頁参照），妥当であろう。ただし，手形小切手金額のような重要な事項が白地とされている白地手形小切手を取得した所持人が振出人に確認をとる等の調査をしなかったときは，重過失があるものと認めるべきである。

【設問 24　コメント】　鈴木博士は，「手形金額のように当然範囲の限定されるべき事項に関する白地手形についてはみだりに信用することが軽率であるから，このような保護を認めないでもさしつかえな」いと述べるが（鈴木＝前田 226 頁以下注二五），予めなされた合意と異なる手形金額を過失なく信じて補充する場合もないとはいえない。

3　消滅時効

【設問 25】　(1)　Y は，金額白地の約束手形を X に振り出した。その 8 年後，X は，金額を補充して Y に手形金の支払を請求した場合，Y は，X の請求に応じなければならないか。

　(2)　Y は，満期および金額白地の約束手形を X に振り出した。X は，その 4 年後に満期を補充し，さらにその 4 年後に金額を補充して Y に手形金の支払を請求した。この場合，Y は，X の請求に応じなければならないか。

112　§8 ● 白地手形小切手

> (3)　Yは，満期白地の約束手形をXに振り出した。その8年後，X
> は，満期を補充してYに手形金の支払を請求した場合，Yは，Xの請
> 求に応じなければならないか。

(1)　手形の満期および小切手の振出日以外の白地補充権の時効期間

　手形の満期および小切手の振出日以外の白地補充権について，判例は，
「これを行使することによって，手形上の権利を完成させるものにすぎな
いものであるから，その補充権が別個独立に時効によって消滅するものと
いうべきではなく，手形上の権利が消滅しないかぎりこれを行使しうるも
の」と解しており（最判昭45・11・11民集24巻12号1876頁），妥当であ
る。また，「手形が満期及びその他の手形要件を白地として振り出された
場合であっても，その後満期が補充されたときは，右手形は満期の記載さ
れた手形となるから，右手形のその他の手形要件の白地補充権は，手形上
の権利と別個独立に時効によって消滅することなく，手形上の権利が消滅
しない限りこれを行使することができる」ものと解される（最判平5・7・
20民集47巻7号4652頁）。

(2)　手形の満期または小切手の振出日の白地補充権の時効期間

a　判　例

　手形の満期または小切手の振出日の白地補充権については，従来から時
効が問題とされ，その時効期間について，かつての判例は，白地補充権は
形成権であり，「債権又は所有権以外の財産権」であるから，その時効期
間は20年となる（民166条2項）ものと解していた（大判昭12・4・19民
集16巻473頁）。しかし，その後，「白地小切手の補充権は小切手要件の欠
缺を補充して完全な小切手を形成する権利であること，補充権は白地小切
手に附着して当然に小切手の移転に随伴するものであること等にかんがみ
れば，補充権授与の行為は本来の手形行為ではないけれども商法501条4
号所定の『手形ニ関スル行為』に準ずるものと解して妨げなく，また白地
小切手の補充は，小切手金請求の債権発生の要件を為すものであり，さら
に小切手法が小切手上の権利に関し特に短期時効の制度を設けていること

等を勘案すれば，白地小切手の補充権の消滅時効については（平成30年改正前──筆者）商法522条の『商行為ニ因リテ生シタル債権』の規定を準用するのが相当である。従ってこれと同趣旨で，白地小切手の補充権はこれを行使し得べきときから，5年の経過によって，時効により，消滅するものとした原判決の判断は正当である」と判示して，5年説に移行した（前掲最判昭36・11・24。手形の満期の白地補充権の時効期間について，最判昭44・2・20民集23巻2号427頁参照）。前掲最判昭36・11・24のいう「白地小切手の補充権を行使し得べきとき」とは，実際の振出日と考えられる。

　ところが，商法522条は，2017年商法改正により削除された。そのため，今後の判例は，この問題について民法166条1項により①所持人が白地補充権を行使することができることを知った時から5年または②白地補充権を行使することができる時から10年で時効消滅すると解するものと予測されるが，所持人が白地補充権を行使することができることを知った時も白地補充権を行使することができる時も原則として実際の振出日とされよう。したがって，手形の満期または小切手の振出日の白地補充権が実際の振出日から5年で時効消滅するという判例の立場は，今後も維持されるものと考えられる（大塚ほか129頁〔福瀧博之〕参照）。

　他方，「手形の白地補充権とは，白地部分を補充して完成手形とすることができる権利である。ただ，それは権利とはいっても，白地手形を完成手形に変えるための手段であって，それ自体で直ちに手形上の権利を発生させたり，手形債務者を遅滞に陥らせる等の法的効果を発生させるものではなく，権利というよりはむしろ一種の権限というべきものである。手形の白地補充権がこのような性質のものであることからすれば，満期の記載のある白地手形の場合に補充権の時効を独立の問題としないのと同様に，満期の記載のない白地手形の場合にも補充権の消滅時効そのものを論ずるべきではなく，前記のように手形外の補充に関する合意の内容，すなわち白地補充権授与契約中の行使期限に関する合意の問題として考えるのが正当である。その上で，このような手形外の補充に関する合意の範囲の逸脱

114 §8● 白地手形小切手

の問題は，手形法 10 条の律するところに委ねてよい」と解する高裁判決
も現れており（東京高判平 14・7・4 判時 1796 号 156 頁），注目される。

　　b　学　説

　手形の満期または小切手の振出日の白地補充権の時効期間については，
最高裁のとる 5 年説（鈴木＝前田 223 頁以下等）のほか，3 年説（竹田 96 頁
以下等），3 年説を前提に時効の起算点を当事者の実質関係において権利行
使が可能になった時と解したうえで，白地補充権の時効消滅後に現れた善
意の第三者に対してはその時効消滅を対抗しえないものと解する新 3 年説
（上柳克郎『会社法・手形法論集』492 頁以下（有斐閣，1980）等）等，学説上
さまざまな見解が主張されてきたが，最近の学説においては，5 年説を支
持する見解はほとんど見当たらず，むしろ前掲東京高判平 14・7・4 と同
様に時効を問題としない見解が有力になりつつある（前田 261 頁以下等）。

　　c　私　見

　手形法 10 条または小切手法 13 条の「予メ為シタル合意」に手形の満期
または小切手振出日に関する合意が含まれることは当然であり，前掲東京
高判平 14・7・4 が述べるように，手形の満期または小切手の振出日に関
する合意の範囲の逸脱の問題が手形法 10 条または小切手法 13 条により律
せられることは疑いない。

　もっとも，手形小切手金額等と異なり，手形の満期または小切手の振出
日については，これに関する合意の内容を明確に確定しえない場合が存す
ることは否定できず，そのような場合に例えば満期白地の約束手形におい
て白地補充権がその行使可能時から 10 年後にその日を満期として行使さ
れたようなときには，時効による解決が妥当であるようにも思われる。し
かし，白地補充権がその行使可能時にその日から 10 年後の日を満期とし
て行使されたようなときには，そもそも白地補充権の時効を問題とするこ
とはできず，時効による解決には限界がある。また，手形の満期および小
切手の振出日以外の白地補充権について時効を問題とせず，手形の満期ま
たは小切手の振出日の白地補充権について時効を問題とすることは，理論
的に一貫しないであろう（前田 262 頁参照）。また，新 3 年説が主張するよ

うに，白地補充権の時効消滅後に現れた善意の第三者に対してはその時効消滅を対抗しえないものと解することは，結論的に妥当なものと考えられるが，白地補充権の時効消滅を人的抗弁と解する（札幌高判昭44・8・13下民集20巻7・8号580頁等参照）ことには理論的な疑問がある。

　以上のことから，手形の満期または小切手の振出日の白地補充権についても時効を問題とすることは妥当でない。そこで，問題となるのは，手形の満期または小切手の振出日に関する合意の内容を明確に確定しえない場合の法的処理であるが，手形の主たる債務者に対する権利の時効期間が3年であることから（手70条1項・77条1項8号），さしあたり当事者の実質関係において権利行使が可能になった時から3年以内の日を手形の満期または小切手の振出日とする合意を推定するのが妥当ではあるまいか。

> 【設問25　コメント】　手形の満期または小切手の振出日の白地補充権の時効期間については，「近時は，この問題を白地補充権自体の消滅時効期間の問題としてとらえ，それを5年であるとする判例の見解に賛成する学説はほとんどみられない」といわれていたが（近藤光男・百選（第7版）85頁），商法522条が削除された結果，今後は，ますます時効を問題としない見解が有力となってこよう。

§9● 手形小切手の譲渡方法

I　無記名式小切手の譲渡方法

わが国における小切手は，無記名式で振り出されるのが通常であるが，無記名式小切手（持参人払式小切手。小5条3項・2項・3項）は，民法上の無記名証券にほかならない。したがって，無記名式小切手は，小切手の交付を効力発生要件として譲渡される（民520条の20・520条の13）。

＊　2017年改正前民法86条3項は，「無記名債権は，動産とみなす」と規定していた。この規定にいう「無記名債権」とは，無記名証券を権利の面から表現したものと解されており，改正前民法の無記名債権の譲渡については，文理上，効力要件として意思表示が（改正前民176条），対抗要件として証券の交付（引渡し）（改正前民178条）が想定されていた。このような制度の下では，債務者から対抗要件が具備されていない権利の変動を認めることは妨げないのであるから，例えば無記名式の預金小切手の所持人BがCおよびDに対し小切手を譲渡する意思表示のみをし，A銀行がCを権利者と認めてCに弁済した後，DがBから小切手の交付を受けてAに債務の履行を請求した場合の結論は，小切手の交付を譲渡の効力発生要件と解するときと異なってくる。すなわち，この場合に小切手の交付を譲渡の効力発生要件と解するときは，AのCに対する弁済は無権利者に対するものとして無効であるから，これによりAの債務は原則として消滅せず，Dの履行請求は原則として認められることとなる。これに対し，小切手の交付を譲渡の対抗要件と解するときは，AのCに対する弁済は権利者に対するものとして有効であるから，これによりAの債務は消滅する。そして，Dが小切手の交付を受けた時点でCへの弁済の事実を知らないことについて重過失があれば，権利外観理論による保護も認められないから，Dの履行請求を認める余地はなくなる。このように小切手の交付を譲渡の対抗要件と解するときは，権利の公示性が弱まる結果，小切手の交付を受けていない譲受人に対し有効に弁済がなされてしまう可能性が生じ，取引の安全が害される。したがって，2017年改正民法が無記名証券の交付を証券の譲渡の効力

発生要件として規定したことは妥当であった。

Ⅱ　手形・指図式小切手の譲渡方法

1　裏書による譲渡方法

　裏書とは，手形小切手またはこれと結合した紙片（補箋，ほぜん）に裏書人が署名してこれを交付することであるが，裏書が禁止されていない手形は，指図式で振り出さない場合にも当然に裏書により譲渡される（法律上当然の指図証券。手11条1項・77条1項1号）。また，小切手も，指図証券として振り出すことが可能であり（小5条1項1号），この場合には裏書により譲渡される（小14条1項）。もっとも，指図式小切手は，実際にはほとんど存在しない。

　手形・指図式小切手の裏書は，手形小切手の譲渡の対抗要件にすぎないものではなく，効力発生要件である（手14条1項・77条1項1号，小17条1項）。

2　白地式裏書がなされた場合の譲渡方法

　手形・指図式小切手に被裏書人を指定しない白地式裏書がなされた場合には，所持人は，白地を補充せずかつ裏書をしないで手形小切手を譲渡しうる（手14条2項3号・77条1項1号，小17条2項3号）。これは，手形小切手の交付を効力発生要件とする譲渡を認めたものと解される。もっとも，白地式裏書がなされた場合にも，指図証券が無記名証券になるわけではなく，所持人は，裏書をすることもできる（手14条2項1号・2号・77条1項1号，小17条2項1号・2号参照）。

118 §9 ● 手形小切手の譲渡方法

3 裏書によらない譲渡

> **【設問 26】** Y は，約束手形を A に振り出し，A は，裏書をせずにその手形を X に交付した。X が Y に手形金の請求をした場合，Y は，X の請求に応じなければならないか。

(1) 前　説

判例は，通常の手形を債権譲渡の方法（民 467 条参照）により譲渡することを認めており（大判昭 7・12・21 民集 11 巻 2367 頁等），通説も，手形の譲渡について債権譲渡の効力のみを要求するにとどまる場合には手形を債権譲渡の方法により譲渡しうるものと解し，その場合には，効力発生要件として手形の交付を要し，対抗要件として民法 467 条の通知または承諾を要するものと解している（鈴木＝前田 242 頁等）。

最判昭 49・2・28 民集 28 巻 1 号 121 頁は，裏書によらずに手形が交付された場合には，当事者の合理的意思解釈として債権譲渡の方法により手形上の権利が移転したものと解している。

(2) 譲渡の可否

手形の債権譲渡の方法による譲渡を認める判例・通説に対し，少数説は，通常の手形を譲渡する場合には，債務者その他の第三者が不測の損害を被る可能性があること等から，白地式裏書がなされているときを除いて裏書が強行的に要求されると解している（伊澤・370 頁参照）。

しかし，通常の手形を裏書によらずに譲渡する場合に効力発生要件として手形の交付を要するものと解し，占有改定による交付を安易に認めないのであれば，債務者その他の第三者が不測の損害を被る可能性はほとんどないであろう。例えば記名式裏書を受けて手形を取得した A が B に手形をその現実の交付によって譲渡した場合には，債務者や第三者は，もはや A に手形上の権利があるとは考えないであろう。また，この場合には，第三者は，A から手形の交付を受けることができないから，そもそも A

と第三者との対抗問題が生ずる余地もない。したがって，白地式裏書がなされているとき以外であっても，通常の手形・指図式小切手をその交付により譲渡することは可能であると考える（結合法理 173 頁以下参照）。

(3)　民法 467 条の通知・承諾の要否

通説のように解する場合には，その譲渡方法は，無記名証券の譲渡方法に債権のそれを加えたようなものとなり，理論的整合性に疑問が生ずる。また，民法 467 条が通知または承諾を必要とした趣旨は，債務者の二重弁済の防止および二重譲渡の場合の両譲受人の優劣決定にあるが，手形および指図式小切手の譲渡においては，裏書によらない場合においても，権利の公示性を高めるために手形小切手の交付を要するものと解すべきであり，そのように解する以上，二重弁済，二重譲渡のおそれはないから，通知・承諾を要する実益はない（竹内昭夫『判例商法』81 頁以下（有斐閣，1976）参照）。また，手形小切手は，本来裏書によって債務者の知らないところで譲渡されるものであり，債務者は，それがたまたま債権譲渡の方法により譲渡され，譲渡人から債務者に通知がなされても，通知をしてきた者が果たして手形上の権利者か否かを信頼しえない（前田・入門 10 頁参照）。したがって，手形・指図式小切手を裏書によらずに交付により譲渡する場合には，対抗要件として民法 467 条の通知または承諾は要しないものと解するのが妥当である（結合法理 180 頁以下参照）。

> 【設問 26　コメント】　X は，権利者として推定されない。しかし，裁判において X が A から手形を譲渡する意思表示とともに手形を交付されたことを立証したときでも，民法 467 条の通知・承諾がない以上，X の請求は認められないと解するのが実際上妥当なのであろうか。筆者は，そうは思わない。

Ⅲ　裏書禁止手形小切手の譲渡方法

法は，受取人に対する抗弁の保全という利益をも考慮して，振出人が手

形および指図式小切手に裏書を禁止することを認めている（手11条2項・77条1項1号，小14条2項）。そのような手形小切手を裏書禁止手形小切手という。

手形小切手面上印刷された指図文句が抹消されないまま指図禁止文句が併記されることがあるが，当事者の合理的意思解釈として，この場合には原則として指図禁止文句の効力が優先するものと解される（最判昭53・4・24判時893号86頁参照）。

裏書禁止手形小切手の譲渡方法について，法は，債権譲渡の方式によるものと規定しているが（手11条2項・77条1項1号，小14条2項），通説的見解は，ここでも効力発生要件として手形小切手の交付を要し，対抗要件として民法467条の通知または承諾を要するものと解している（鈴木＝前田15頁，30頁等）。

しかし，裏書禁止手形小切手を授受する当事者の意思は，手形小切手から積極的な流通性を奪うところにあり，裏書禁止手形小切手は，通常の手形小切手と同様の流通性を有するものではない。したがって，これを譲渡する場合には，とくに権利の公示性を高める必要は認められず，手形小切手の交付は要しないものと解すべきである。このように解するときには，裏書禁止手形小切手の譲渡には対抗要件として民法467条の通知または承諾を要するものと解さざるをえない。そして，このように解することが裏書禁止手形小切手の譲渡について債権譲渡の方式によるものと規定する法の文言に合致する（結合法理6頁以下参照）。

裏書禁止手形小切手は，債権証書（民487条参照）であり，その所有権は，債権者に属する（大判明43・10・13刑録16輯1701頁）。したがって，裏書禁止手形小切手の譲受人は，債権証書の所有者として譲渡人に対し手形小切手の交付を請求しうる。

裏書禁止手形小切手は，債権譲渡の効力をもってのみ譲渡しうる（手11条2項・77条1項1号，小14条2項）。したがって，裏書禁止手形小切手を譲渡する場合には，善意取得（手16条2項・77条1項1号，小21条）も人的抗弁の切断（手17条・77条1項1号，小22条）も生じない。

§10◈　手形小切手の裏書

Ⅰ　総　説

1　意義と目的

　裏書とは，手形小切手またはこれと結合した紙片（補箋）に裏書人が署名して（手13条1項・77条1項1号，小16条1項）これを交付することである。裏書は，手形小切手の裏面になされるのが通常である。また，裏書は，指図式手形小切手になされるのが通常であるが，無記名式小切手になされる場合もないではない（小20条参照）。裏書をする者を裏書人といい，裏書を受ける者を被裏書人という。

　裏書は，通常，手形小切手上の権利の譲渡を目的とする契約であるが（譲渡裏書），債権の取立委任（取立委任裏書），権利の質入（質入裏書），債

約束手形の裏面

全国銀行協会「やさしい手形・小切手のはなし」より

122　§ 10 ● 手形小切手の裏書

務の負担（隠れた手形保証）等を目的とする場合もある。

2　方　式

裏書は，その方式により①記名式裏書，②白地式裏書および③持参人払式裏書に区別される。

(1)　記名式裏書

記名式裏書は，裏書文句（「表記金額を下記被裏書人またはその指図人へお支払い下さい」という記載）および被裏書人を記載する方式よりなされるものである。

記名式裏書

全国銀行協会「やさしい手形・小切手のはなし」より

(2)　白地式裏書

白地式裏書は，被裏書人を記載せず，または被裏書人および裏書文句を記載しない方式によりなされるものである。裏書文句を記載しない白地式裏書は，他の署名と混同されるおそれがあるため，手形の裏面または補箋になされなければならない（手 13 条 2 項・77 条 1 項 1 号，小 16 条 2 項）。

最後の裏書が白地式裏書である手形小切手の所持人が手形小切手を譲渡するためには，①被裏書人欄に自己の名称を補充して裏書をしてもよく（手 14 条 2 項 1 号・77 条 1 項 1 号，小 17 条 2 項 1 号），②被裏書人欄を補充せず裏書をしてもよく（手 14 条 2 項 2 号・77 条 1 項 1 号，小 17 条 2 項 2 号），③被裏書人欄に直接譲受人の名称を補充して手形小切手を交付してもよく（手 14 条 2 項 1 号・77 条 1 項 1 号，小 17 条 2 項 1 号），④被裏書人欄を補充せず裏書もしないで手形小切手を交付してもよい（手 14 条 2 項 3

号・77条1項1号，小17条2項3号）。また，最後の裏書が白地式裏書である手形小切手の所持人が権利を行使するためには，①被裏書人欄に自己の名称を補充してもよいし（手14条2項1号・77条1項1号，小17条2項1号），②補充しないでもよい（手16条1項2文・77条1項1号，小19条2項参照）。

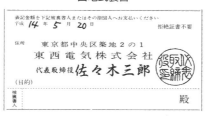

白地式裏書

全国銀行協会「やさしい手形・小切手のはなし」より

(3) 持参人払式裏書

持参人払式裏書とは，持参人に支払うべき旨を記載する方式によってなされるものである。持参人払式裏書は，白地式裏書と同一の効力を有するが（手12条3項・77条1項1号，小15条4項），あまりみられない。

3 要件

(1) 単純性

裏書は，「単純」なものでなければならず，その効力を原因関係にかからせる等の条件が付されたものであってはならない。もっとも，裏書に付された条件も，無益的記載事項にすぎず，裏書を無効にするものではない（手12条1項・77条1項1号，小15条1項）。

(2) 一部裏書の禁止

手形小切手金額の一部についての裏書は，権利の分属的帰属を生じさせるため，無効とされる（手12条2項・77条1項1号，小15条2項）。債権譲渡の方法による手形上の権利の一部譲渡も，手形法12条2項の類推適用により無効と解されている（最判昭60・7・2判時1178号144頁）。

(3) 小切手に関する特則

小切手の支払人による裏書は，これを認めるときは支払人が担保責任を負うこととなり，小切手が信用の用具になるため，無効とされる（小15条3項）。また，小切手の支払人に対する裏書は，従来からの慣行に従い，原則として受取証書としての効力のみを有する（小15条5項）。

II 譲渡裏書

1 意 義

譲渡裏書とは，指図式手形小切手上の権利の譲渡を目的とする裏書であり，その本質は，債権譲渡にあるものと解すべきである。譲渡裏書には通常の譲渡裏書のほかに特殊の譲渡裏書（無担保裏書，裏書禁止裏書，戻裏書，期限後裏書）もある。

＊ 例えば「手形の流通過程は，実態としてみれば，手形の流通サイクルにおける有価物としての手形の移転過程であり，有価物としての手形取得者保護のための制度として抗弁制限の制度が機能しているものといえよう。しかし，このことを手形の流通サイクルに参加する関係当事者の法律関係の枠組みとしてとらえ，当事者の合理的意思に基づいて構成していけば，手形の譲渡は手形証券上に表彰されている手形債権の譲渡としてとらえられる」と述べられるが（丸山159頁），妥当であろう。これに対し，譲渡裏書の本質を手形小切手の所有権の譲渡と解する見解によると，被裏書人は，手形小切手所有権を取得することにより手形小切手上の権利を原始取得するものと解される（所有権説。高窪136頁以下等参照）。しかし，動産のような所有権の客体は，それ自体価値があるものであるのに対し，手形小切手は，それが表章する権利と離れては無価値なものであり，単に権利の流通性に奉仕する技術にすぎない。したがって，手形小切手の所有権を観念することは妥当でない（結合法理152頁以下参照）。

Ⅱ　譲渡裏書　125

2　通常の譲渡裏書の効力

通常の譲渡裏書には，①権利移転的効力，②担保的効力および③資格授与的効力がある。

(1)　権利移転的効力

> **【設問27】**　Aは，約束手形をBに振り出し，Yは，Bに対し手形金の支払義務を負う旨の民事保証をした。Bは，その手形をXに裏書し，Xは，Aに手形金の支払を請求したが，支払を拒絶された。この場合，Xは，Yに保証債務の履行を請求しうるか。

権利移転的効力とは，手形小切手上のすべての権利（例えば約束手形の振出人に対する手形金請求権，自己より前の裏書人に対する遡求権，手形保証人に対する権利等）を裏書人から被裏書人に移転する効力である（手14条1項・77条1項1号，小17条1項）。この効力は，裏書人の意思表示に基づく裏書の本質的な効力といえる。

譲渡裏書の権利移転的効力は，あくまで手形小切手上の権利についてのみ生ずるものであり，原因関係上の権利や手形小切手上の権利に付随する民事保証債権，質権，抵当権等は，手形小切手上の権利ではないから，裏書の権利移転的効力によっては移転しない。しかし，例えば民事保証債権については，「一般に保証債権は，主たる債権を担保する目的上附従性を有し，主たる債権の移転に随伴する性質をもつものであるから，主たる債権の移転とともに移転し，主たる債権の譲渡について対抗要件が具備された場合には，主たる債権を取得した者は，保証債権の譲渡につき別段の対抗要件たる手続を履践することなく，保証債務の履行を求めることができると解するのが相当である。この理は，主たる債権の種類および債権譲渡の態様によって別異に解すべきではないから，主たる債権が手形債権であり，債権譲渡が裏書による場合であっても同様であり，裏書によって手形債権を取得した者は，民事保証債権につき別段指名債権譲渡の手続を履践

126 §10 ● 手形小切手の裏書

することなく，右保証債務の履行を求めることができる」ものと解される（最判昭45・4・21民集24巻4号283頁）。

> 【設問27 コメント】 保証債権が主たる債権に随伴して移転するということは異論のないところであろうが，その根拠は必ずしも明確ではない。おそらくは保証人も含めた当事者の合理的意思解釈によるものと考えられるが，そうだとすると，当事者の反対の意思が明らかな場合，あるいは手形小切手が善意取得された場合などには，裏書に伴う民事保証債権の移転は生じないことになろう。

(2) 担保的効力

担保的効力とは，被裏書人およびその後の手形権利者すべてに対し手形小切手の引受または支払（為替手形については引受および支払，約束手形および小切手については支払）について担保責任（遡求義務）を負担する効力である（手15条1項・77条1項1号，小18条1項）。担保的効力は，無記名式小切手の裏書についても認められる（小20条）。

裏書人の担保責任の性質については，これを裏書人の意思表示に基づく責任と解する見解も有力であるが（意思表示責任説。鈴木＝前田113頁以下等），手形小切手の流通性を高めるために法がとくに定めた責任と解すべきである（法定責任説。大隅105頁以下等）。これに対し，例えば「手形債務の成立要件としては，裏書や為替手形・小切手の振出と約束手形の振出，為替手形の引受，手形保証および小切手の支払保証とで何ら差異がない。このように，同じく行為能力者による瑕疵のない意思表示を要件として発生する手形債務負担という法律効果のうち，一部は意思表示の効果として理解し，それ以外のものは法定の効果として理解しなければならないという必要性は存在しない」という批判もある（前田61頁以下）。しかし，裏書人は，権利を移転する意思を有している場合には，担保責任を負担する具体的な意思を有していないときにも，手形小切手に担保責任を負担しない旨を記載しないかぎり担保責任を負担させられるものであり，このような効力を意思表示に基づく効力と解することには無理があろう。

私見のように裏書人の担保責任を法定責任と解する場合には，手形小切手行為独立の原則（手7条・77条2項，小10条）を理論上当然の原則と解することは困難になる（§3 V 2参照）。

(3) **資格授与的効力**

資格授与的効力とは，被裏書人として記載されている者が裏書によって権利を取得したものと推定する効力である（手16条1項・77条1項1号，小19条）。被裏書人として記載されている者は，裏書によって権利を取得した可能性が大きいため，法は，手形取引の安全のために，被裏書人として記載されている者が裏書によって権利を取得したものと推定したものである。

3　特殊の譲渡裏書

(1) **無担保裏書**

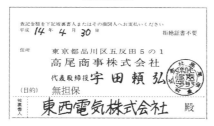

無担保裏書

無担保裏書とは，担保責任を負わない旨（無担保文句。例えば「無担保」，「支払無担保」，「引受無担保」，「償還無用」等といった文句）を記載をしてなされる裏書であり（手形法15条1項・77条1項1号，小18条1項），担保的効力は認められないが，権利移転的効力および資格授与的効力は認められる。

(2) **裏書禁止裏書**

裏書禁止裏書とは，新たな裏書を禁止する旨（裏書禁止文句）を記載してなされる裏書である（手15条2項1文・77条1項1号，小18条2項1文）。

もっとも，裏書人の行為により手形小切手の指図証券性が失われること

128 §10 ● 手形小切手の裏書

は不当であるから，裏書禁止裏書がなされた手形小切手の所持人も，裏書をすることを妨げられないが，裏書禁止裏書をした裏書人は，その直接の被裏書人以後の被裏書人に対し担保責任を負わないものとされる（手15条2項2文・77条1項1号，小18条2項2文）。

これに対し，例えば「この裏書の認められている目的が，その直接の被裏書人に対する人的抗弁のその後の裏書による切断を阻止するためであることにかんがみ，その後の被裏書人に対して担保責任を負わないという効果までは認めず，直接の被裏書人に対する人的抗弁をその後の被裏書人に対しても対抗できる―人的抗弁切断が生じない―という効果を認めれば足りる」と解する見解も有力であるが（前田349頁等），文理に反し，妥当でない。

裏書禁止裏書についても，権利移転的効力および資格授与的効力は，通常の譲渡裏書の場合と同様に認められる。

裏書禁止裏書

```
┌─────────────────────────────────────────┐
│ 表記金額を下記被裏書人またはその指図人へお支払いください    │
│ 平成 14 年 4 月 30 日          拒絶証書不要    │
│                                          │
│ 住所  東京都品川区五反田5の1                  │
│      高尾商事株式会社                       │
│      代表取締役 宇 田 頼 弘                 │
│ （日的）    裏書禁止                         │
│ 被裏書人 東西電気株式会社          殿        │
└─────────────────────────────────────────┘
```

(3) **戻裏書**

【設問28】 (1) Yは，売買代金支払のためにXに約束手形を振り出したが，Xが履行期を過ぎても品物を引き渡さなかったため，売買契約を解除した。その後，Xは，その手形をAに裏書し，Aは，その手形をXに戻裏書した。この場合，Xは，Yに手形金の支払を請求しうるか。

(2) Yは，約束手形をAに振り出し，Aは，それを保管していた。ところが，その保管中，Xは，その手形を盗取し，Aの裏書を偽造してBに裏書し，Bは，その手形をXに戻裏書した。この場合，Xは，Yに手形金の支払を請求しうるか。

II 譲渡裏書 129

（3）Yは，Xに約束手形を振り出し，Xは，その手形をAに裏書した。しかし，Yは，満期に手形金を支払えない可能性が高いため，Aと支払猶予の特約をした。その後，Aは，その手形をXに戻裏書した。この場合，Xは，Yに手形金の支払を請求しうるか。

a 意 義

割引手形を買い戻した場合等には，戻裏書がなされることがある。戻裏書とは，振出人や裏書人等のすでに手形小切手上に署名した手形小切手上の債務者に対してなされる裏書であり，戻裏書の被裏書人も，さらに裏書をなしうる（手11条3項・77条1項1号，小14条3項）。銀行は，戻裏書により割引手形を返還する場合，担保責任を負担しないように無担保裏書をするものといわれる（関75頁参照）。

手形法11条3項および小切手法14条3項は，引受をしていない支払人をも掲げているが，引受をしていない支払人は，手形小切手上の債務者ではないから，引受をしていない支払人に対する裏書は，戻裏書と解すべきではない（鈴木＝前田283頁注八等参照）。

b 混同の適用の有無

かつては戻裏書により原則として混同（相対立する2つの法律的地位が同一人に帰すること。民520条）が生じるものと解する見解が有力であった（竹田118頁以下等）。しかし，手形小切手関係においては，当事者資格の兼併が認められるものと解すべきであるから（§7 II 2(4)b参照），戻裏書により混同は生じないものと解すべきである（鈴木＝前田281頁以下等）。もっとも，例えばAが約束手形をBに振り出し，Bが手形をCに裏書し，CがBに戻裏書をした（A→B→C→Bの）場合，BがCに遡求することは，無意味であるから認められないが，Bがさらに手形をDに裏書した（A→B→C→B→Dの）ときには，Dは，A，BおよびCに対する権利を取得するものと解される。

c 権利復活説と権利再取得説

判例は，裏書以前に債務者から人的抗弁の対抗を受ける地位にあった被

裏書人について「当該手形がその後善意者を経て戻裏書により受け戻されたからといって，手形上の権利行使について，自己の裏書譲渡前の法律的地位よりも有利な地位を取得すると解しなければならない理はない」と述べており（最判昭40・4・9民集19巻3号647頁），結論的に妥当といえるが，そのように解する法的構成を明らかにしていない。

戻裏書の法的構成をいかに解するかという点については，大別して，戻裏書の被裏書人は裏書以前の手形小切手上の地位を回復するものと解する権利復活説（田中耕467頁等）と戻裏書の被裏書人は裏書人から手形小切手上の権利を承継するものと解する権利再取得説（鈴木＝前田248頁等）との争いがある。

権利復活説からは，上記判例の結論を容易に導くことができる。権利復活説においては，①裏書は手形債権の移転ではなく手形所有権の移転であり，裏書人は裏書により手形債権を失わず，裏書人の手形債権と被裏書人が手形所有権を取得したことにより原始取得した手形債権とは併存するが，裏書人は手形所有権を有していないことから，手形債権を行使できないにすぎず，戻裏書，遡求等を受けて手形所有権を再取得することにより裏書以前の手形上の地位を回復するとされたり，②裏書は戻裏書等を受けることを解除条件として手形債権を移転するものであり，裏書人は戻裏書等を受けることにより裏書以前の手形上の地位を回復するとされる（鈴木＝前田248頁注四）参照）。しかし，①の構成は，手形所有権説を前提にしている点で妥当でなく（§10 Ⅱ 1 ＊参照），②の構成は，裏書人の実際の意思と合致しないであろう。したがって，権利復活説は妥当でなく，権利再取得説をとらざるをえない。

d　人的抗弁の人への付着

従来，人的抗弁は権利に付着するものと解されており，民法468条1項の原則から，このこと自体は否定できないところである。しかし，このことは，人的抗弁が「権利にのみ」付着することを意味するものではなく，人的抗弁は，「人」にも付着すると解すべきである（人的抗弁の属人性。鈴木＝前田324頁注一六等参照）。上記判例の結論は，このような法的構成か

らも説明しうる。手形小切手がA→B→C→Dと移転した場合にBとDとが実質上，経済上一体とみうる関係にあるときは，CからDへの裏書は，信義則上CからBへの戻裏書と同一に評価すべきであり，AはBに対する人的抗弁をもってDに対抗しうるものと解すべきである（最判昭52・9・22判時869号97頁参照）。

　他方，「当初無権利者であった者が戻裏書によって，すでに瑕疵のなくなった手形上の権利を取得した場合には，『無権利の抗弁はその人個人に付着するという構成』に従うと，権利者に対する無権利の抗弁という不合理な抗弁を認めなければならなくなる（例えば，Cが無権利者，Dが善意取得者，CがEより戻り裏書を受けた場合）」として「戻り裏書によって手形を取得した者が権利者であるのか無権利者であるのかを決めなければならないが，Cが手形を取得した時点で手形上の権利が自己の前者Bのところに復帰し，手形を取得したC（戻り裏書の被裏書人）は無権利者になる」ものと解する見解もあるが（関77頁以下），疑問である。この場合におけるCは，戻裏書により権利を承継取得するものと解すべきであり，その意味において無権利の抗弁は，属人的なものと解すべきではない。もっとも，戻裏書により手形を再取得したCは，Bに対して不当利得として手形自体を返還すべき義務を負うものと解すべきである。

　権利再取得説によると，戻裏書の被裏書人は，戻裏書の裏書人に対する抗弁について悪意のときは当然に抗弁を対抗されることとなる。

> **【設問28　コメント】**　人的抗弁の属人性の問題とシェルター・ルール（§12Ⅱ3⑷d参照）の問題とが混乱されることが少なくないが，両者は別の問題である。人的抗弁が「人」に付着するということは，例えば小問⑴におけるX自身に人的抗弁が付着するということにすぎず，悪意者一般に付着するということではない。したがって，人的抗弁の属人性は，シェルター・ルールを否定するものではない。

(4) 期限後裏書

a 意 義

期限後裏書とは，支払拒絶証書（手44条・77条1項4号，小39条1号参照）もしくは支払拒絶宣言（小39条2号・3号参照）作成後の裏書または支払拒絶証書等作成期間（手44条3項・77条1項4号，小・77条項4号参照）経過後の裏書である（手20条1項但書・77条1項4号，小24条1項）。

手形においては，満期後であっても支払拒絶証書作成前または支払拒絶証書作成期間経過前の裏書は，満期前の裏書と同一の効力を有するから（手20条1項本文・77条1項4号），期限後裏書ではない。また，「約束手形の支払拒絶証書が作成される前であって，しかもその作成期間の経過前にされた裏書は，たとえ不渡の付箋等により満期後の支払拒絶の事実が手形面上明らかになった後にされたものでも満期前の裏書と同一の効力を有する」ものと解される（最判昭55・12・18民集34巻7号942頁）。期限後裏書か否かは，裏書の日付ではなく，実際に裏書がなされた日を基準として決定されるが，日付の記載のない裏書は，期限前裏書と推定される（手20条2項・77条1項4号，小24条2項）。最終の裏書が白地式裏書の手形小切手が期限後に交付によって譲渡された場合も，期限後裏書と同様の効力しか認められないものと解される。

b 効 力

支払拒絶証書等作成後または支払拒絶証書等作成期間経過後の手形小切手は，支払の段階に入るべきものであり，積極的な流通は予定されていない。そのため，期限後裏書は，債権譲渡の効力のみを有し（手20条1項但書・77条1項4号，小24条1項），担保的効力は認められない。

通説的見解は，期限後裏書に権利移転的効力および資格授与的効力が存するものとして，期限後裏書がなされた手形小切手についても債務者の免責の効果（手40条3項・77条1項3号）を認めている（鈴木＝前田286頁等参照）。

＊ 債務者の免責の効果と善意取得（手16条2項・77条1項1号）とは，ともに裏

書の資格授与的効力から派生するものであるが，期限後裏書に善意取得を認めずに期限後裏書がなされた手形小切手について債務者の免責の効果を認める通説は，善意取得は主として権利流通の面に関し，債務者の免責の効果は主として権利行使の面に関するものであって，両者の間には必ずしも不可分的密接な関係はないものと解している（上柳克郎「判批」民商 50 巻 3 号 123 頁（1964）等参照）。しかし，手形小切手の迅速な支払の要請も，手形小切手の流通性に奉仕するものであって，両者が無関係ということもできないであろう。もっとも，期限後裏書がなされる段階においても，手形小切手は，手形小切手であることに変わりはなく，無因かつ文言証券であって要式性も具備しており，流通能力を残していると考えられるため，期限後裏書に善意取得を認めずに期限後裏書がなされた手形小切手について債務者の免責の効果を認めることは不当ではなかろう（結合法理 31 頁以下参照）。

Ⅲ　裏書の連続

1　意　義

裏書の連続とは，受取人が第一裏書人になり，以下被裏書人が裏書人となり，かつ最後の裏書の被裏書人が手形の所持人になっている場合のことである。また，このように，裏書が間断なく続き，最後の裏書が白地式である場合にも，裏書の連続か認められる（手 16 条 1 項 2 文・77 条 1 項 1 号，小 19 条 1 項 2 文）。さらに，白地式裏書に次いで他の裏書かあるときは，その裏書人は，白地式裏書によって手形を取得したものとみなされ（手 16 条 1 項 4 文・77 条 1 項 1 号，小 19 条 1 項 4 文），その部分にも裏書の連続が認められる。

2　効　果

手形法 16 条 1 項 1 文および小切手法 19 条 1 項 1 文の「看做ス」という文言は，「推定する」という意味に解されている（最判昭 36・11・24 民集15 巻 10 号 2519 頁等参照）。すなわち，裏書の連続する手形小切手の所持人は，権利者と推定される。そして，「原告が連続した裏書の記載のある手形を所持し，その手形に基づき手形金の請求をしている場合には，当然

に，同法（手形法——筆者）16条1項の適用の主張がある」ものと解される（最判昭45・6・24民集24巻6号712頁）。もっとも，最後の裏書が記名式裏書である場合には，最後の裏書の被裏書人と手形小切手の所持人との同一性までは推定されず，これは，手形小切手の所持人によって立証されなければならない。しかし，この立証はきわめて簡単であろうし，最後の裏書が白地式裏書である場合には，このような立証の必要はない。

　具体的には，①裏書の連続する手形小切手の所持人は，自分が権利者であることを立証しなくとも当然に権利を行使することができ，手形債務者は，その所持人が無権利者であることを立証しなければ請求を拒みえない。②裏書の連続する手形小切手の所持人から手形小切手の裏書譲渡を受けた者は，譲渡人が無権利者であっても，手形小切手上の権利を取得しうる（善意取得。手16条2項・77条1項1号，小21条。§11参照）。③手形小切手債務者は，裏書の連続する手形小切手の所持人に手形小切手金を支払えば，その所持人が無権利者であっても支払は有効となり，免責されうる（善意支払。手40条3項・77条1項3号。§15Ⅳ参照）。

3　判断方法

> **【設問29】**　(1)　Yは，受取人を「甲会社A支店長」と記載した約束手形をAに交付したが，Aは，その手形に単に「A」と署名してこれをXに裏書した。この場合，Xは，Yに手形金の支払を請求しうるか。
>
> 　(2)　Yは，受取人を「A」と記載した約束手形を甲会社の支店長Aに交付したが，Aは，その手形に「甲会社支店長A」と署名してこれをXに裏書した。この場合，Xは，Yに手形金の支払を請求しうるか。

　裏書の連続は，外形的事実を問題にするものであるから，裏書が手形小切手の記載上連続していればよく，実質的に有効な裏書が連続していることを要しない。すなわち，偽造の裏書が介在していてもよい。

　受取人および被裏書人の記載は，他人である振出人および裏書人によってそれぞれなされるものであるから，その表示に正確を期待することはで

裏書の連続する約束手形

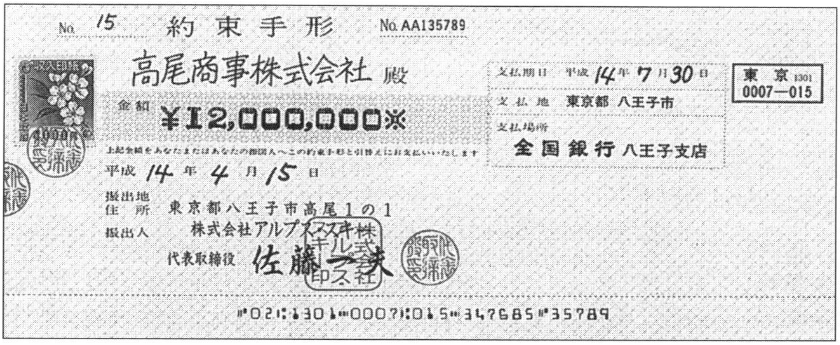

No. 15　約束手形　No. AA135789

高尾商事株式会社 殿

金額 ¥12,000,000※

上記金額をあなたまたはあなたの指図人へこの約束手形と引替えにお支払いいたします

平成 14 年 4 月 15 日

振出地
住所　東京都八王子市高尾１の１

振出人　株式会社アルプススキ

代表取締役　佐藤一夫

支払期日　平成 14 年 7 月 30 日

支払地　東京都 八王子市

支払場所　全国銀行 八王子支店

東京 1301
0007—015

⑈021⑆1301⑈0007⑆015⑈347685⑈35789

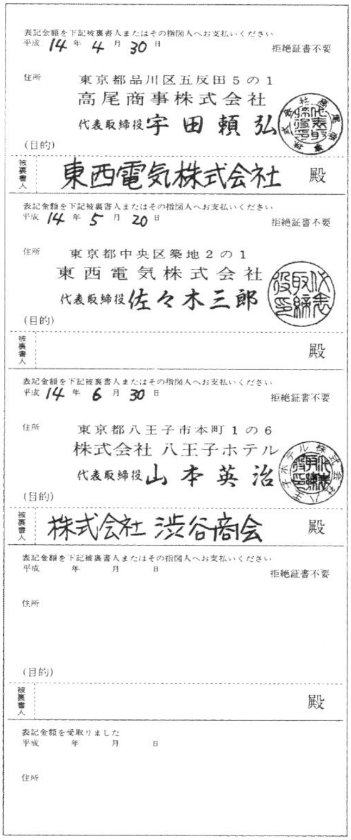

表記金額を下記被裏書人またはその指図人へお支払いください
平成 14 年 4 月 30 日　拒絶証書不要

住所　東京都品川区五反田５の１
高尾商事株式会社
代表取締役 宇田頼弘

（目的）

被裏書人　東西電気株式会社　殿

表記金額を下記被裏書人またはその指図人へお支払いください
平成 14 年 5 月 20 日　拒絶証書不要

住所　東京都中央区築地２の１
東西電気株式会社
代表取締役 佐々木三郎

（目的）

被裏書人　殿

表記金額を下記被裏書人またはその指図人へお支払いください
平成 14 年 6 月 30 日　拒絶証書不要

住所　東京都八王子市本町１の６
株式会社 八王子ホテル
代表取締役 山本英治

（目的）

被裏書人　株式会社 渋谷商会　殿

表記金額を下記被裏書人またはその指図人へお支払いください
平成　年　月　日　拒絶証書不要

住所

（目的）

被裏書人　殿

表記金額を受取りました
平成　年　月　日

住所

全国銀行協会「やさしい手形・小切手のはなし」より

きず，その記載と次の裏書の裏書人の記載とは，一字一句同一である必要はなく（大判昭10・1・22民集14巻31頁），その同一性は，社会通念によって判断される。

法人を被裏書人とする場合にその代表者の氏名が付記されることもあり，受取人または被裏書人の記載が法人と個人のいずれを表示しているのか明確でない場合も少なくないが，判例は，「『愛媛無尽会社岡支店長』なる記載は，原判決のいうように，必ずしも『個人たる岡善恵に右会社の支店長たる地位を冠したものとは到底解せられない』ものではなく，個人たる岡善恵に右会社の支店長たる職名を付記して，個人たる岡善恵を指称するものとも解しえられるのである。けだし，かように氏名に職名を付記してその個人を指称することは取引において，往々行われるところであるからである。そして，本件では，その第1裏書における裏書人は明らかに岡善恵個人名をもってなされている……から，右第1裏書の記載と対照して，本件『愛媛無尽会社岡支店長』なる受取人の記載は他に特段なる事由のない限りむしろ個人たる岡善恵を指称するものと解するは妥当である」と判示している（最判昭30・9・30民集9巻10号1531頁）。この判例は，不明確な受取人の記載の意味をはじめから第1裏書の裏書人の記載と対照して判断するという手法をとって，裏書の連続を積極的に認めたものといえ，手形小切手所持人の保護という観点から妥当である。

* 手形受取人の相続人である旨を表示して裏書がなされた場合に裏書の連続を認めた判例もあるが（大判大4・5・27民録21巻821頁），相続の事実を手形小切手上の表示だけから推定することは妥当でない。

【設問29　コメント】　小問(1)のような場合のみならず小問(2)のような場合についても裏書の連続を肯定する少数説もある。しかし，他人が受取人として「甲会社支店長A」と記載した場合に個人のAを示すと解することはぎりぎり是認できても，A自身が「甲会社支店長A」と署名した場合に個人として署名し，個人として担保責任を負うと解すること

III　裏書の連続　137

には無理があろう。

4　裏書の抹消

> 【設問30】　Yは，約束手形をAに振り出し，Aは，その手形をBに記
> 名式で裏書し，Bは，その手形をXに記名式で裏書したが，Xは，Bの
> 裏書の被裏書人欄における自己の名称を抹消した。この場合，Xは，Y
> に手形金の支払を請求しうるか。

　割引手形を買い戻した場合等には，裏書が抹消されることがあるが，抹
消された裏書は，裏書の連続との関係では記載しなかったものとみなされ
る（手16条1項3文・77条1項1号，小19条3文）。しかし，被裏書人名の
みが抹消された記名式裏書が裏書の連続との関係でどのように扱われるか
については，全部抹消説，白地式裏書説，権限考慮説の争いがある，

　全部抹消説は，裏書全部が抹消されたこととなるものと解し（鈴木＝前
田284頁等），白地式裏書説は，白地式裏書となるものと解し（前田328頁
以下等），権限考慮説は，抹消した者の権限の有無により区別し，権限の
ある者により抹消された記名式裏書は白地式裏書になり，権限のない者に
より抹消された記名式裏書は裏書全部が抹消されたこととなるものと解す
る（伊澤378頁注二等）。裏書の連続は，外形的事実を問題にするものであ
り，形式的に判断されなければならないから，抹消権限の有無という実質
を問題とする権限考慮説は妥当でない。そこで，問題は，全部抹消説と白
地式裏書説とのいずれが妥当かという点に絞られる。判例は，「約束手形
の裏書欄の記載事項のうち被裏書人欄の記載のみが抹消された場合，当該
裏書は，手形法77条1項1号において準用する同法16条1項の裏書の連
続の関係においては，所持人において右抹消が権限のある者によってなさ
れたことを証明するまでもなく，白地式裏書となると解するのが相当であ
る。けだし，被裏書人欄の記載が抹消されたことにより，その裏書は被裏
書人の記載のみをないものとして白地式裏書となると解するのが合理的で

あり，かつ，取引通念に照らしても相当であり，ひいては手形の流通の保護にも資することになるからである」と判示しており（最判昭61・7・18民集40巻5号977頁），妥当である。

* 白地式裏書説をとる場合には，譲渡人が自己に対する記名式裏書の被裏書人名を抹消する権限を譲受人に授与して手形小切手を交付したときは，手形法14条2項3号（手77条1項1号）または小切手法17条2項3号の譲渡がなされたものと解される。

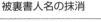

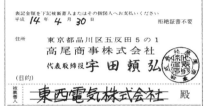

【設問30 コメント】 裏書の抹消の問題は，あくまで「裏書の連続との関係」に限ったものである。したがって，無権限者により裏書全部が抹消されても，裏書人は担保責任を負う。被裏書人名のみが抹消された記名式裏書が裏書の連続との関係でどのように扱われるかという問題も，「裏書の連続との関係」に限ったものであり，記名式裏書がなされたという実体に影響を与えるものではない。

5 受取人の変造

【設問31】 Yは，約束手形をAに振り出したが，Aは，その手形をBに盗まれ，Bは，手形の受取人をAからBに変造してこれをXに裏書譲渡した。この場合，Xは，Yに手形金の支払を請求しうるか。

手形小切手の受取人が変造された場合に変造後の受取人が第1裏書人に

Ⅲ　裏書の連続　139

なっているときに，その手形小切手の所持人に形式的資格を認めるべきか
否かが問題となる。

(1)　昭和 41 年判決

最判昭 41・11・10 民集 20 巻 9 号 1697 頁（以下「41 年判決」という。）
は，「約束手形の変造とは，署名以外の手形の内容を権限なくして変更す
ることを意味するのであるから，受取人として記載されている文言を何等
の権限なく抹消して，恰も受取人白地の手形たるごとき外観を呈せしめる
ことも，変造に該当するものと解するを相当とする。この見解に立つと
き，……本件約束手形について手形文言の変造があったものと認むべきで
あり，右手形に振出人として署名した Y は，変造前の原文言に従い，す
なわち受取人 A という手形について責任を負うべきものなのである（手形
法 77 条 1 項，69 条参照）。従って，X は受取人欄に自己の氏名の記載ある
手形を所持するとの一事によって，直ちに Y に対し本件手形金の支払を
請求し得ないことは当然であり，X において自己が正当の手形所持人なり
としてその手形金の支払を請求するには，受取人 A よりいかなる経路に
よって本件手形を取得したかを明らかにし，その取得をもって Y に対抗
しうる所以，すなわち本件手形債権取得につき Y に対する関係において
債権譲渡の対抗要件を充たしている所以を主張し立証しなければならな
い」ものと判示し，上の問題を否定している。

(2)　昭和 49 年判決

最判昭 49・12・24 民集 28 巻 10 号 2140 頁（以下「49 年判決」という。）
は，41 年判決を変更しないまま，「手形法 16 条 1 項にいう裏書の連続は，
裏書の形式によりこれを判定すれば足り，約束手形の受取人欄の記載が変
造された場合であっても，手形面上，変造後の受取人から現在の手形所持
人へ順次連続した裏書の記載があるときは，右所持人は，振出人に対する
関係においても，同法 77 条 1 項 1 号，16 条 1 項により，右手形の適法な
所持人と推定される」ものと解し，「同法 77 条 1 項 7 号，69 条によれば，
変造前の約束手形署名者である振出人は，変造前の原文言に従って責任を
負うのであるが，右規定は，手形の文言が権限のない者によりほしいまま

140 §10 ● 手形小切手の裏書

に変更されてもいったん有効に成立した手形債務の内容に影響を及ぼさない法理を明らかにしたものであるにすぎず，手形面上，原文言の記載が依然として現実に残存しているものとみなす趣旨ではないから，右規定のゆえをもって，振出人に対する関係において裏書の連続を主張しえないと解することは相当でな」いものと判示し，上の問題を肯定している。

(3) 私 見

　49 年判決に関する学説の理解は一様ではないが，同判決は，「少なくとも裏書の連続の関係では，その（手形法 77 条 1 項 7 号・69 条の――筆者）適用を否定している」ものとみるのが素直であり（前田 327 頁），41 年判決を実質的に変更したものと解すべきであろう。

　手形法 69 条または小切手法 50 条が問題にしているのは，手形小切手債務者の手形小切手所持人に対する責任ないし債務の内容であり，受取人すなわち手形の最初の権利者が誰であるかということは，手形署名者の手形所持人に対する責任ないし債務の内容とは関係がない。それゆえ，手形小切手の受取人の変造については，手形法 69 条または小切手法 50 条は適用されないものと解すべきである（前田 327 頁以下等参照。反対，木内宣彦「手形の変造」現代講座第 2 巻 318 頁）。したがって，手形小切手の受取人が変造された場合であっても変造後の受取人が第 1 裏書人になっているときには，その手形小切手の所持人に形式的資格を認めるべきであり，49 年判決の立場を支持すべきものと考える。

【設問 31　コメント】「手形小切手の受取人の変造については，手形法 69 条または小切手法 50 条は適用されない」ものと解する見解は，手形行為を手形債務負担行為と手形権利移転行為を分かつ二段階説の前田庸教授により主張されているが，二段階説をとらなくても上の見解をとることは可能だと思う。

---

6 裏書不連続と権利行使

> 【設問32】 Yは，約束手形をAに振り出し，Aは，その手形をBに裏書した。その後，Bが死亡し，Bの相続人Cは，自己を裏書人としてその手形をXに裏書した。この場合，Xは，Yに手形金の支払を請求しうるか。

裏書の連続しない手形小切手の所持人は，権利者とは推定されない。しかし，裏書の連続しない手形小切手の所持人に権利の行使を一切認めないものと解する（田中耕366頁等参照）のは行き過ぎであり，このような者も，実質的権利を証明することにより手形上の権利を行使しうるものと解すべきである（鈴木＝前田253頁等参照）。判例も，「実質的権利者が資格を具備しない場合であっても，債務者に対し進んでその権利を証明するときは，その権利の行使はもとより適法であって，債務者は，請求者が資格を欠くことを理由としてこれが履行を拒否することは許されない」ものと解している（最判昭31・2・7民集10巻2号27頁）。

もっとも，裏書の連続しない手形小切手の所持人がいかなる範囲の事実を証明しなければならないかという点は，判例からは明らかではない。この点について，裏書の不連続があった場合には裏書の連続は全体として破壊されるが，不連続直前の裏書人は過去において裏書の連続する手形小切手の所持人として形式的資格が認められていたものであるから，所持人は不連続以降の部分について実質的権利移転の事実を証明すればよいものと解する見解もあるが（坂井104頁以下等），裏書の連続する手形小切手の所持人に形式的資格が認められるのは個々の裏書の資格授与的効力の集積によるのであるから，裏書の不連続があった場合にも裏書の連続は全体として破壊されるものではなく，所持人は不連続部分についてのみ実質的権利移転の事実を証明すればよいものと解する見解（架橋説。鈴木＝前田253頁等）が妥当であろう。

142　§10 ● 手形小切手の裏書

【設問32 コメント】 商法旧手形編には，「裏書アル為替手形ノ所持人ハ其裏書カ連続スルニ非サレハ其権利ヲ行フコトヲ得ス」という規定があった。このような制度においては，Xの請求は認められない。しかし，現行法制においては，裏書の連続は，所持人に権利者としての推定を与えるだけのものであり，不連続があっても，権利行使の途がふさがれるものではない。

Ⅳ　特殊の裏書

1　前　説

　特殊の裏書とは，譲渡裏書以外の裏書をいい，取立委任裏書と質入裏書とがある。取立委任裏書とは，裏書人が手形小切手上の権利を行使する代理権を被裏書人に与える目的でする裏書であり，公然の取立委任裏書と隠れた取立委任裏書とがある。質入裏書とは，手形小切手上の権利の上に質権を設定する目的でする裏書であり，公然の質入裏書と隠れた質入裏書とがある。

2　取立委任裏書

(1)　公然の取立委任裏書

a　意　義

　公然の取立委任裏書とは，裏書人が手形小切手上の権利を行使する代理権を被裏書人に与える目的で，「回収のため」，「取立のため」，「代理のため」といった単なる委任を示す文言を記載してする裏書である（手18条1項・77条1項1号，小23条1項）。

　銀行等に手形小切手金の取立を委任する場合，手形小切手外の代理権授与の方法によるときは，別途に委任状を要し，代理権の範囲も明確でない。これに対し，公然の取立委任裏書によるときは，別途に委任状を要せ

Ⅳ 特殊の裏書 143

ず，裏書欄に委任を示す文字を記載さえすればよく，代理権の範囲も明確である。

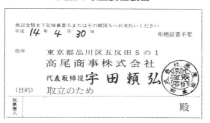

公然の取立委任裏書

b 効力

公然の取立委任裏書には，権利移転的効力の代わりに代理権を授与する効力（代理権授与的効力）があり，それに対応する資格授与的効力（代理資格授与的効力）もあるが，担保的効力は認められない。

代理権授与的効力により被裏書人は，手形小切手から生ずる一切の権利，例えば，支払のための呈示，手形小切手金の受領，拒絶証書の作成，遡求の通知，白地補充，訴訟の提起等を行使することができ，さらに取立委任裏書をすることもできる（手18条1項・77条1項1号，小23条1項）。

代理資格授与的効力により被裏書人は，裏書人の代理人と推定される（手16条1項・77条1項1号，小19条1項）。すなわち，債務者は，被裏書人に手形小切手金を支払えば，悪意または重大な過失がないかぎり免責される（手40条3項・77条1項3号）。しかし，被裏書人が代理権を取得することに独自の経済的利益はないから，代理権を善意取得（手16条2項・77条1項1号，小21条）することはない。

取立委任裏書に権利移転的効力はないから，被裏書人は，譲渡裏書をすることはできない（手18条1項但書・77条1項1号，小23条1項但書）。これに対し，裏書人は，取立委任裏書を抹消せずに権利を行使することができ，また，譲渡裏書をすることもでき，それにより裏書の連続を欠くことにはならない。また，人的抗弁については，債務者は，被裏書人に対し裏書人に対する抗弁のみを対抗することができ（手18条2項・77条1項1

144 §10 ● 手形小切手の裏書

号，小23条2項），被裏書人に対する抗弁を対抗しえない。

c 代理権の消滅

公然の取立委任裏書による代理権は，債務者を保護して手形取引の安全を図るため，通常の場合（民111条・653条参照）と異なり，裏書人の死亡または制限行為能力によっては消滅しないものとされている（手18条3項・77条1項1号，小23条3項）。もっとも，民法上も，本人の制限行為能力は，代理権の消滅原因ではない。

d 取立委任文言の抹消

> 【設問33】 Yは，売買代金支払のために約束手形をAに振り出しAは，その手形をXに取立委任裏書した。Yは，Aが履行期を過ぎても品物を引き渡さなかったため，売買契約を解除した。その後，Xは，Aとの間でその手形の譲渡を受ける旨の合意をしたが，取立委任文言を抹消したのは，支払呈示期間経過後であった。この場合，Xは，Yに手形金の支払を請求しうるか。

実務においては，取立委任裏書後に手形の譲渡の合意がされて取立委任文言が抹消されることがしばしばある。判例は，そのような場合に「約束手形の取立委任裏書を受けてこれを所持している者が，その裏書人との間で当該裏書の譲渡を受ける旨の合意をしたとしても，そのときに右取立委任裏書を抹消して新たに通常の譲渡裏書がされるか，または取立委任裏書が抹消されるなど，右譲渡のための裏書がなされなかったときには，後日取立委任文言を抹消しても，これによって譲渡裏書としての効力を生ずるのは右抹消の時からであって，前記譲渡のときに遡ってその効力を生ずるものではない」と解しており（最判昭60・3・26判時1156号143頁），手形小切手行為の書面性および文言性から妥当である。

* 取立委任裏書後に手形の譲渡の合意がされて取立委任文言が抹消される場合に当事者間では手形債権は譲渡の合意時に移転すると解する判例もある（福岡高判平19・2・22判時1972号158頁）。この判例は，前掲最判昭60・3・26と矛盾するようにもみえるが，手形が裏書によらずに譲渡できるとすれば（§9Ⅱ3参照），当

Ⅳ　特殊の裏書　145

事者間での手形債権移転の効力発生時点と債務者の人的抗弁を切断する譲渡裏書の
効力発生時点とは異なることとなろう（加藤貴仁・百選（第7版）117頁参照）。

【設問33　コメント】　取立委任文言の抹消は，裏書欄の目的に書かれ
ている文言を二重線で消せばよいだけであり，10秒もあれば十分可能
なきわめて容易なことである。Xの立場に立てば，そのきわめて容易な
ことをいつ行ったかで天と地ほどの効果の相違が生ずることに違和感を
感じないではない。

---

(2)　隠れた取立委任裏書

【設問34】　Yは，売買代金支払のために約束手形をAに振り出した
が，Aが履行期を過ぎても品物を引き渡さなかったため，売買契約を解
除した。その後，Aが取立のためにその手形をXに譲渡裏書の形式で
裏書した場合，Xは，Yに手形金の支払を請求しうるか。

---

a　意　義

隠れた取立委任裏書とは，裏書人が手形小切手上の権利を行使する代理
権を被裏書人に与える目的で，譲渡裏書の形式でなされる裏書である。

隠れた取立委任裏書においては，被裏書人は，取立をなしうるほか，公
然の取立委任裏書とは異なり，当事者の内部関係において許されている場
合には，手形割引によって対価を取得することもでき，また，取立委任の
趣旨を表に出さないから，自己の名で権利を行使することができ，感情的
な満足も得ることができるといわれる。

b　法的性質

隠れた取立委任裏書の法的性質をいかに解するかという点については，
信託裏書説と資格授与説との対立がある。信託とは，他人（受託者）をし
て一定の目的に従って財産の管理または処分をさせるためにその者に財産
を移転することであるが，信託裏書説は，形式を重視し，隠れた取立委任
裏書により手形小切手上の権利は信託的に被裏書人に移転し，取立委任の

合意は当事者間の人的関係にとどまるものと解している（鈴木＝前田 291
頁以下等）。これに対し，資格授与説は，実質を重視し，手形小切手上の
権利は被裏書人に移転せず，被裏書人は手形小切手上の権利者としての資
格と自己の名をもって裏書人の計算により権利を行使する権限を取得する
にすぎないものと解している（大隅 112 頁以下等）。判例は，信託裏書説を
とっており（前掲最判昭 31・2・7，最判昭 44・3・27 民集 23 巻 3 号 601 頁
等），隠れた取立委任裏書は，「被裏書人という他人に対して，手形金の取
立てという一定の目的のために手形という財産の管理または処分をさせる
ことになる。このように，かくれた取立委任裏書は，信託法 1 条（現行信
託法 2 条 1 項──筆者）による信託の定義にそのままあてはまる」ものと
いえることから（前田 380 頁），信託裏書説を支持したい。

　信託法 10 条は，訴訟行為をさせることを主たる目的として信託をする
ことを禁じ，これに違反する行為を無効としているから，訴訟行為をする
ことを主たる目的とする隠れた取立委任裏書は無効なものと解される（前
掲最判昭 44・3・27。§4 Ⅱ 4 ＊参照）。

＊　信託裏書説と資格授与説以外の有力な見解としては，基本的に信託裏書説に立ち
　つつ，裏書当事者間においては権利は移転せず，当事者は第三者に対し権利が移転
　していないことを主張しえないが，第三者は当事者に対し取立委任関係をあばいて
　権利が移転していないことを主張しうるものと解する新相対的権利移転説がある
　（鈴木竹雄『商法研究Ⅰ総論・手形法』442 頁以下（有斐閣，1981）参照）。最判昭
　39・10・16 民集 18 巻 8 号 1727 頁は，「隠れた取立委任裏書がなされた場合におい
　ては，その裏書の当事者間では，手形上の権利は実質的には被裏書人に移転するこ
　となく依然裏書人に帰属する」ものと解しており，この説に立つものと解される。

c　効　力

　信託裏書説によると，隠れた取立委任裏書により手形小切手上の権利
は，──信託的ではあるにせよ──被裏書人に移転するから，隠れた取立
委任裏書には，通常の譲渡裏書と同様，権利移転的効力，資格授与的効力
および担保的効力が認められる。もっとも，被裏書人が裏書人の担保責任
を追求することは認められない。

人的抗弁の切断（手17条・77条1項1号，小22条）および善意取得（手16条2項・77条1項1号，小21条）については，判例は，これらの効力を隠れた取立委任裏書に認めていない（前掲最判昭39・10・16等）。信託裏書説をとる学説の多くも，隠れた取立委任裏書の被裏書人には独立の経済的利益が認められないとして判例の結論を支持している（鈴木＝前田292頁等）。

　隠れた取立委任裏書の被裏書人に対する人的抗弁の対抗の可否については，取立委任の合意は当事者の人的関係にとどまり，第三者に対抗しうるものではないから，積極に解すべきである（鈴木＝前田271頁参照）。

＊　信託法15条は，「受託者は，信託財産に属する財産の占有について，委託者の占有の瑕疵を承継する」と規定しており，「この規定の解釈として，一方で，その適用は自益信託の場合に限られるべきである旨が主張され，他方で，自益信託の場合には委託者の権利の瑕疵についても受益者に承継されるべきである旨が主張されている。この信託法に関する解釈をかくれた取立委託裏書にあてはめると，それはまさに自益信託であり，その被裏書人である受託者は，裏書人である委託者に対する人的抗弁の対抗またはその無権利者である旨の主張を受けることになる。したがって，被裏書人は，人的抗弁切断・善意取得制度の適用を受けられない」ものと解される（前田381頁）。

┌───┐
【設問34　コメント】　大隅健一郎博士は，「信託裏書説は，隠れた取立委任裏書の効果についてできるだけ資格授与説に接近しようと努めながら，なお手形上の権利の移転を生ずるとする立場を棄てえないものといえる。……資格授与説によっても，何ら第三者の利益または公益を害するおそれがないのみならず，かえってよりよく当事者の経済的利益に合致する法律効果が認められるのであって，この説を排斥して信託裏書説を固執すべき理由は見当たらないように思う」と述べている（大隅113頁）。もっともではあるが，かくれた取立委任裏書は，信託法上の信託の定義にあてはまる以上，信託裏書説によらざるをえないと考える。
└───┘

3 質入裏書

(1) 公然の質入裏書

　公然の質入裏書とは，手形上の権利の上に質権を設定する目的で，「担保のため」「質入のため」その他質権の設定を示す文言を記載してなす裏書である（手19条1項・77条1項1号）。現実には，隠れた質入裏書が利用され，公然の質入裏書はほとんど行われない。小切手については，質入裏書の制度は規定されていない。

　公然の質入裏書には権利移転的効力の代わりに質権設定効力があり，それにより被裏書人は，手形上の権利の上に質権を取得して手形から生ずる一切の権利を自己の名をもって行使しうる（手19条1項・77条1項1号）。公然の質入裏書においても，質権設定効力に対応した被裏書人を質権者と推定する資格授与的効力があり，債務者は，被裏書人に弁済すれば悪意・重過失のないかぎり免責される（手40条3項・77条1項3号）。公然の質入裏書にはさらに担保的効力，善意取得および人的抗弁切断も認められる（手19条2項・77条1項1号）。被裏書人が質権を善意取得した場合には，真の権利者は，自己の手形上の権利に質権が設定されていることを容認しなければならない。

　公然の質入裏書には権利移転的効力はないから，被裏書人は，譲渡裏書はできず，また，転質たる質入裏書もできない。被裏書人が裏書をすれば，それは取立委任裏書となる（手19条1項但書・77条1項1号）。債務者は，被裏書人に対し質権の成立を否定する抗弁や質権者として無権利者であるという抗弁，例えば被担保債権の消滅の抗弁を提出しうる。

(2) 隠れた質入裏書

　隠れた質入裏書とは，手形上の権利の上に質権を設定する目的で，譲渡裏書の形式でなされる裏書である。

　被裏書人には自己の債権の担保という独自の経済的利益があり，隠れた取立委任裏書の場合のように人的抗弁について問題は生ぜず，その効力は，すべて形式に従って譲渡裏書と同様となる。

§11◉ 手形小切手の善意取得

I 総 説

1 意 義

　手形小切手の善意取得とは，手形小切手の所持人に形式的資格が認められる場合には，例えば譲渡人が無権利者であり，その権利取得が本来無効なときであっても，譲渡人の無権利について悪意または重大な過失が証明されないかぎり権利取得が認められることである（手16条2項・77条1項1号，小21条）。

　　＊　手形小切手の善意取得は，人的抗弁の切断（手17条・77条1項1号，小22条）とともに手形小切手の流通性を確保するための根幹となる制度である。善意取得と人的抗弁の切断との関係については，例えば「善意取得と人的抗弁の制限の両制度は，手形流通過程に関与する善意の取得者の保護を図るものであるが，前者は，権利取得を意図した取得者にその期待通りにその権利を帰属せしめる制度であるのに対して，後者は，手形面に記載されたとおりの権利が存在するものと信じた者に，信頼通りの権利を行使させようとする制度である。前者は権利の帰属面で，後者は権利の存在面で，取得者の保護を図るものである」といわれる（田邊光131頁以下）。

2 動産の善意取得（即時取得）との比較

　手形小切手の善意取得を動産の善意取得（即時取得。民192条・193条）と比較すると，①後者においては，取得者の善意無過失が要件とされているのに対し，前者においては，取得者の善意無重過失が要件とされてい

る。②後者においては，占有物が盗品または遺失物であるときは善意取得が制限されているのに対し，前者においては，そのような制限はない。動産の善意取得においては，平穏かつ公然の占有取得が要件とされているのに対し，手形小切手の善意取得においては，そのような要件はない。しかし，平穏かつ公然でない占有取得の場合には，手形小切手においても取得者に悪意または重過失が認められるであろうから，この点の差異は，さほど意味をもたないものと解される。

以上のように手形小切手の善意取得は，動産の善意取得よりも譲渡の効力を強化したものといえる。

Ⅱ　適用範囲

【設問35】　(1)　Yは，約束手形をAに振り出し，Aは，それを保管していた。ところが，その保管中，Bは，その手形を盗取し，Aの裏書を偽造してXに裏書した。この場合，Xは，Yに手形金の支払を請求しうるか。

(2)　Yは，約束手形を未成年であるAに振り出し，Aは，その手形をXに裏書したが，Aは，その裏書を取り消した。この場合，Xは，Yに手形金の支払を請求しうるか。

(3)　Yは，約束手形をAに振り出し，Aは，その手形を保管していた。ところが，その保管中，Bは，その手形を盗取し，Aの代理人としてXに裏書した。この場合，Xは，Yに手形金の支払を請求しうるか。

(4)　Yは，約束手形をAに振り出し，Aは，Bから強迫を受けてその手形をXに裏書したが，Aは，その裏書を取り消した。この場合，Xは，Yに手形金の支払を請求しうるか。

(5)　Yは，約束手形をAに振り出し，Aは，その手形をBに裏書し，Bは，その手形を保管していた。ところが，その保管中，Cは，その手形を盗取し，自分をBと偽ってXに裏書した。この場合，Xは，Yに手形金の支払を請求しうるか。

1　前　説

　前述のように手形小切手の譲渡人が無権利者である場合に善意取得が認められるが，善意取得が認められるのはこの場合に限られるか（限定説），そのほかに譲渡人が制限行為能力者である場合，譲渡人の代理人と称する者が無権代理人である場合，譲渡人の意思表示に瑕疵がある場合，譲渡人が最後の裏書の被裏書人でない場合等にも善意取得が認められるか（非限定説）が問題とされる。この問題に関する判例の態度は，非限定説に立つとも推測されるが，必ずしもはっきりせず（最判昭 35・1・12 民集 14 巻 1 号 1 頁参照），この問題は，「依然として……手形法学の難問の一つ」といわれる（注解 257 頁〔林竧〕）。

2　学　説

　伝統的見解は，限定説に立ち，例えば「沿革から考えても，……善意取得は占有――手形では裏書の連続した手形の所持――に対する信頼の効果として認められるものであり，そのような占有とか裏書の連続した手形の所持ということは，その者を権利者であると推定させるだけであって（民 188 条，手 16 条参照），譲渡人の能力・有効な意思表示・代理権の存在までをも推測させるものではないから，問題を否定すべきであろう」と述べている（木内 200 頁）。これに対し，近時の有力説は，非限定説に立ち，例えば「手形法 16 条 2 項は，「前項ノ規定ニ依リ其ノ権利ヲ証明スルトキハ」と規定しているから，善意取得は裏書の連続のある手形の所持人に認められた効果であることは明らかである。このことは，善意取得制度が，裏書の連続のある手形所持人に形式的資格が認められることを基礎とするものであることを示している。しかし，そうだからといって，善意取得の適用範囲を無権利者からの譲受の場合に限定しなければならない論理的必然性はない。善意取得制度は，手形権利移転行為の瑕疵一般を治癒する制度と理解して，悪意・重過失のない手形取得者の保護を徹底すべきである」と述べている（前田・入門 198 頁）。非限定説によると，善意取得制度

は，「手形を取引によって取得した者を保護する制度ではなく，むしろ，裏書が連続する手形を善意で占有する者を保護した制度である」とされる（注解 256 頁〔林竫〕）。

3 個別的検討

(1) 譲渡人が制限行為能力者である場合について

手形小切手の譲渡人が制限行為能力者である場合に手形小切手の善意取得を認めるときは，制限行為能力者である譲渡人は，手形小切手上の権利を失うこととなる。しかし，この結論は，制限行為能力者を保護する民法の立場（民 5 条以下参照）と相反する。非限定説からは，「無能力者の手形債務負担行為は取り消されるから，……無能力者が手形債務を負うわけではない」との反論もあるが（前田 435 頁），手形小切手上の権利を失う不利益は，債務負担を免れることによって埋め合わせがつくものではあるまい。したがって，この場合には手形小切手の善意取得は認めるべきではない。

(2) 譲渡人の代理人と称する者が無権代理人である場合について

手形小切手の譲渡人の代理人と称する者が無権代理人である場合に表見代理（民 109 条・110 条・112 条参照）が成立するときは，譲受人は，手形小切手上の権利を取得する。

手形小切手の善意取得の成否が問題とされるのは，この場合に表見代理が成立しないときであるが，このときに手形小切手の善意取得を認めても，譲受人は，譲渡人に対し原因関係上の不当利得として手形小切手自体を返還しなければならなくなる（民 703 条参照）のが通常であろう。また，この場合に例外的に手形小切手の授受が原因関係上の不当利得とならないときには，手形小切手の善意取得を認めなくても，譲受人が譲渡人に対し追認を求めれば通常は追認されるであろう（民 114 条参照）。そうだとすると，この場合に手形小切手の善意取得を認める実益は乏しく，これを認めることは妥当でない。

Ⅱ　適用範囲　153

⑶　譲渡人の意思表示に瑕疵がある場合について

　手形小切手の譲渡人の意思表示に瑕疵がある場合に手形小切手の善意取得を認めることは，譲渡人の代理人と称する者が無権代理人である場合と同様の意味において妥当でない。

⑷　譲渡人が最後の裏書の被裏書人でない場合について

　手形小切手の譲渡人が最後の裏書の被裏書人でない場合に手形小切手の善意取得を認めるときは，実質的に「白地式裏書と記名式裏書の制度上の区別を無視する」こととなる（注解262頁〔林竧〕）。したがって，この場合にも手形小切手の善意取得を認めることは妥当でない。

⑸　ま　と　め

　以上のように譲渡人が無権利者である場合以外に手形小切手の善意取得を認めることにはそれぞれ問題があるため，伝統的見解を支持すべきである。

【設問35　コメント】　最近の教科書には「無制限説の中には，原因債務が有効に存在している限りで，Xは手形の返還義務を負わないから，Xに善意取得を認める意味があると主張するものがあるが，理解できない。AがXに対して負う債務（既存債務）の支払のために，手形を裏書譲渡したとしよう。この場合，Aが裏書を取り消すというのは，既存債務の支払のために手形を譲渡することを取り消すことである。Aが裏書を取り消せば，Xが既存債務の支払のために手形を所持することの『法律上の原因』はなくなるから，既存債務が有効に存在することはXが手形を所持することの根拠とはなりえない」という叙述がある（早川徹『基本講義手形・小切手法』157頁（新世社，2007））。この論理は，手形小切手行為の原因行為を売買契約等ではなく，交付の合意に求める交付合意論（§7＊3）によったものといえよう。

154 §11 ● 手形小切手の善意取得

Ⅲ 要 件

1 有効な取引による取得

伝統的見解に従って譲渡人が無権利者である場合以外に手形小切手の善意取得を認めないときは，有効な取引により手形小切手を取得することが手形小切手の善意取得の要件となる。したがって，無権代理等の瑕疵ある譲渡行為のほか，相続や合併により手形小切手を取得した場合にも，善意取得は認められない。

2 手形小切手に特有な譲渡方法による取得

手形小切手の善意取得が認められるためには，手形および指図式小切手については裏書または最後の裏書が白地式裏書である手形小切手の交付，無記名式小切手については小切手の交付という手形小切手に特有な譲渡方法により手形小切手を取得することを要する。

* 手形および指図式小切手を裏書によらずに交付により譲渡する場合には，対抗要件として民法467条の通知または承諾は要しないものと解すべきであるが（§9Ⅱ3(3)参照），最後の裏書が白地式裏書でない手形小切手が交付された場合には，その交付は，本来的に手形小切手に特有な譲渡ではないから，債権譲渡の効力のみを有し，それにより善意取得は生じないものと解すべきである（前田346頁以下参照）。もっとも，この場合に譲受人が最後の記名式裏書の被裏書人を抹消したときは，抹消の時点において善意取得を認める余地はあろう。

3 期限前の取得

【設問36】 Yは，無記名式小切手をAに振り出し，Aは，その小切手を保管していた。ところが，その保管中，Bは，その小切手を盗取して振出日付から15日後にその小切手をXに交付した。この場合，Xは，

> Ｙに手形金の支払を請求しうるか。

手形法 16 条 2 項・小切手法 21 条に手形小切手の善意取得の要件として，期限前の取得ということが規定されているわけではない。しかし，法は，支払拒絶証書等作成後または支払拒絶証書等作成期間（手 44 条 3 項・77 条 1 項 4 号，小 29 条・40 条参照）経過後の期限後裏書について債権譲渡の効力しか認めていないため（手 20 条 1 項但書・77 条 1 項 4 号，小 24 条 1 項），手形小切手の善意取得が認められるためには，無記名式小切手の場合も含めて支払拒絶証書等作成前または支払拒絶証書等作成期間経過前に手形小切手を取得することを要するものと解される。実質的に考えても，支払拒絶証書等作成後または支払拒絶証書等作成期間経過後の手形小切手は，支払の段階に入るべきものであり，積極的な流通は予定されていないことから，このように解するのが妥当である。判例も，「小切手が呈示期間経過後の引渡により譲渡された場合は，呈示期間経過後の裏書の場合と同様，指名債権譲渡の効力のみを有し，小切手の善意取得に関する小切手法 21 条の適用がないと解するのが相当」なものと判示している（最判昭 38・8・23 民集 17 巻 6 号 851 頁）。

> **【設問 36　コメント】** Ｘは，明らかに支払拒絶証書作成期間経過後に小切手を譲り受けているという点で過失があるといえるが，前掲最判昭 38・8・23 は，小切手の振出日が変造された事案であり，例えば「権利の問題としての小切手法 21 条と責任の問題としての 50 条を区別」すべきか（植村啓治郎・百選（第 2 版）213 頁）といった難解な問題を含んでいる。

4　取得者の善意・無重過失

> **【設問 37】** 東京証券取引所 1 部上場会社であるＹは，約束手形をＡに振り出し，Ａは，その手形を保管していた。ところが，その保管中，Ｂは，その手形を盗取し，Ａの裏書を偽造してＸに裏書した。この場合，

156　§11 ● 手形小切手の善意取得

> Xは，Yに手形金の支払を請求しうるか。

　手形小切手の善意取得が認められるためには，手形小切手取得の時点において譲渡人が無権利者であることについて取得者に悪意または重過失がないことを要する。ここにいう悪意とは，譲渡人が無権利者であることを知っているということであり，重過失とは，取引上必要な注意を著しく欠いているということである。前者に善意取得が認められる場合には，その後の取得者は，悪意または重過失があっても前者が取得した権利を承継取得する（ただし，§10Ⅱ3(3)c参照）。

＊　判例によると，手形小切手の譲渡人が手形を所持することに疑念を生じさせるような事情がある場合には，取得者には調査義務があり，これを怠った場合には重過失が認められる（最判昭52・6・20判時873号97頁参照）。実務において重過失の認定にあたって考慮されている要因としては，①譲渡人が取得者にとって従来面識のない者であること，②譲渡人の手形小切手の入手経路が不自然ないしは取得者にとって定かでないこと，③譲渡人が無資力であることを取得者が知っていたこと，④手形小切手金額が比較的高額であること等が挙げられている（伊沢和平・百選（第5版）46頁以下参照）。

【設問37　コメント】　振出人が業界の一流企業である「優良手形」については，「このような企業の手形は，受取人も通常優良・堅実な企業が多く，このような場合，手形がさらに回し手形として裏書譲渡されることは少なく，満期に取立てに回るか，正規の金融機関に割引に出されるのが通常である。手形金額が高額であれば，振出人と受取人との継続的取引が想定され，およそ回し手形として利用されることは皆無といってよい」といわれ（浅香紀久雄「東京地裁手形部の事件処理状況より(1)」銀法597号27頁（2001）），その善意取得は，必ずしも容易ではない（東京地判平11・5・28判タ1017号219頁等参照）。

5 問題点

(1) 裏書の連続

　手形および指図式小切手の善意取得が認められるためには，原則として裏書の連続する手形小切手の取得者であることを要する。ただし，裏書の連続する手形小切手の所持人に形式的資格が認められるのは個々の裏書の資格授与的効力の集積によるのであるから，裏書が連続しない手形小切手を取得した者が不連続部分について実質的権利移転の事実を証明する場合には，善意取得が認められるものと解すべきである（鈴木＝前田272頁注三一等参照）。

(2) 無償取得

　最近の下級審判例には，「盗難手形の所持人が手形を取得するについて，経済的な出捐をした事実を証明できない場合には，手形法の趣旨からして，当該所持人は，善意取得の制度によって保護されるべき資格を欠く」ものと解するものがあり（東京高判平12・8・17金判1109号51頁）。学説においても，手形小切手を無償で取得した場合に善意取得を認めることに懐疑的な口吻を洩らす見解がある（庄子良男『手形抗弁論』106頁以下（信山社，1998）等参照）。

　＊　手形小切手を無償で取得した場合に善意取得を認めないとすると，無権利者である無償取得者が新たに手形を有償で裏書したとき，被裏書人は，手形上の権利を承継取得することができず，再び善意取得が問われることとなるが，この結論の妥当性は疑わしい。したがって，さしあたり手形小切手を無償で取得した場合にも善意取得は認められるべきものと解しておきたい。もっとも，手形小切手の善意取得における善意取得者に対する厚い保護との均衡からすると，無償取得の場合には，善意取得者に原権利者に対する不当利得返還義務を課すべきである。そして，この場合に不当利得として返還すべきものは，原則として利得した現物である手形小切手自体ということとなろう。また，手形小切手債務者は，手形小切手を無償で善意取得した者に対して権利濫用の抗弁を対抗しうるものと解すべきである。以上のように解する場合には，私見と無償の善意取得を否定する見解との差異はほとんどなくなる（以上の点について，結合法理166頁以下参照）。

Ⅳ 効　　果

　手形小切手の善意取得が認められると，取得者は，手形小切手上の権利を原始取得する。

　また，手形小切手の善意取得の反射的効果として，占有喪失者は，手形小切手上の権利を失う。

§12◉ 手形小切手抗弁

I 意義と分類

1 意 義

　手形小切手抗弁とは，手形小切手により請求を受けた者が請求を拒むために主張しうる一切の事由である。例えば約束手形の振出人と受取人との間のような直接の当事者間においては，通常の債権における債務者と債権者との間と同様，すべての手形抗弁を対抗しうる。

2 分 類

(1) 人的抗弁と物的抗弁との区別

　債権が譲渡された場合，債務者は，対抗要件具備時までに譲受人に対して生じたすべての抗弁を対抗しうるが（民468条1項），手形小切手の譲渡の場合にも同様だとすると，手形小切手の流通性は確保しえない。そこで，手形法17条本文および小切手法22条本文は，手形小切手により請求を受けた者が所持人の前者に対する人的抗弁をもって所持人に対抗しえないものと規定している。そのため，例えば支払猶予の特約をした債務者は，支払猶予の特約をした者から手形小切手の裏書または交付を受けた所持人に対しては，原則として支払猶予を対抗しえない。

　しかし，手形小切手により請求を受けた者であっても，例えば何らの帰責事由なくして手形小切手上に自己の署名が偽造された者は，すべての所持人にその旨を対抗しうる。したがって，すべての手形小切手抗弁に手形法17条または小切手法22条が適用されるわけではなく，手形小切手抗弁

は，従来，その法律効果の相違により被請求者が特定の所持人に対抗しうる人的抗弁と被請求者がすべての所持人に対抗しうる物的抗弁とに2分されてきた。他方，手形小切手の盗取者が債務者に手形小切手金の支払を請求する場合にも人的抗弁が問題となるが，この抗弁は，手形法16条2項または小切手法21条により切断される無権利の抗弁であり，手形法17条または小切手法22条により切断される狭義の人的抗弁と区別される。

(2) 近年における理論の発展

従来においては，手形要件の欠缺のような証券から明らかな事由，意思能力または行為能力の欠缺，無権代理，偽造，変造等の抗弁が物的抗弁にあたり，手形小切手外の特約，手形小切手金の全部または一部支払，交付欠缺，意思表示の瑕疵，原因関係の瑕疵等の抗弁が手形法17条または小切手法22条により切断される狭義の人的抗弁にあたるものと解されてきた（河本一郎「手形抗弁」講座第3巻179頁以下参照）。しかし，近年においては，ドイツにおける議論を参考にし，手形小切手金の全部または一部支払，交付欠缺，意思表示の瑕疵等の抗弁については，手形法10条または小切手法13条の類推適用に基づく権利外観理論により切断される有効性の抗弁にあたるものと解する新抗弁理論が有力となっている（田邊光159頁以下等参照）。

他方，二段階行為説を前提に手形小切手権利移転行為を有因行為と解する立場においては，手形小切手金の全部または一部支払，交付欠缺，意思表示の瑕疵等の抗弁のほか，原因関係の瑕疵の抗弁についても，原因関係に取消事由・解除事由があるがまだ取消権・解除権が行使されていない場合を除き，手形法16条2項または小切手法21条により切断される無権利の抗弁にあたるものとされる（前田・入門214頁以下等参照）。

また，伝統的な人的抗弁と物的抗弁との分類を基礎としつつも，新抗弁理論の成果を取り入れ，手形小切手抗弁を①特定の被請求者が特定の所持人に対抗しうるが，手形法17条により切断される狭義の人的抗弁，②すべての被請求者が特定の所持人に対抗しうるが，手形法16条2項により切断される無権利の抗弁，③特定の被請求者が本来的にはすべての手形所

持人に対抗しうるが，場合により権利外観理論により切断される有効性の抗弁および④すべての被請求者がすべての手形所持人に対し対抗しうる切断されえない証券上の抗弁（狭義の物的抗弁）の4種に分類する見解もある（庄子良男『手形抗弁論』166頁以下（信山社，1998）参照）。

手形小切手抗弁を従来の見解に従って被請求者が特定の所持人に対抗しうる人的抗弁と被請求者がすべての所持人に対抗しうる物的抗弁とに分類することについては，例えば「実質的な利益衡量という手形抗弁の成立要件とは無関係な基準による法律効果の決定を前提とし，分類はその結果にすぎない限りで，新抗弁論が正当に指摘したように，自律的な基準とはなりえていない」といわれるが（庄子・前掲『手形抗弁論』166頁以下），「手形抗弁の問題の考察にあたって，もっとも重要なことは，理論構成の相違ではなくて，いかなる抗弁がすべての手形所持人に対して対抗することができ，いかなる抗弁が特定の所持人にしか対抗できないかを確定することである」とも考えられ（河本・前掲講座第3巻169頁注三），手形小切手抗弁を人的抗弁と物的抗弁とに整理しておくことは，多少の論理的整合性は犠牲となるが，「典型的なものが2つある」（関98頁）ということを認識する意味において無意義ではない。

＊　私見によると，交付欠缺，公序良俗・強行規定違反，意思の欠缺・意思表示の瑕疵および手形小切手金の全部または一部支払の抗弁は，手形法17条または小切手法22条により切断される狭義の人的抗弁と区別され，権利外観理論により切断される有効性の抗弁にあたるものと解される（§2Ⅱ3(2)，§4Ⅱ4，§4Ⅱ5(2)参照）。交付欠缺の抗弁に関するかぎりでは，このような理解は，新抗弁理論に必ずしも好意的でない見解においても是認されているが（今泉恵子「手形理論と手形抗弁（三完）」経営と経済70巻4号150頁（1991）等参照），その他の抗弁についても，民法の適用を排除することは妥当でなく，民法が公序良俗・強行規定違反の法律行為を無効とし，意思の欠缺・瑕疵のある意思表示を無効としまたは取り消しうるものとし，弁済を債務の消滅原因として規定している以上，交付欠缺の抗弁と同様の法的評価がなされてよいものと考える。これに対し，「信頼の基礎たる外観が，手形債務者による『書面行為』と『交付行為』という，二層の基盤を備えている事例においては，この重層性ゆえに，『書面行為』という唯一の基盤にしか支え

162 §12 ● 手形小切手抗弁

られていない事例に比べて,『抗弁の対抗』をより厳格にしか認めないことが相当
である」という見地から,「手形交付はなされたが,それに意思表示の瑕疵等が
あった場合,いわゆる『交付契約の瑕疵の抗弁』には,17条の善意基準が適用さ
れる」ものと解する見解もあるが（今泉・前掲経営と経済70巻4号149頁以下),
「交付行為」の外観が第三者の信頼の基礎となるとは考えにくいのではなかろうか。

　有効性の抗弁は,権利外観理論により切断される場合には人的抗弁となるが,何
らの帰責事由なくして手形小切手上に自己の署名が偽造された場合のように物的抗
弁ともなりうる。したがって,物的抗弁としては,証券上抗弁と切断されない有効
性の抗弁が存在することとなる。

　無権利の抗弁は,所持人が無権利の場合に妥当する広義の人的抗弁にあたるもの
と一応考えられるが,所持人が無権利者であると同時に被請求者が物的抗弁または
有効性の抗弁を対抗しうる場合には,無権利の抗弁とそれらの抗弁とが競合するこ
とに注意すべきである。

手形小切手抗弁の分類（私見による）

手形小切手抗弁
- 物的抗弁──証券上の抗弁,切断されない有効性の抗弁
- 人的抗弁（広義）
  - 人的抗弁（狭義）
  - 切断される有効性の抗弁
  - 無権利の抗弁

II　人的抗弁の切断

1　総　説

　人的抗弁（狭義）とは,手形法17条または小切手法22条により切断さ
れる抗弁であり,私見においては,原因関係等の手形小切手外の関係にお
ける抗弁のほか,一般悪意の抗弁がこれに該当する。手形小切手外の関係
における抗弁は,「契約当事者は,手形債権者としてもまた,原因行為か
ら彼に帰属する以上の権利を自己のために手形に基づいて請求してはなら
ない」という一種の衡平の原則から認められる手形小切手抗弁である（§3

Ⅳ 2(2)参照)。また，一般悪意の抗弁は，信義則違反の抗弁または権利濫用の抗弁として民法上の一般条項（民1条2項・3項）により認められる手形小切手抗弁であり，安易にそのような手形小切手抗弁を認めることはもとより妥当でないが，そのような手形小切手抗弁を一切否定するというのも行き過ぎであろう。

人的抗弁の切断は，手形小切手取引の安全のため，手形小切手が特有な譲渡方法により譲渡される場合に債権譲渡における抗弁承継の原則（民468条1項参照）に対する例外として認められた政策的な制度と解すべきである（弥永158頁以下参照）。

＊　例えば「手形債権は，手形行為が有効に行われたかぎり，文言によって確定された内容の権利として無因的に発生し，手形の裏書によって移転するのは，手形債権であって，手形外の人的抗弁は被裏書人に承継されない。したがって，手形債務者が，裏書人に対し主張できる何らかの人的抗弁があっても，それをもって被裏書人に対抗できないのは当然である」と解する属人性説も有力である（田邊光144頁）。たしかに人的抗弁は，「人に付着する」ものであるが，同時に原則として「手形小切手上の権利に付着する」ことを認めなければ，手形小切手上の権利が債権譲渡の効力により譲渡される場合において人的抗弁が切断されないことの説明が困難となる（弥永158頁以下注7）参照）。したがって，手形小切手債務負担行為の無因性は，人的抗弁の切断の「前提」にすぎないものと解すべきであり（§3 Ⅳ 2(1)＊参照），人的抗弁が「手形小切手上の権利に付着する」ことを否定するかぎりにおいて属人性説には賛成しえない。

2　人的抗弁の個別性

【設問38】　Yは，約束手形をAに振り出し，Aは，Xに対する売買代金支払のためにその手形をXに裏書した。その後，XがAから売買代金債務の支払を受けた場合，Xは，Yに手形金の支払を請求しうるか。

広義の人的抗弁のうち無権利の抗弁は，所持人が無権利の場合に妥当する抗弁であり，すべての被請求者が特定の対抗しうるものであるが，狭義

の人的抗弁は，特定の被請求者が特定の所持人にのみ対抗しうるものである。その意味で，狭義の人的抗弁は，個別性を有する。

人的抗弁の個別性からすると，他人の人的抗弁を援用することはできないが，判例は，「自己の債権の支払確保のため，約束手形の裏書譲渡を受け，その所持人となった者が，その後右債権の完済を受け，裏書の原因関係が消滅したときは，特別の事情のないかぎり爾後右手形を保持すべき何らの正当の権限を有しないことになり，手形上の権利を行使すべき実質的理由を失ったものである。然るに，偶々手形を返還せず手形が自己の手裡に存するのを奇貨として，自己の形式的権利を利用して振出人から手形金の支払を求めようとするが如きは，権利の濫用に該当し，振出人は，手形法 77 条，17 条但書の趣旨に徴し，所持人に対して手形金の支払を拒むことができる」ものと解している（最判昭 43・12・25 民集 22 巻 13 号 3548頁）。これに対し，例えば「手形の流通の安全を確保するために形成されてきた，手形行為の無因性および人的抗弁の個別性という理論を，できるだけ貫くべきであり，被裏書人の権利行使が不当と思われる場合は，裏書人との内部関係（手形外）において，不当利得の返還により解決すべき」ものと解する見解も有力である（龍田節・百選（第 4 版）68 頁）。しかし，権利の濫用の禁止原則（民 1 条 3 項）は，場合によっては手形行為の無因性および人的抗弁の個別性といった「理論」に優先して適用されるべきものと考えられることから，判例に賛成する。ただし，この原則の「濫用」は慎むべきであり，例えば請求者が「手形上の権利を行使すべき実質的理由を失った」ことが明確でないような場合には，権利濫用の抗弁は認められるべきではあるまい（§14 Ⅰ 4(2)参照）。

【設問 38　コメント】　法律学の理論は，できるだけ結論の妥当性が確保されるように立てられるべきであるが，理論の帰結と結論の妥当性が合致しない場合があることも否定できない。そのような場合にあくまでその理論を貫くか，その理論を捨てて他の理論によるか，一般条項によるかは難しい選択である。

3 要 件

(1) 有効な取引による取得

人的抗弁の切断は，手形小切手取引の安全のための制度であるから，これが認められるためには，所持人が有効な取引により手形小切手を取得することを要し，相続や合併により手形小切手を取得しても，人的抗弁の切断は認められない。

(2) 手形小切手に特有な譲渡方法による取得

【設問 39】 Y は，売買代金支払のために約束手形を A に振り出し，A は，その手形を B に裏書した。Y は，A が履行期を過ぎても品物を引き渡さなかったため，売買契約を解除した。その後，A は，その手形を B から交付により受け戻して X に交付した。この場合，X は，Y に手形金の支払を請求しうるか。

人的抗弁の切断が認められるためには，所持人が手形および指図式小切手については裏書または最後の裏書が白地式裏書である手形小切手の交付，無記名式小切手については小切手の交付という手形小切手に特有な譲渡方法により手形小切手を取得することを要する。

最後の裏書が白地式裏書でない手形小切手が単に交付された場合には，その交付は，本来的に手形小切手に特有な譲渡ではないから，債権譲渡の効力のみを有し，それにより人的抗弁の切断は生じないが（最判昭 49・2・28 民集 28 巻 1 号 121 頁参照），この場合に譲受人が最後の記名式裏書の被裏書人名を抹消したときは，抹消の時点において人的抗弁の切断を認める余地がある（拙稿・百選（第 5 版）91 頁参照）。

【設問 39 コメント】 設問において仮に A が B に対してした裏書の被受取人名 B を抹消したうえで X に交付したのであれば，白地式裏書となる。そのような抹消権限は A にあるが，その権限を X に授権することも可能である。そのようにして A から X に手形が交付された場合には，X は，人的抗弁切断の利益を受けえよう。この場合，抗弁切断の有

無を判定する時点については，Ｘが実際に裏書の被受取人名を抹消した時点に求められるべきである。

(3) 期限前の取得

支払拒絶証書等作成後または支払拒絶証書等作成期間経過後の手形小切手は，支払の段階に入るべきものであり，積極的な流通は予定されていないことから，手形小切手の人的抗弁の切断が認められるためには，所持人が支払拒絶証書等作成前または支払拒絶証書等作成期間経過前に手形小切手を取得することを要するものと解される。

(4) 取得者が債務者を害することを知らないこと

> 【設問40】　Ｙは，売買代金支払のために約束手形をＡに振り出し，Ａは，その手形をＸに裏書した。Ｘは，手形を取得した時点においてＡが履行期を過ぎてもＹに品物を引き渡していないことを知っていた。Ｘの手形取得後，Ｙは，Ａとの売買契約を解除した。この場合，Ｘは，Ｙに手形金の支払を請求しうるか。

a 前 説

所持人が「債務者ヲ害スルコトヲ知リテ」手形小切手を取得したときは，債権譲渡における抗弁承継の原則（民468条1項参照）に戻って人的抗弁の切断は認められず，債務者は，取得者に対し悪意の抗弁を対抗しうる（手17条但書・77条1項1号，小22条但書）。この悪意の抗弁は，「前者に対する人的抗弁そのものを承継的に対抗する抗弁」ということができるが，属人性説によると，「衡平の理念を背景とした特殊な人的抗弁」となる（高窪379頁）。

b 判 例

「債務者ヲ害スルコトヲ知リテ」の意味について，判例は，「同法条（手形法17条──筆者）の適用ある為には苟くも手形取得者に於て其の取得当時後日為さるべき手形金請求に対し特別の事情なき限りは債務者が其の支払を拒み得べき事由の存することを了知するを以て足り必ずしも右取得当

時已に其の支払を拒否し得べき法律関係の存せること並に之が認識を要せ
ざるものと解するを相当」と述べ（原文はカタカナ。大判昭19・6・23民集
23巻378頁），手形が売買代金債務の支払確保のために交付された場合に
売買が債務不履行により結局解消されるに至るべきことを所持人が熟知し
ていたときには，手形法17条但書に該当するものと解しつつ（最判昭
30・5・31民集9巻6号811頁），手形が請負代金の前渡金として振り出さ
れたものであることを知っていたけれども，後に請負契約が合意解除され
る可能性を予想していたと認められるような事情がなければ手形法17条
但書に該当せず（最判昭30・11・18民集9巻12号1763頁），手形が貸金債
権の未発生の利息の支払のために振り出されたものであることを知ってい
ても貸金債権の元本が弁済期前に弁済され利息が発生しないであろうこと
を知っていた等特段の事情がないかぎり手形法17条但書に該当しないも
のと解している（最判平7・7・14判時1550号120頁）。

　　c　学　説

　学説においては，「債務者ヲ害スルコトヲ知リテ」の意味について「河
本フォーミュラ」，すなわち「手形を取得するにあたり，手形の満期にお
いて，手形債務者が所持人の直接の前者に対し，抗弁を主張して手形の支
払を拒むことは確実であるという認識をもっていた」という定式（河本一
郎「手形法における悪意の抗弁」民商36巻4号507頁（1958））により理解す
る見解が多数説となっている（田邊光145頁以下等）。

　＊　多数説といえる「河本フォーミュラ」に対しては，最近，「この基準は，牧歌的
　　手形取引時代の判例がとった価値判断に立脚しているものであるから，第三者とな
　　る者が圧倒的に金融機関に傾斜し，金融プロによる抗弁切断の悪用を警戒しなけれ
　　ばならない現代手形取引社会（昭和40年以降）においては，すでにその役割を終
　　えたものと考えなければならない」として「手形債務者を害する蓋然性が高いこと
　　の認識が取得時にあれば害意がある」ものと解する見解が主張されている（関105
　　頁以下）。「河本フォーミュラ」は，やや動的安全の保護に偏りすぎているようにも
　　思われるが，「蓋然性」と「確実性」との境界線も微妙であり，「確実性」の意味を
　　柔軟に解する場合には，具体的な結論においてこの見解と「河本フォーミュラ」と
　　でさほど顕著な差異は生じないものと考えられることから，ここではさしあたり多

168 §12 ● 手形小切手抗弁

数説に従って「河本フォーミュラ」を支持しておきたい。判例・通説は，所持人に重大な過失がある場合にも人的抗弁の切断を認めており（最判昭35・10・25民集14巻12号2720頁，川村196頁等参照），妥当であろうが，そのような理解を前提に「債務者を害することを知って」の意味を極端に厳格に解する場合には，静的安全と動的安全との均衡を欠くこととなろう。

d シェルター・ルール

前者に人的抗弁の切断が認められる場合には，その後の所持人は，「債務者ヲ害スルコトヲ知リテ」手形小切手を取得しても，前者の瑕疵のない権利を承継取得するものと解される（シェルター・ルール。最判昭37・5・1民集16巻5号1013頁参照。ただし，§10 II 3(3) c 参照）。

> 【設問40 コメント】「河本フォーミュラ」は，人的抗弁が「手形小切手上の権利に付着する」ことを前提とし，所持人の前者に対する抗弁が悪意の抗弁として所持人に承継されるか否かを判定するものであり，そのポイントは，「手形債務者が所持人の直接の前者に対し，抗弁を主張して」という点にある。

(5) 所持人に手形小切手の支払を求める固有の経済的利益があること

> 【設問41】 Yは，Aに対する売買代金支払のために約束手形をAに振り出し，Aは，Xに対する売買代金支払のためにその手形をXに裏書したが，YA間の売買契約およびAX間の売買契約は，ともに解除された。この場合，Xは，Yに手形金の支払を請求しうるか。

隠れた取立委任裏書には権利移転的効力があるが（信託裏書説。§10 IV 2(2) b 参照），人的抗弁の切断は認められないものと解される。そのように解する実質的根拠は，その被裏書人に独立の経済的利益がないことに求められる（§10 IV 2(2) c 参照）。

また，例えば約束手形の振出人・受取人間および裏書人・被裏書人間の原因関係がいずれも消滅したような二重無権の場合おける被裏書人について，判例は，「手形の支払を求める何らの経済的利益も有しない」ものと

して人的抗弁切断の利益を享受しうべき地位にはないものと解しており（最判昭45・7・16民集24巻7号1077頁），妥当であろう。

【設問41　コメント】　設問において権利濫用論を援用することも考えられないではないが，判例のようにYA間の人的抗弁の切断の問題として処理するほうが妥当であろう。人的抗弁の切断の要件として「所持人に手形小切手の支払を求める固有の経済的利益があること」を掲げることは，必ずしも一般的に承認されているわけではない。

4　融通手形の抗弁

【設問42】　Yは，自己の信用を利用させるために約束手形をAに振り出し，Aは，その手形をXに裏書して割り引いてもらった。この場合，Xは，Yに手形金の支払を請求しうるか。

(1)　判　例

融通手形（§1Ⅲ1(3)a参照）の抗弁について，判例は，「被融通者をして該手形を利用して金銭を得もしくは得たと同一の効果を受けさせるためのものであるから，該手形を振出したものは，被融通者から直接請求のあった場合に当事者間の合意の趣旨にしたがい支払いを拒絶することができるのは格別，その手形が利用されて被融通者以外の人の手に渡り，その者が手形所持人として支払いを求めてきた場合には，手形振出人として手形上の責任を負わなければならないこと当然であり，融通手形であるの故をもって，支払いを拒絶することはできない。しかも，このことは，手形振出人になんら手形上の責任を負わせない等当事者間の特段の合意があり所持人がかかる合意の存在を知つて手形を取得したような場合は格別，その手形所持人が単に原判示のような融通手形であることを知っていたと否とにより異るところはないのである」ものと解しており（最判昭34・7・14民集13巻7号978頁），結論としては妥当である。

（2） 学　説

　問題は，上のような判例の結論をいかなる理論構成により導くかという点にあり，伝統的学説は，融通手形の抗弁を融通者が被融通者に対してのみ対抗でき，その後の所持人に対しては融通手形であることを知っていても対抗しえない特殊な生来的人的抗弁と解してきた（生来的人的抗弁説。河本・前掲民商 36 巻 4 号 529 頁以下等）。生来的人的抗弁説に対しては，例えば「融通手形の抗弁の場合に限って手形債権とともに承継されないと構成するのは理論的一貫性を欠き，また，融通契約の多様性を無視して一律に生来的人的抗弁と把握する点に問題がある上，一般の人的抗弁と生来的人的抗弁を区別する基準が明確でない」という批判がある（高橋英治・百選（第 7 版）55 頁）。

　＊　現在では，手形が融通手形であることを知っていただけでは悪意の抗弁の対抗が認められず，例えば被融通者が手形の満期までに融通者に支払資金を提供しえないことが確実であるという付加的事情までをも知っていてはじめて悪意の抗弁の対抗が認められるものと解し，融通手形の抗弁を通常の人的抗弁と解する見解も有力となっている（山口幸五郎「いわゆる融通手形の抗弁について——融手抗弁の多様性と悪意抗弁の成否——」ジュリ 374 号 93 頁等）。しかし，この見解に対しては，「それが基本的に手形法 17 条の悪意の意味内容を河本フォーミュラに求めるため，それでは融通手形の抗弁は振出人にとり被融通者に対しては常に対抗が確実なものとな」るとの批判がある（川村 207 頁）。そこで，この見解は，この批判をかわすために「手形を取得するにあたり，手形の満期において，手形債務者が所持人の直接の前者に対し，抗弁を主張して手形の支払を拒むことは確実であるという認識をもっていた」という「河本フォーミュラ」を「満期または権利行使のときにおいて融通者なる手形債務者が抗弁を主張することは確実であると手形取得のときに認識して」というように単純化する（山口・前掲 93 頁）。

　　他方，融通手形の抗弁の内容を被融通者の融通契約違反に求め，手形が融通手形であることを知っていただけで悪意の抗弁の対抗が認められないのは，「その譲渡の時点で原則として承継されるべき被融通者に対する抗弁事由がそもそも存在しないからである」と解する見解があり（木内 224 頁以下等），融通手形が振り出される場合には，「A 振出の手形でもって B が A の震央を利用し第三者（C）から金銭の融通を受けることを目的とする手形交付の合意が AB 間でなされる」ものとして同様の理論構成をとる見解もある（菊池和彦「交付の合意と融通手形の抗弁」私法

58 号 240 頁（1996））。

⑶　私　見

　生来的人的抗弁説に対する批判が述べるように融通契約は多様である。しかし，多様な融通契約においても，融通者である手形債務者が被融通者に対し手形債務を支払うべき原因がないという抗弁（これが融通手形の抗弁にほかならない。）を有することは共通する。そのうえで悪意の抗弁を「前者に対する人的抗弁そのものを承継的に対抗する抗弁」と解する（高窪 379 頁）場合には，融通手形の抗弁は，やはり悪意の抗弁とはなりえない特殊な生来的人的抗弁と解さざるをえないであろう。そして，融通手形の抗弁を特殊な生来的人的抗弁とするものは，融通者である手形行為者の意思と解される。このように解することは，私的自治を原則とする私法の解釈として決して不自然ではあるまい。

　　＊　「河本フォーミュラ」を「満期または権利行使のときにおいて融通者なる手形債
　　　務者が抗弁を主張することは確実であると手形取得のときに認識して」というよう
　　　に単純化し，例えば被融通者手形の満期までに融通者に支払資金を提供しえないこ
　　　とが確実であるという付加的事情までを知っていてはじめて悪意の抗弁の対抗が認
　　　められるものと解し，融通手形の抗弁を通常の人的抗弁と解する見解については，
　　　「河本フォーミュラ」を曲解しているものと評しうる。「河本フォーミュラ」は，所
　　　持人の前者に対する抗弁が悪意の抗弁としてそのまま所持人に承継されるか否かを
　　　判定するものである。それゆえ，「河本フォーミュラ」は，「手形債務者が所持人の
　　　直接の前者に対し，抗弁を主張して手形の支払を拒むことは確実であるという認
　　　識」，すなわち所持人の直接の前者に対する抗弁に関する認識のみを問題とするの
　　　であり，上記のような付加的事情に関する認識を問題とはしないのである。たしか
　　　に所持人が上記のような付加的事情を知っていた場合，債務者は支払を拒めると解
　　　するのが妥当である。しかし，その抗弁は，所持人が前者から承継した悪意の抗弁
　　　ではなく，所持人自身に対する一般悪意の抗弁として取り扱うべきであり，悪意の
　　　抗弁と一般悪意の抗弁との区別を曖昧にすることは，手形小切手法学の発展につな
　　　がるものではない。
　　　　融通手形の抗弁の内容を被融通者の融通契約違反に求める見解については，「該
　　　手形を振出したものは，被融通者から直接請求のあった場合に当事者間の合意の趣
　　　旨にしたがい支払いを拒絶することができる」ことを軽視するものであり，融通契

172 §12 ● 手形小切手抗弁

約当事者間において「抗弁事由がそもそも存在しない」という説明は説得力をもたないとの批判が可能であろう。

　生来的人的抗弁説に与する私見によると，被融通者が手形の満期までに融通者に支払資金を提供しえないことが確実であるという付加的事情や被融通者の融通契約違反を知って被融通者から手形を取得した者に対しては，被融通者である手形債務者は，一般悪意の抗弁（信義則違反の抗弁）を対抗しうるものと解される（最判昭 42・4・27 民集 21 巻 3 号 728 頁，河本・前掲民商 36 巻 4 号 532 頁以下等参照）。

【設問 42　コメント】　判例は，一般悪意の抗弁である権利濫用の抗弁について「振出人は，手形法 77 条，17 条但書の趣旨に徴し，所持人に対して手形金の支払を拒むことができる」ものと解しているが（前掲最判昭 43・12・25），一般悪意の抗弁の発生は，基本的には民法上の一般条項（民 1 条 2 項・3 項）の問題と解すべきである。

§13◉　為替手形の引受

I　意義と性質

　引受とは，為替手形の支払人が手形金の支払義務を負担することを目的としてする手形行為である。為替手形の支払人は，引受をすることによりはじめて手形金の支払義務を負担する。

> ＊　引受の法的性質については，これを単独行為と解するのが通説である（川村299頁等）。他の手形小切手行為を契約と解する見解が引受を単独行為と解するのは，とくに手形の単なる占有者も引受呈示をなしうるものと規定されていること（手21条）を考慮したものであるが，「手形行為は，相手方の意思の有無にかかわらず成立するというほど一方的なものではない」と考えられ，「手形の単なる占有者が引受の呈示をしても，それは引受人の引受を求めているだけで，引受人が引受の署名をしてこの手形占有者に返還すれば，その手形占有者と手形所持人との関係に従って，引受人の手形上の意思表示が手形所持人に達し，手形所持人が承諾の意思をもってこれを受け入れることによって手形上の法律関係が成立する」ものと解することも可能であり（小橋一郎「手形行為の意義」現代講座第2巻17頁以下），筆者は，引受の契約性を肯定しうるものと考える。

II　引受呈示

1　意義と要件

　支払人に引受をさせるために手形の所持人または単なる占有者が手形を支払人に呈示することを引受呈示（引受のための呈示）という。ただし，

174 §13 ● 為替手形の引受

支払人は，呈示をまたずに進んで引受をしてもよく，自己宛手形においては，振出人が引受をしたのち受取人に手形を交付することが多い。

引受呈示は，手形上の権利者である所持人だけでなく，単なる占有者（所持人の使用人，所持人から呈示の委任を受けた銀行等）もこれをしうる（手21条）。呈示を受けるものは，常に支払人（複数のときは全員）であり，第三者方払手形（手4条）であっても，引受呈示は，支払人の営業所または住所においてなされなければならない。

2 引受呈示の自由と例外

引受呈示をするかどうかは，原則として所持人の自由に任されている（手21条）。

しかし，振出人は，期間を定めまたは定めないで引受呈示すべきことを記載しうる（手22条1項）。裏書人も，振出人が引受呈示を禁止していないかぎり裏書のときに同様の記載をしうる（手22条4項）。一覧後定期払手形においては，満期を確定する必要があるため，所持人は，振出の日付から1年内に呈示しなければならないが，振出人は，この期間を短縮または伸張し，裏書人は，法定の期間または振出人が定めた期間を短縮しうる（手23条）。

また，振出人は，一定期間前の呈示を禁止することができ（手22条3項），支払人に支払の準備をする機会を与える必要のある第三者方払手形，支払人に支払場所の記載をする機会を与える必要のある他地払手形および満期の確定に引受の日付の記載が必要な一覧後定期払手形を除いて期間を定めないで呈示を禁止しうる（手22条2項）。所持人は，引受呈示の禁止に違反して呈示したときには，引受を拒絶されても遡求することはできない（手43条後段1号参照。ただし，手43条後段3号参照）。

3 猶予（考慮）期間

支払人は，呈示を受けた場合に所持人に対し翌日にもう一度呈示するように請求することができ，翌日も引受をしなかった場合に引受拒絶になる

（手24条1項前段）。この1日の期間を猶予（考慮）期間という。所持人は，猶予期間中，手形を支払人に交付しておく必要はない（手24条2項段）。

Ⅲ 方　式

> 【設問43】　Xは，支払人をB，引受人をYとする為替手形の裏書を受けた。この場合，Xは，Yに手形金の支払を請求しうるか。

為替手形の引受

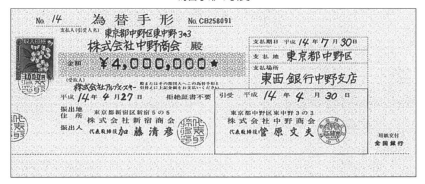

全国銀行協会「やさしい手形・小切手のはなし」より

　引受は，裏書や保証と異なり，補箋や謄本にすることはできず，手形証券それ自体にしなければならない（手25条1項1文）。引受は，原則として「引受」その他これと同一の意義を有する文字を記載し，支払人が署名することによってなされる（手25条1項2文）。これを正式引受という。銀行が交付する為替手形用紙には，「引受」の文字とともに引受欄が設けられている。
　手形の表面になされた支払人による単なる署名は，引受とみなされる（手25条1項3文）。これを略式引受という。

176 §13 ● 為替手形の引受

引受は，支払人によりなされなければならず，第三者の引受の署名は，引受としての効力を生じない。引受が支払人によりなされたというためには，支払人と引受人が同一でなければならない（最判昭44・4・15判時560号84頁参照）。その同一性の判断方法については争いがあるが，「裏書の連続の有無の判断とは異なり，引受署名をした者に引受人としての責任が認められるかどうかは，支払人に引受の意思があるかどうかのみが問題」であるから，実質的に判断されるべきであろう（前田712頁）。

一覧後定期払手形および一定期間内に引受呈示をなすべき手形においては，所持人の遡求権保全のために原則として引受をした日の日付を記載しなければならず，日付の記載がないときは，所持人は，拒絶証書により記載がなされなかったことを証明しなければ遡求権を失う（手25条2項）。もっとも，日付の記載は，引受の効力に影響を及ぼさない。

> **【設問43　コメント】**　支払人と引受人との同一性を実質的に判断することは，手形客観解釈の原則に反するようにも思われる。しかし，同原則は，行為者の意思を推測して記載を補充変更すべきでないということであるから，この場面で手形客観解釈の原則を問題にすることは，筋が違うであろう。

Ⅳ　効　　力

支払人は，引受をすることにより引受人となり，手形金の支払義務を負担する。引受人の支払義務は，約束手形の振出人の義務と同様，第一次的・無条件的，絶対的かつ最終的なものである（§7Ⅰ2(1)参照）。引受人が支払うべき金額は，満期においては手形金額および利息額であるが，満期に支払をしなかったときは，そのほか満期後の利息や拒絶証書等の費用も支払わなければならない（手28条2項前段・48条・49条）。

引受は，単純でなければならず（手26条1項本文），引受に際して満期または支払地を変更したり，裏書禁止文句を記載した場合には，所持人の

前者との関係においては引受を拒絶したこととなり，所持人は，前者に対し遡求しうる（手26条2項本文）。もっとも，この場合にも，引受人自身に対する関係においては引受は有効であり，引受人は，記載した文言による責任を負わなければならない（手26条2項但書）。

しかし，支払人が手形金額の一部について引受をすることは認められており（手26条1項但書），この場合，所持人は，引受がない残額について遡求権を行使しうる（手43条後段1号・51条，拒絶証書令5条2項）。また，引受に際して第三者方払文句を記載することも認められている（手27条）。

支払人が引受を拒絶した場合，支払人の支払義務は発生しない。したがって，この場合，所持人は，支払人から手形金を支払ってもらえる可能性は低くなる。そこで，引受が拒絶された場合には，所持人は，満期前でも振出人および裏書人ならびにこれらの者の保証人に遡求しうる（手43条1項前段）。

V 抹 消

手形に引受の記載をした支払人がその手形の返還前にその記載を抹消したときは，引受を拒絶したものとみなされる（手29条1項1文）。

手形を返還する前に引受が抹消された場合に支払人が書面をもって引受の通知をしたときは，その通知をした者に対しては，引受の文言に従って責任を負わなければならない（手29条2項）。

＊ 引受を支払人の単独行為と解する見解においては，引受の抹消は，有効になされた引受を撤回する行為と解される（前田714頁等）。これに対し，引受を支払人と所持人との契約と解する私見においては，引受の効力は，手形が所持人の手に渡るまでは発生しないから，手形法29条1項1文は，当然のことを規定したものと解される（小橋一郎『手形行為論』134頁（有信堂，1964）参照）。

§14● 手形小切手に関する保証

I 手形小切手保証

1 意 義

　手形小切手保証とは，他の手形小切手行為（振出，裏書，引受等）に基づく債務を担保するために，それと同一内容の手形小切手債務を負担することを目的とする手形小切手行為である。手形小切手保証の法的性質については，これを単独行為と解する見解が有力であるが（八木弘「手形保証」講座第 4 巻 35 頁等），「手形保証に基づく権利を取得すべき者」を相手方とする契約と解すべきである（注解 353 頁以下〔林竧〕参照）。

　手形小切手保証がなされた場合には，手形小切手の信用性は，本来増大するはずであるが，被保証人である手形小切手行為者の不信用性を表示するものであるため，実際には，振出または裏書という形式による隠れた手形小切手保証が多く行われる（§14 Ⅱ参照）。

---

　*　手形小切手保証がなされると同時に原因債務について民事保証がなされることもあるが，手形小切手保証した者がその被保証人の原因債務についても民事保証をしたものと推定されるか否かが問題とされる。この問題は，とくに手形小切手保証人としての義務が遡求権保全手続の欠缺により消滅する裏書による隠れた手形保証において，裏書により隠れた手形保証をした者が原因債務の民事保証をしたものと推認されるかという形で議論されてきた。しかし，「保証契約は，書面でしなければならない」とされる現行民法 446 条 2 項の下では，裏書を同項の書面と解することはできないであろうから，議論の実益は，失われたものといえよう。

2 要 件

(1) 一部保証

手形小切手保証は，手形小切手金額の一部についてもなしうる（手30条1項・77条3項，小25条1項）。

条件付保証の有効性については争いがあり，「保証人としては，自分からそのような条件で債務を負うことを約束した以上，その約束通りの責任を追及されても不都合とはいえないし，手形所持人にとっては，保証が条件付きであっても，その条件が成就した場合に保証人の責任を追及できることは有利にこそなれ，不利になることはない」と述べて有効説をとる見解も有力である（前田467頁以下）。しかし，例えば約束手形の振出人のためにする保証においてその効力を振出の効力にかからしめることは，手形保証独立の原則（手32条2項・77条3項）に反し，その効力を保証の原因関係にかからしめることは，手形債務負担行為の無因性（§3 Ⅳ 2参照）に反する。したがって，手形小切手保証の条件付保証は，無効なものと解すべきである（田中誠668頁等参照）。

(2) 保証人の資格

手形小切手保証は，小切手の支払人を除いて他の手形小切手債務者もなしうる（手30条2項・77条3項，小25条2項）。小切手の支払人による小切手保証を認めないのは，小切手が信用の用具となることを防止するためである。

3 方 式

手形小切手保証は，手形小切手または補箋に保証の意義を有する文字を表示して保証人が署名してなされなければならない（正式保証。手31条1項・2項・77条3項，小26条1項・2項）。支払人または振出人以外の手形小切手の表面になされた単なる署名は，保証とみなされる（略式保証。手31条3項・77条3項，小26条3項）。手形の表面になされた主従の差のない数個の署名は，共同振出とみるべきではなく，筆頭者のみが振出人であ

り，他は保証とみるのが妥当である（大阪地判昭53・3・7金判566号41頁。§7 Ⅱ2(5)c参照）。補箋の表面になされた単なる署名も，保証とみなされる（最判昭35・4・12民集14巻5号825頁）。

保証には何人のためにするかを表示しなければならず，その表示がないときは振出人のためになされたものとみなされる（手31条4項・77条3項，小26条4項）。

手形保証

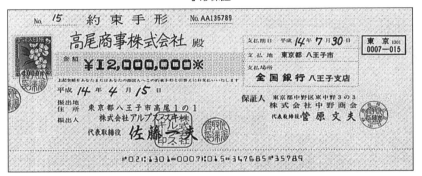

4 効　力

(1) 附従性

手形小切手保証人は，被保証人と同一の責任を負う（手形小切手保証の附従性。手32条1項・77条3項，小27条1項）。すなわち，手形小切手保証債務の種類および範囲は，被保証債務と同一であり（注解390頁〔林靖〕参照），また，被保証債務が支払，相殺または時効等によって消滅した場合には，手形小切手保証債務も消滅する（時効について，最判昭45・6・18民集24巻6号544頁参照）。もっとも，被保証債務の時効の完成猶予は，手形小切手保証債務の時効に影響を及ぼさない（手71条・77条1項8号，小52条）。被保証債務が方式の瑕疵により無効である場合には，手形小切手保証も無効となる（手32条2項・77条3項，小27条2項）。

Ⅰ　手形小切手保証　181

手形小切手保証には補充性がなく（手47条1項・77条1項4号，小43条1項参照），催告の抗弁権（民452条）および検索の抗弁権（民453条）は認められない（注解398頁〔林竧〕参照）。

(2)　独立性

> **【設問44】**　Aは，売買代金支払のために約束手形をXに振り出し，Yは，その手形にAのための手形保証をした。しかし，Xが履行期を過ぎても品物を引き渡さなかったため，Aは，Xとの売買契約を解除した。この場合，Xは，Yに手形金の支払を請求しうるか。

手形小切手保証は，方式の瑕疵による場合を除いて被保証債務が無効な場合も有効である（手形小切手保証の独立性。手32条2項・77条3項，小27条2項）。すなわち，被保証債務が偽造，無権代理，制限行為能力取消等により無効な場合にも，手形小切手保証は有効である。

ところで，判例は，「将来発生することあるべき債務の担保のために振り出され，振出人のために手形保証のなされた約束手形の受取人は，手形振出の右原因関係上の債務の不発生が確定したときは，特別の事情のないかぎり，爾後手形振出人に対してのみならず手形保証人に対しても手形上の権利を行使すべき実質的理由を失ったものである，しかるに，手形を返還せず手形が自己の手裡に存するのを奇貨として手形保証人から手形金の支払を求めようとするが如きは，信義誠実の原則に反して明らかに不当であり，権利の濫用に該当し，手形保証人は受取人に対し手形の支払を拒むことができる」ものと解している（最判昭45・3・31民集24巻3号182頁）。これに対し，最近，「わが国でも，手形債務について，可能な限り迅速な支払を保証する，流動性機能を備えた保証形態が存在してほしいという要請が，取引社会にはある」という認識から，ドイツの学説に倣って，「①原因関係上手形所持人が被保証人に対して請求できないことが，法律問題に関しては争う余地がないほど明白であること。②事実問題をめぐる当事者間の争いに，原因関係上手形所持人が被保証人に対して手形金請求ができない事実を立証する決定的な証拠方法（裁判所にとって評価が容易な

証拠方法）が，手形保証人の手元にあること。③原因関係上被保証人が手形所持人に対して支払を拒みうる事由として主張される事実が，軽微なものでなく重要なものであること」という厳格な要件を備える場合にのみ，手形保証人の権利濫用の抗弁が認められるべきものと解する見解もあり（江頭憲治郎「手形保証とスタンドバイ信用状——その独立性をめぐって」竹内昭夫先生還暦記念『現代企業法の展開』150頁以下（有斐閣，1990)），妥当であろう。

> 【設問44　コメント】　本文で紹介している江頭憲治郎教授の見解を支持するか否かは，根本的には「手形債務について，可能な限り迅速な支払を保証する，流動性機能を備えた保証形態が存在してほしいという要請が，取引社会にはある」という認識の当否に関わってこようが，権利濫用禁止原則の適用を限定する意味においても，この見解は妥当であるように思う。

5　保証人の求償

保証人が手形小切手の支払をしたときは，被保証人および被保証人の手形小切手上の債務者に対し手形小切手上の権利を取得する（手32条3項・77条3項，小27条3項）。

II　隠れた手形小切手保証

1　意　義

狭義の手形小切手保証は，手形小切手の信用を害するため，裏書や共同振出等の形式をとる隠れた手形小切手保証がなされることが実際上多い。とくに隠れた手形小切手保証である裏書については，権利移転的効力がなく，担保的効力のみが認められるものと解する見解があり（松山三和子「手形裏書の機能の変遷——『担保的効力のみを有する裏書』に関する一試論」

新報 86 巻 7・8・9 号 317 頁以下（1980）等），現実に権利の移転が存在しない以上，そのように解するのが自然であろう（反対，小橋一郎「手形行為の意義」現代講座第 2 巻 4 頁以下）。そのように解する場合には，隠れた手形小切手保証である裏書の担保的効力は，法定責任説においても例外的に意思に基づくものと解される。

* 隠れた手形保証がなされた場合には，民法上の保証を原因としてなされたものとみて，保証人は，直接の相手方および悪意の所持人に対し催告・検索の抗弁（民 452 条・453 条）のほか主債務者の有する抗弁を主張しうるものと解する見解もあるが（注解 359 頁（林竫）等），狭義の手形保証において保証人が主張しえないこれらの抗弁を隠れた手形保証においては主張しうるものと解することはやや均衡を欠くように思われる。

2　保証人間における責任の範囲

> **【設問 45】**　A は，保証の趣旨で Y の第 1 裏書と X の第 2 裏書を得て約束手形を B に振り出した。X が B に対し遡求義務を履行して手形を受け戻した場合，X は，Y に遡求しうるか。

判例は，「約束手形の第 1 裏書人及び第 2 裏書人がいずれも振出人の手形債務を保証する趣旨で裏書したものである場合において，第 2 裏書人が所持人に対し遡求義務を履行して手形を受け戻したうえ，第 1 裏書人に対し遡求したときは，第一裏書人は，民法 465 条 1 項の規定の限度においてのみ遡求に応じれば足りる旨を主張することができ，右の遡求義務の範囲の基準となる裏書人間の負担部分につき特約がないときは，負担部分は平等である」と解している（最判昭 57・9・7 民集 36 巻 8 号 1607 頁）。

隠れた手形小切手保証である裏書については，前述のように権利移転的効力がなく，担保的効力のみが認められるとすれば，上の場合については，第 1 裏書人と第 2 裏書人との間には前者と後者という関係（手 49 条・77 条 1 項 4 号，小 45 条）はなくなり，上の結論を容易に導くことができる

184 §14 ● 手形小切手に関する保証

（木内宜彦「判批」民商 88 巻 5 号 704 頁以下（1983）参照）。

> 【設問 45　コメント】　隠れた手形小切手保証である裏書について，原則どおり権利移転的効力を認めつつ，前掲最判昭 57・9・7 の結論を是認することは，多少の理論的困難を伴う。設問においては，あくまで形式を重視し，判例に反対して X の Y に対する全額の遡求を認めることも一考に値しよう。

Ⅲ　小切手の支払保証

　支払保証とは，小切手の支払人が呈示期間内に小切手の支払呈示がなされた場合にのみ小切手金の支払義務を負担することを目的とする小切手行為である。法は，小切手が手形のように信用の用具になることを防止するために，支払人が引受，裏書および保証をすることを禁止しているが（小 4 条・15 条 3 項・25 条 2 項），取引において支払の確実な小切手が必要な場合もあることから，支払保証の制度が設けられている。支払保証の法的性質については，これを単独行為と解する見解が有力であるが（高田源清「為替手形の引受と小切手の支払保証」講座第 4 巻 29 頁等），契約と解してさしつかえないであろう。

　支払保証は，支払人が小切手の表面に「支払保証」その他支払をする旨の文字を記載し，日付を付して署名することによってなされる（小 53 条 2 項）。支払保証をした支払人は，正当な所持人に対し呈示期間内に小切手の支払呈示がなされた場合にのみ小切手金の支払義務を負担する（小 55 条 1 項）。

　　＊　実務上，銀行は，小切手の支払保証をせず，その請求があるときは自己宛小切手を交付することにしている（§7 Ⅱ 2 (5) b 参照）。このような取扱いをする理由として，例えば「第 1 の理由は，銀行が確実に支払資金を自行のものとすることができるからである。銀行が支払保証をするときは，振出人の当座預金から支払保証金額を差し引き，支払保証口に資金を移動する。しかし，その後，支払保証をした小

切手の振出人の信用状態が悪化して破産した場合に，支払保証口に留保した資金に対して支払保証をした銀行が優先権をもつことができるかどうか疑問である。ところが，預手の振出の場合には，取引先が銀行から預手を買い取るものと構成することができ，取引先の当座預金から預手の金額を引き落すときでも，小切手の売買代金として銀行は資金を確実に自行に帰属させることができる。もう一つの理由として，取引先振出の小切手に支払保証をする場合には，変造されないかとの不安もあった」といわれる（田邊光265頁以下）。

§15◉　手形小切手の支払

Ⅰ　支払呈示

1　意　義

　手形小切手の所持人が支払を受けるためには，手形小切手を支払をなすべき者（約束手形の場合には振出人またはその支払担当者，為替手形の場合には支払人またはその支払担当者，小切手の場合には支払人またはその支払担当者）に呈示することを要する（手形小切手の呈示証券性）。このことを支払呈示（支払のための呈示）という。

　支払呈示が必要とされるのは，支払をなすべき者に請求者が権利者と推定される手形小切手の所持人であるか否かを調査する機会を与えることにより免責的効力を伴う迅速な支払を実現し，手形小切手の流通性を高めるためである。

2　呈示期間

　確定日払，日付後定期払または一覧後定期払の手形の所持人は，支払をなすべき日またはこれに次ぐ2取引日内に支払のために手形を呈示しなければならず（手38条1項・77条1項3号），一覧払手形および小切手においては，一覧のための呈示があったときに手形小切手金が支払われ，その呈示期間は，一覧払手形については原則として振出日の日付から1年間であり（手34条・77条1項2号），国内小切手については振出日の日付から（小29条4項）10日間である（小29条1項。国際小切手の支払呈示期間について小29条2項・3項，休日について小60条。初日不算入の原則について小

61 条参照）。小切手において支払呈示期間が短くされているのは，小切手が長期間流通して信用証券化することを防止するためである。

> ＊ 振出日付として実際の振出日よりも先（将来）の日を記載した小切手を先日付小
> 切手という。法は，小切手の一覧払性を徹底するために，振出日として記載された
> 日以前に支払呈示された小切手も，呈示された日に支払うべきものとし（小 28 条
> 2 項），先日付小切手について呈示期間を事実上延長することを認めている。これ
> に対し，振出日付として実際の振出日よりも後（過去）の日を記載した小切手を後
> 日付小切手という。後日付小切手が振り出された場合には，呈示期間は，事実上短
> 縮されたこととなる。

3 呈示の場所

(1) 総 説

支払呈示は，支払場所の記載がある場合にはその支払場所でなされなければならず，支払場所の記載がない場合には支払をなすべき者の住所でなされなければならない（民 520 条の 8）。会社の住所は，本店の所在地にあるものとされる（会社 4 条）。また，手形交換所における手形小切手の呈示は，支払呈示としての効力がある（手 38 条 2 項・77 条 1 項 3 号，小 31 条）。

> ＊ 銀行は，いったん手形交換に持ち出した手形小切手について，別途支払済等真に
> やむをえない理由があるときは，持帰銀行と協議して手形小切手の返還を依頼しう
> る（依頼返却）。判例は，銀行取引停止処分免脱のために依頼返却を受けた場合，
> 支払呈示および支払拒絶の効力は失われないものと解している（最判昭 32・7・19
> 民集 11 巻 7 号 1297 頁）。

(2) 支払呈示期間経過後における呈示の場所

> 【設問 46】 Y は，支払場所を自己の取引銀行店舗とする約束手形を X
> に振り出したが，支払呈示がなされないままその手形の支払呈示期間が
> 経過した。この場合，X は，どこで手形の支払呈示をすべきか。

188 §15 ● 手形小切手の支払

　支払呈示期間経過後における呈示の場所について，判例は，「支払場所の記載はその手形の支払呈示期間内における支払についてのみ効力を有するのであって，支払呈示期間経過後は本則に立ちかえり，支払地内における手形の主たる債務者の営業所または住所において支払われるべきであり，したがって支払の呈示もその場所で手形の主たる債務者に対してなすことを要する。本来，手形は支払呈示期間内における手形金額の支払を建前とし，それを予定して振り出されるものであって，支払場所の記載もまたかかる手形の正常な経過における支払を前提としてなされるものと解する。もし支払呈示期間経過後もその手形の支払が支払場所でなさるべきであるとするならば，手形債務者としては，手形上の権利が時効にかかるまでは，何時現れるかわからない手形所持人の支払の呈示にそなえて，常に支払場所に右の資金を保持していることを要することになって，不当にその資金の活用を阻害される結果となるし，さりとて右の資金を保持しなければ，自己の知らない間に履行遅滞に陥るという甚だ酷な結果となるのを免れないからである」と判示している（最判昭 42・11・8 民集 21 巻 9 号 2300 頁）。

　「支払場所の記載はその手形の支払呈示期間内における支払についてのみ効力を有する」との前提で支払呈示期間経過後においては「手形の主たる債務者の営業所または住所において支払われるべき」という点は，妥当なものと考えるが，支払地は，支払場所の記載を前提に記載されており，債務者の営業所・住所とは何らの関係も有しない。したがって，支払呈示期間経過後においては，支払場所を限定する関係では支払地の記載も効力を失うものと解すべきである（前田 228 頁以下等参照）。

> 【設問 46　コメント】　2017 年の法改正により，「指図債権及び無記名債権の弁済は，債務者の現在の営業所（営業所がない場合にあっては，その住所）においてしなければならない」と規定する商法 516 条 2 項が削除され，「指図証券の弁済は，債務者の現在の住所においてしなければならない」と規定する改正民法 520 条の 8（同条は，改正民法 520 条の 18 により記名式所持人払証券に，同 520 条の 20・520 条の 18 により

II 支払委託 189

無記名証券にそれぞれ準用されている。）が新設されたことにより，債
務者が個人商人の場合に営業所において弁済できなくなるとも解され
る。

4 呈示の方法と呈示欠缺の効果

支払呈示は，完全な手形小切手により現実にしなければならず，未補充
の白地手形小切手による呈示は，適法な呈示とはならない。銀行は，振出
日白地の小切手もしくは確定日払の手形または受取人白地手形が呈示され
たときは，その都度連絡することなく支払うことにしているが（当座勘定
規定ひな型17条），その手形小切手が不渡となった場合には，適法な呈示
が行われていないため，遡求権は発生しない。 支払呈示期間内に支払呈
示しなかった場合，所持人は，手形の主たる債務者に対する権利を失うも
のではないが，遡求権および支払保証した小切手の支払人に対する権利を
失う（手53条・77条1項4号，小39条・55条1項）。

II 支払委託

1 支払権限

支払委託の関係は，為替手形または小切手における振出人と支払人との
間のほか，支払人または約束手形の振出人とその支払担当者との間におい
て存在するが，支払委託（支払権限授与）の意思表示は，手形小切手所持
人を伝達者として支払委託者から支払受託者に伝達されるものと解される
（§7 I 2(2)a参照）。小切手における支払権限の授与は，支払委託が取り
消されないかぎり支払呈示期間経過後もその効果が継続し，支払人は，支
払委託が取り消されないかぎり期間経過後も支払った小切手金額を振出人
の当座預金口座から引き落としうる（小32条）。これに対し，手形におけ
る支払権限の授与は，支払呈示期間内の支払に限られるものと解される

190　§15 ● 手形小切手の支払

（前田 678 頁参照）。

2　支払委託の取消の自由と制限

　支払委託の取消とは，支払委託（支払権限授与）の意思表示を撤回することである。その意思表示は，手形小切手所持人を伝達者として支払受託者に伝達されるものであるから，支払委託者は，手形小切手が支払受託者に呈示されるまでは支払委託の取消をなしうるはずである。しかし，法は，とくに小切手について支払委託の取消は呈示期間経過後においてのみ効力を有するものと規定している（小 32 条 1 項）。

　　＊　小切手法 32 条 1 項については，小切手の支払を確保して所持人の利益を守るための強行規定と解する見解が有力である（鈴木＝前田 388 頁注五等）。しかし，支払委託の取消は，小切手所持人の支払受領権限に影響を与えるものではないから，この規定は，振出人の支払委託の取消の自由を制約して支払人を保護するためのものであり，支払人が同意すれば呈示期間内でも撤回が効力を生ずる旨の特約を有効とする任意規定と解してよいであろう（前田 680 頁参照）。銀行実務においても，小切手の振出人から事故届が提出された場合には，支払人である銀行は，支払呈示期間内であっても支払を拒絶するのが通常である。

3　自己宛小切手の支払停止依頼

　自己宛小切手の振出人である銀行と振出依頼人との間には支払委託関係はないものと解されるから，振出依頼人が自己宛小切手を喪失した場合に銀行に提出する支払停止の依頼は，支払委託の取消ではなく，単なる事故届の意味しか有しないものと解される（大隅健一郎「自己宛小切手の喪失」新演習 3287 頁以下等）。

Ⅲ　手形小切手の受戻し

【設問 47】　約束手形を振り出した Y は，所持人 A に手形金を支払った

が，その際Aから手形の交付を受けなかった。その後，Aがその手形をXに裏書した場合，Xは，Yに手形金の支払を請求しうるか。

　手形小切手の支払をする者は，支払をするにあたり所持人に対し手形小切手に受取を証する記載をして手形小切手を交付すべきことを請求しうる（手形小切手の受戻証券性。手39条1項・50条1項・77条1項3号・4号，小34条・46条1項）。手形小切手金の二重払をしなければならなくなるという危険を防止するためである。手形小切手の交付と支払とは，同時履行（民533条参照）の関係に立つ。

　手形小切手の交付を受けずになされた支払の効力については争いがあるが，手形小切手の交付は，支払の効力要件ではなく，その支払は有効なものと解すべきである（大判明39・5・15民録12輯750頁等参照）。したがって，支払を受けた者は，無権利者となるが，その者から手形小切手を善意・無重過失で取得した者は，善意取得または権利外観理論により保護されるものと解すべきである（田邊光193頁等参照）。

　通常の債権の場合には，債権者は，債務の本旨に従った弁済の提供ではないものとして債務者の一部支払を拒みうるが，手形小切手の場合には，遡求義務者が存在し，一部支払があれば，遡求義務者は，その分支払義務を免れうるため，手形小切手の所持人は，手形小切手金の一部支払を拒むことができないものとされている（手39条2項・77条1項3号，小34条2項）。手形小切手金の一部支払をする者は，支払があった旨の手形小切手上の記載および受取証書の交付を請求しうる（手39条3項・77条1項3号，小34条3項）。この場合，所持人は，手形を受け戻してしまうと残額について遡求権を行使することができなくなるからである。

> 【設問47　コメント】　手形の交付を支払の効力要件と解する場合には，悪意のXに対しては，手形法17条但書が適用されることとなる。しかし，手形の受戻しのない支払を無効と解すべき理由はなく，手形法39条1項も，手形の受戻しを支払の効力要件ではなく，引換給付の抗弁として規定していると解するのが文理上自然である。

192 §15 ● 手形小切手の支払

Ⅳ 善意支払

【設問48】 (1) Yは，約束手形をXに振り出し，Xは，それを保管していた。ところが，その保管中，Aは，その手形を盗取し，Xの裏書を偽造してYに手形金の支払を請求し，Yは，Aに手形金を支払った。この場合，Xは，除権決定を得てYに手形金の支払を請求しうるか。
(2) Yは，約束手形をXに振り出し，Xは，それを保管していた。ところが，その保管中，Aは，その手形を盗取し，Xの代理人と称してYに手形金の支払を請求し，Yは，Aに手形金を支払った。この場合，Xは，除権決定を得てYに手形金の支払を請求しうるか。
(3) Y銀行は，Xに依頼されて自己宛小切手をXに振り出し，Xは，それを保管していた。ところが，その保管中，Aは，その手形を盗取し，Yに小切手金の支払を請求し，Yは，Aに小切手金を支払った。この場合，Xは，Yに利得償還請求権を行使しうるか。

1 総 説

民法上，無権利者に対する支払は，原則として受領権者としての外観を有する者に善意・無過失で支払ったときにかぎり有効なものとされる（民478条）。しかし，手形については，迅速な支払を実現して手形の流通性を高めるため，満期後の支払者は，裏書の連続の整否を調査する義務はあるが，裏書人の署名の真偽を調査する義務はなく，無権利者等に支払った場合にも悪意または重過失なくして支払ったときには免責され，真実の権利者等に二重に支払う必要はないものと規定されている（善意支払。手40条3項・77条1項3号。条文上は，「満期ニ於テ」となっているが，満期後の意味に解されている。）。このような免責的効力を伴う迅速な支払を実現することにより手形の流通性は，一層高まることとなる。

手形における支払権限の授与は，支払呈示期間内の支払に限られるものと解されるため（§15Ⅱ1参照），引受をしていない支払人や支払担当者

は，支払呈示期間経過後は支払をなしえない。

> * 指図式小切手については，手形と同様，支払人は，裏書人の署名の真偽を調査する義務はないものと規定されているが（小35条），小切手の支払人が小切手上の義務者でないことから，免責に関する規定は置かれていない。また，無記名式小切手については，支払人の調査義務に関する規定も置かれていない。しかし，小切手においても，支払の結果を振出人の計算に帰しうるという意味においては「免責」が問題となり，迅速な支払を実現する必要があることは，手形におけると同様である。そこで，小切手についても，手形法40条3項の類推適用を認める見解があるが（弥永281頁等参照），2017年民法改正後においては，民法520条の10を適用（指図式小切手の場合）または類推適用（無記名式小切手の場合）するのが妥当であろう。

2 適用範囲

善意取得については，譲渡人が無権利者である場合以外にはその成立を認めるべきではないが（§11 II 3参照），善意支払については，迅速な支払の実現という要請があるため，所持人が無権利者である場合以外に所持人の代理人と称する者が無権代理人である場合や所持人と最後の被裏書人とが同一人でない場合等にもその成立が認められる。

3 悪意または重過失の意味

手形法40条3項の悪意とは，単に知っているだけではなく，容易に証明をして支払を拒みうるにもかかわらず故意に支払を拒まないことを意味し，重過失とは，容易に証明をして支払を拒みうるにもかかわらずこれを拒まなかったことにつき重過失があることを意味するものと解されている（最判昭44・9・12判時572号69頁等参照）。訴訟になった場合，手形においては，手形法16条1項により裏書の連続する手形の所持人は，適法の所持人と推定され，債務者は，所持人の悪意を証明しないかぎり敗訴せざるをえないことを考慮するためであるが，手形法16条1項により推定されない点，すなわち所持人と最後の裏書の被裏書人との同一性や所持人の代

194 §15 ● 手形小切手の支払

理人と称する者の代理権についての悪意・重過失は，通常の意味に解すべきである（鈴木＝前田305頁以下等参照）。

* 支払者の調査義務および調査権については，「所持人が形式的資格の効果を受ける限りにおいては調査の義務がないのみか，調査の権利もないのに対し，しからざる点については，疑いがある場合には，調査の義務はないが，調査の権利を有するのみか，所持人にその証明を要求することもできる」ものと解するのが妥当である（鈴木＝前田306頁）。

4 裏書が不連続の場合

手形小切手の裏書が不連続の場合，手形法40条3項を適用することはできないが，この場合にも裏書の連続は全体として破壊されるものではなく，所持人は不連続部分についてのみ実質的権利移転の事実を証明すれば権利を行使しうるものと解される（§10Ⅲ6参照）。したがって，この場合にも所持人による実質的権利移転の証明が客観的にもっともであり，支払者がこれを重過失なく信じたときには，手形法40条3項の類推適用により支払者の免責を認めるのが妥当である（鈴木＝前田306頁等参照）。

【設問48 コメント】 小問(1)から(3)において問題は，YのAに対する支払の有効性である。これが有効であれば，Xの請求は認められない。手形法40条3項の適用については，とくにその適用範囲と悪意または重過失の意味に注意する必要がある。無記名式小切手についてどの条項を類推適用するかは，難問である。

Ⅴ 偽造手形小切手の支払

【設問49】 Aは，振出人をY，支払人をX銀行とする小切手を偽造し，Xに小切手金の支払を請求した。Xの銀行員は，記憶に基づいて印鑑照合を行い，この小切手を支払った。この場合，Xは，支払った小切

手金額をYの当座預金口座から引き落としうるか。

　手形の支払担当者や小切手の支払人が偽造手形小切手について支払をなした場合，偽造手形小切手については支払委託は存在しないから，支払委託者に対する「免責」は認められず，支払担当者または支払人は，支払った金額を他人の計算に帰すことはできないはずである。

　しかし，当座勘定規定には，「手形，小切手または諸届け書類に使用された印影または署名を届出の印鑑（または署名鑑）と相当の注意をもって照合し，相違ないものと認めて取扱いましたうえは，その手形，小切手，諸届け書類につき，偽造，変造その他の事故があっても，そのために生じた損害について，当行は責任を負いません。②手形，小切手として使用された用紙を，相当の注意をもって第8条の交付用紙であると認めて取り扱いましたうえは，その用紙につき模造，変造，流用があっても，そのために生じた損害については，前項と同様とします」という免責約款がある（当座勘定規定ひな型16条）。銀行が印鑑照合をするにあたっては，肉眼によるいわゆる平面照合の方法をもってすればたりるが，印鑑照合に習熟している銀行員が社会通念上一般に期待されている業務上相当の注意を払って熟視すれば肉眼で発見しうるような印影の相違が看過されたときは，銀行側に過失の責任があるものと解すべきであり，上の約款はその義務を軽減緩和する趣旨ではないものと解されている（最判昭46・6・10民集25巻4号492頁）。この免責約款は，商慣習を明文化したものであり，多数の手形小切手の支払を迅速に処理しなければならない銀行取引の必要性から，公序良俗に反するものとは解されない（大隅＝河本519頁参照）。

　＊　銀行が手形小切手の呈示を受けた場合，その真偽を調査する範囲は，①用紙がその銀行の発行にかかるものか，②手形小切手番号がその振出人に交付した手形小切手帳のそれに符合し重複していないか，③手形小切手に押捺された振出人の印影があらかじめ届けられた印影と相違しないか，④金額の記載の改ざんおよび振出年月日の記載等に異常はないか，⑤盗難届または紛失届が提出されていないかといった諸点に及んでいるが，わが国ではサインになじみがないため，振出人の署名または

196 §15 ● 手形小切手の支払

記名の筆跡については深く調査しない取り扱いをしている（福岡高判昭33・3・29
下民集9巻3号542頁参照）。

【設問 49　コメント】　銀行の印鑑照合の方法としては，①記憶に基づく照合，②肉眼による平面照合，③肉眼による折り重ねによる照合，④拡大鏡等による機械的照合があり，実際には①も広くなされているという指摘がある（行澤一人・百選（第6版）39頁参照）。しかし，①では原則として銀行の免責は認められないと解される。

Ⅵ　手形の満期前の支払

【設問 50】　Yは，約束手形をXに振り出し，Xは，それを保管していた。ところが，その保管中，Aは，その手形を盗取し，Xの裏書を偽造して満期前にYに手形金の支払を請求し，Yは，Aに手形金を支払った。この場合，Xは，除権決定を得てYに手形金の支払を請求しうるか。

　債務者は，通常，相手方の利益を害さないかぎり，期限の利益を放棄して（民136条参照），期限前に債務の履行をしうる。しかし，手形所持人は，満期まで手形を流通させることにつき利益を有するため，「満期前ニハ其ノ支払ヲ受クルコトヲ要セズ」と規定されている（手40条1項・77条1項3号）。もっとも，所持人が承諾する場合には，手形債務者は，満期前に手形金を支払いうるが，この場合には「自己ノ危険ニ於テ之ヲ為スモノトス」とされ（手40条2項・77条1項3号），これによると，手形法40条3項が規定する免責は与えられないこととなる。しかし，手形債務者が支払をする代わりに戻裏書を受ける場合には，善意取得を規定する手形法16条2項により保護される可能性がある。そこで，手形法40条2項と16条2項とがいかなる関係に立つかが問題となる。

上の問題については，例えば「40 条第 1 項こそ，寧ろ第 16 条 2 項による保護に制限を加ふる規定と解すべく，然らざれば満期前に支払を為す場合には，支払人は受取文句の記載を求むるに代へて裏書を求め，以て第 40 条第 2 項の脱法律を試みるに至るであらう」と主張し，振出人に対する戻裏書については，手形法 16 条 2 項の適用を排除し，手形法 40 条 2 項の趣旨を及ぼす見解もあるが（伊澤 450 頁等），「振出人に限って，他の者と異なり，いかに善意無重大過失であっても保護を認めてはならないとする理由は考えられない」から（鈴木＝前田 310 頁注二），手形法 40 条 2 項を無視し，満期前の支払についても手形法 16 条 2 項の類推適用を認めるのが妥当である。

【設問 50　コメント】　手形法 40 条 2 項と 16 条 2 項との関係は，難問である。前者を無視することには少なからぬ抵抗があるが，約束手形の振出人に対する戻裏書について手形法 16 条 2 項の適用を排除することも，妥当であるまい。手形法 16 条 2 項の悪意または重過失は，通常の意味に解されることに注意する必要がある。

Ⅶ　手形の支払猶予

1　前　説

手形債務者が満期に手形金を支払えない場合には，所持人に支払を猶予（ジャンプ）してもらうことがある。手形の支払猶予の方法には，①所持人との間で支払猶予の特約をする方法，②手形の満期の記載を変更する方法，③満期を変更した新手形を振り出す方法がある。

2　支払猶予の特約

手形債務者が所持人と支払猶予の特約をした場合，所持人は，特約に従って猶予期限まで手形金の支払を請求することはできない。しかし，そ

198 §15 ● 手形小切手の支払

の特約は，人的抗弁にすぎないから，債務者は，善意の第三者に対抗することはできない（手17条・77条1項1号）。

3 満期の記載の変更

手形の満期の記載を変更した場合，手形当事者全員の同意があれば問題はないが，同意しない手形当事者がいるときには，その変更は，その者との関係では変造となる（§3 Ⅲ 3(1)参照）。

4 手形の書替

(1) 意 義

手形の支払を猶予してもらうために満期を変更した新手形を振り出すことを手形の書替という。手形の書替には，①新手形と引換えに旧手形が回収される方法と，②旧手形が回収されず，所持人が新旧両手形とも所持する方法とがある。

(2) 旧手形が回収される場合

> 【設問 51】 (1) Ｙは，約束手形をＸに振り出し，手形債務の担保として自己の土地に抵当権を設定した。しかし，Ｙは，満期に手形金を支払えない可能性が高いため，Ｘから手形を回収し，新たに満期を変更した約束手形をＸに振り出した。ＸのＹに対する手形金請求が拒絶された場合，Ｘは，Ｙの土地に対する抵当権を実行しうるか。
>
> (2) Ｙは，売買代金支払のために約束手形をＡに振り出したが，Ａが履行期を過ぎても品物を引き渡さなかったため，売買契約を解除した。しかし，その後，Ａは，その手形を善意のＸに裏書した。Ｙは，満期に手形金を支払えない可能性が高いため，ＸにＡとの売買契約を解除したことを告げてＸから手形を回収し，新たに満期を変更した約束手形をＸに振り出した。この場合，Ｘは，Ｙに手形金の支払を請求しうるか。

a 問題点

この場合には，新旧両手形は法的に別個のものか，もし別個のものであ

VII 手形の支払猶予 199

るとすれば，旧手形上の権利に付されていた担保物権や保証は新手形に引き継がれるか，また，人的抗弁について旧手形取得時に善意であったが新手形取得時に悪意であった場合，所持人は悪意の抗弁の対抗を受けるかといった点が問題となる。

b 判 例

判例は，この場合の法律関係は更改の場合と支払延期の手段の場合があり，当事者の意思が不明な場合は支払延期の手段と推定すべきものと解している（大判大 12・6・13 民集 2 巻 401 頁等）。手形の書替が支払延期の手段であるということは，新旧両手形が法的に同一のものであるということを意味し，判例の見解は，法的同一性説と称される。

判例の見解によると，旧手形上の権利に付されていた担保物権や保証は新手形に引き継がれ，また，人的抗弁について旧手形取得時に善意であったが新手形取得時に悪意であった場合にも，所持人は悪意の抗弁の対抗を受けないこととなる（最判昭 35・2・11 民集 14 巻 2 号 184 頁参照）。

c 学説と私見

多数説によると，この場合の新旧両手形は，法的に別個のものであり，旧手形債務は，新手形の振出という代物弁済により消滅するが，新旧両手形は，実質的に同一のものであるから，旧手形上の権利に付されていた担保物権や保証は新手形に引き継がれ，人的抗弁について旧手形取得時に善意であったが新手形取得時に悪意であった場合にも，所持人は悪意の抗弁の対抗を受けないものと解されている（実質的同一性説。鈴木＝前田 311 頁等）。

多数説に対しては，「旧手形を回収することとする書替の合意に，……旧手形債務を消滅させる意思があるかが問題である。……当事者の支払延期目的の中に，弁済に向けられた意思を見出すことは，曲解というべきである」という批判もあるが（田邊光 313 頁），曲りなりにも客観的な手形の振出行為が存在する以上，新旧両手形は法的には別個のものと解すべきであろう。また，回収された旧手形上の権利は，消滅するものと解されるが，その消滅原因は，更改の有因性を前提とするかぎり，代物弁済と解さ

200 §15 ● 手形小切手の支払

ざるをえない（§6Ⅰ2参照）。しかし，このように解しつつ，旧手形上の権利に付されていた担保物権や保証が新手形に当然に引き継がれるものと解することは妥当でない。例えば「書替当事者以外の第三者が旧手形上の債務を保証していた場合，その保証債務は保証人の同意なくして新手形上の債務のために延長されると解するのは，保証人に予期せぬ負担となるから賛成できない」と述べる見解もあり（今泉邦子・百選（第7版）145頁），妥当であろう。これに対し，例えば手形債務者自身が自己の土地の上に抵当権を設定しており，後順位の抵当権者が存在しない場合には，抵当権の存続を認めるのが当事者の合理的意思に合致しよう。また，人的抗弁について旧手形取得時に善意であった所持人が悪意の抗弁の対抗を受けないことは，手形書替の目的から当然のことといえるのではなかろうか。

> **【設問51　コメント】** 手形書替における新旧両手形を法的に別個のものと解しつつ，それらの実質的同一性を認める通説は，安易であり，結論的にも妥当でない場合がある。実質的同一性という構成はとらずに当事者の合理的意思と手形書替の目的という見地から解釈すれば足りるのではなかろうか。

(3) 旧手形が回収されない場合

この場合は，さらに①旧手形が回収されないのが手形債務者と所持人との合意によるときと②そうでないときに分けられる。

②のときには，旧手形は，本来回収されるべきであったから，旧手形上の権利は，代物弁済により消滅し，新手形の所持人は，旧手形について無権利者となるが，旧手形を善意・無重過失で取得した第三者は，権利外観理論により保護されるものと解すべきである（§12Ⅰ2(3)参照）。

①のときには，新旧両手形の履行場所が同一であるかぎり，旧手形債務の担保として新手形が振り出されたものと解してよいであろう。したがって，所持人は，新旧両手形につき権利を有するが，手形債務者は，旧手形についても所持人に新手形の満期までの支払猶予の抗弁を対抗しうるものと解され，新旧いずれの手形について支払をする場合にも，新旧両手形を

交付すべきことを請求しうるものと解される。手形債務者が手形金の支払をした場合には，一方の手形が交付されなかったときでも，新旧両手形上の債務は消滅し，支払を受けた者は，新旧両手形について無権利者となるが，交付されなかった手形を支払呈示期間経過前に善意・無重過失で取得した第三者は，権利外観理論により保護されるものと解する（最判昭54・10・12判時946号105頁参照）。

§16● 線引小切手

I 意義と種類

　線引小切手とは，その表面に2本の平行線が引かれた小切手であり，横線（おうせん）小切手ともいう。線引をしうるのは，振出人または所持人である（小37条1項）。線引小切手についても善意取得の成立が認められるが，支払と流通につき制限があるため，小切手が盗取されまたは紛失した場合にこれを不正に取得した者が支払を受けることを防止することができ，また，仮に支払がなされたときにも，比較的容易に小切手の流通経路を知りうるから，損害賠償請求等がしやすくなる。

　小切手には善意取得が容易な持参人払式のものが多いことから，このような制度が認められており，実際に流通している小切手は線引小切手が多い。

　線引小切手には一般線引小切手と特定線引小切手の2種類がある（小37条2項2文）。一般線引小切手は，2本の平行線内に何の指定もないか，「銀行」もしくはこれと同一の意義を有する文字（例えばBankという文字）を記載したものであり，特定線引小切手は，2本の平行線内に特定の銀行の名称を記載したものである（小37条3項）。実際に利用されているのは，ほとんど一般線引小切手である。

II 線引の効力 203

一般線引小切手

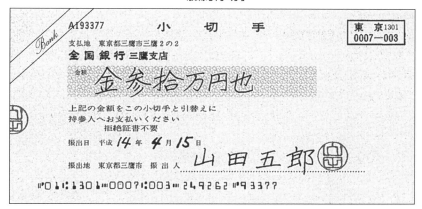

特定線引小切手

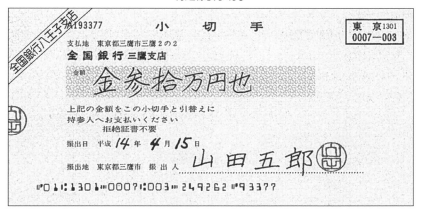

II　線引の効力

【設問52】　Xは，Y銀行を支払人とする一般線引小切手をAに振り出したが，Aは，銀行との取引がなかった。そこで，Xは，Yと線引の効力を排除する合意をした。Yは，Aに小切手金を支払ったが，Xは，小

204　§16 ● 線引小切手

切手は A に詐取されたものであると主張し，Y に対し小切手法 38 条 5
項による損害賠償を請求をした。この請求は認められるか。

1　一般線引の場合

　支払人である銀行は，銀行または自己の取引先に対してのみ支払をしう
る（小 38 条 1 項）。また，銀行は，自己の取引先または他の銀行以外の者
から線引小切手を取得することができず，取立委任を受けることもできな
い（小 38 条 3 項）。

2　特定線引の場合

　支払人である銀行は，被指定銀行（2 本の平行線内に記載されている銀行）
に対してのみ支払をすることができ，被指定銀行が支払銀行のときは自己
の取引先に対してのみ支払いうる（小 38 条 2 項本文）。また，特定線引小
切手の場合にも，銀行は小切手を受け入れうる相手方について制限されて
いる（小 38 条 3 項）。ただし，例えば被指定銀行が支払銀行と離れている
ために支払銀行の加盟している手形交換所に加盟していない場合や，信用
金庫や信用組合等手形交換所に加盟していない金融機関が被指定銀行に
なっている場合には，被指定銀行は，他の銀行に取立を委任しうる（代理
交換。小 38 条 2 項但書）。また，数個の特定線引がある場合には，どれが
正当なものかわからないので，銀行は，支払をすることはできないが（小
38 条 4 項本文），2 個の特定線引がある場合にその一つが手形交換所にお
ける取立のためになされたものであるときは支払うことが認められている
（小 38 条 4 項但書）。これは，被指定銀行が手形交換所における取立のため
に他の銀行に取立を委任する場合には，さらに線引ができることを認めた
ものである。

3　取引先の意味

　小切手法 38 条にいう取引先は，少なくとも銀行取引を通じてその素性

が知れている者でなければならない。当座勘定取引や貸出取引は，銀行が相手方の信用を調査したうえで一定の信用を有すると認めた者と行うものであるから，その相手方は，取引先として扱われる。これに対し，例えば現金を持参して新たに当座預金口座を開設し，同時に線引小切手の取立を委任しようとしている者は，取引先として扱われるべきではない。他方，定期預金や普通預金の預金者を取引先として扱うか否かは，小切手金額と預金額とのバランス等諸般の事情を総合的に考慮して決するほかはない。

> ＊　同一銀行の他の店舗の取引先が小切手法 38 条の取引先に含まれるか否かが問題
>   とされるが，銀行取引は店舗を単位としてなされるものであるから，否定すべきで
>   ある（前田 752 頁等参照）。

4　線引の変更等の制限

　線引小切手は，支払を受ける資格のある者を制限しようとする制度であるから，その資格をさらに制限することはできるが，これを緩和することは，振出人または正当な所持人であっても認められない。したがって，一般線引小切手を特定線引小切手に変更することは許されるが，特定線引小切手を一般線引小切手に変更することは許されない（小 37 条 4 項）。また，線引自体または特定線引の被指定銀行の名称を抹消しても，抹消しないものとみなされる（小 37 条 5 項）。

5　制限違反の効果

　例えば支払人である銀行が線引の制限に違反した場合，それにより損害を受けた者は，銀行に対し不法行為に基づく損害賠償請求をしうる（民 709 条）。しかし，このような請求は，過失の立証等の点において必ずしも容易でないため，法は，線引による制限に違反した支払人または銀行は，小切手金額を限度として損害賠償責任を負うものと規定している（小 38 条 5 項）。この責任は，線引小切手制度の目的を徹底させるために，小切手法上とくに認められた責任であり，無過失責任と解される。

6 効力を排除する特約

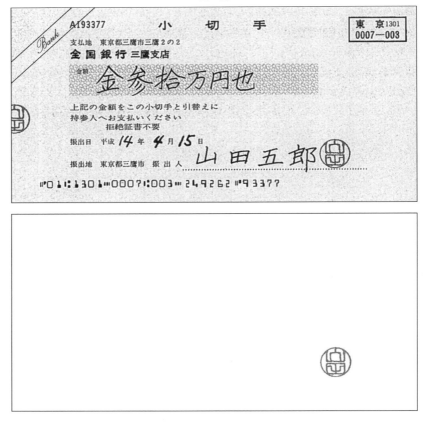

裏 判

　線引を施した小切手を交付する相手方が銀行と取引がない場合や取引先自身が現金を引き出す場合等，線引の効力を消滅させたい場合がある。このような場合のために，当座勘定取引においては，線引小切手の裏面に届出印の押印（裏判）があるときは，取引先であるか否かを問わずその持参人に支払いうるものとし，そのために小切手法38条5項による損害が生

じても，支払銀行は，責任を負わず，銀行が第三者に損害を賠償した場合には振出人に求償しうるものと定めている（当座勘定規定ひな型18条）。また，このような当事者間の合意も，有効なものと解される（最判昭29・10・29裁時171号169頁参照）。

【設問52　コメント】「線引制度は当事者間の特約によっても一切排除できないとするほど強制的なものではない」こと（甘利公人・百選（第7版）195頁）は，確かであろう。この設問においては，判例を知らなくても，例えば禁反言則からもそれなりの結論を導くことができるのではなかろうか。

§17● 手形小切手の遡求

I 遡求の意義と当事者

1 意 義

遡求（償還請求）とは，支払呈示期間内に適法な手形小切手の支払呈示がなされたにもかかわらず，支払が拒絶された場合，または満期前に手形の支払の可能性が著しく減少した場合に，手形小切手の所持人が自己の前者に対し一定金額の支払を請求することである。手形小切手の所持人を保護し，手形の流通性を高めるための制度である。

2 当事者

(1) 遡求権者

遡求権者は，手形小切手の所持人であり（手43条・77条1項4号，小39条），手形小切手の最終の所持人のほか，遡求義務を履行して手形小切手を受け戻した者も含まれる（手47条2項・3項・77条1項4号，小43条2項・3項）。遡求義務者が手形小切手を受け戻して自己の前者である遡求義務者に対して遡求することを再遡求という。

(2) 遡求義務者

遡求義務者は，所持人の前者，すなわち約束手形においては裏書人およびその保証人，為替手形においては振出人，裏書人，それらの者の保証人および参加引受人（手9条1項・15条1項・32条1項・58条1項・77条1項1号・3項），小切手においては振出人，裏書人およびそれらの者の保証人である（小12条・18条1項・27条1項）。もっとも，裏書人のうち，無担

保裏書，期限後裏書および取立委任裏書の裏書人は，遡求義務者ではない。約束手形の振出人および為替手形の引受人は，主たる債務者であるから，遡求義務者ではない。

遡求義務者は，所持人に対し合同責任を負う（手47条1項・77条1項4号，小43条1項）。すなわち，所持人は，遡求義務者および主たる債務者のうち債務を負った順序にかかわりなく誰に請求してもよく，同時に数人に請求してもよい（手47条2項・77条1項4号，小43条2項）。また，所持人は，いったんある者に請求した後に他の者に請求してもよい（手47条4項・77条1項4号，小43条4項）。

＊　遡求義務者の合同責任は，民法上の連帯債務と類似するが（民432条参照），連帯債務においては，弁済がなされれば連帯債務者の債務は消滅するのに対し，遡求においては，弁済者が主たる債務者でないかぎり，弁済者の前者および主たる債務者は，債務を免れず，弁済者は，出捐した額の支払をそれらの者に請求しうる（手47条3項・77条1項4号，小43条3項）。また，連帯債務におけると異なり，遡求においては，遡求義務者の1人に対する請求は，他の者を遅滞に付しえない（民434条対照）。

II　要　　件

1　実質的要件

(1)　前　説

遡求の実質的要件は，支払呈示期間内に適法な手形小切手の支払呈示がなされたにもかかわらず，支払が拒絶されたこと（支払拒絶による遡求。手43条前段・77条1項4号，小39条），または満期前に手形の支払の可能性が著しく減少したこと（満期前の遡求。手43条後段・77条1項4号）である。

(2) 支払拒絶と遡求

a 手形の場合

> **【設問 53】** A は，約束手形を Y に振り出し，Y は，その手形を X に裏書した。ところが，A が別途に振り出した約束手形が不渡となったため，X は，支払呈示期間前に A に対し将来の給付の訴えを提起し，訴状が送達された。しかし，X は，支払呈示期間内に A に対する支払呈示をしなかった。この場合，X は，Y に遡求権を行使しうるか。

　所持人が支払呈示期間内に主たる債務者またはその支払担当者に適法な支払呈示をしたにもかかわらず，支払が拒絶された場合には，主たる債務者は，履行遅滞に陥り，所持人は，主たる債務者に対し手形金および満期以後の利息等を請求することかでき（手 28 条 2 項・48 条 1 項・78 条 1 項），遡求義務者に対しても同様の請求ができる（手 43 条・48 条 1 項・77 条 1 項 4 号）。支払呈示期間経過後であっても，満期から 3 年経過して主たる債務者に対する債権が時効消滅するまでは，所持人は，主たる債務者に対し適法な支払呈示をして手形金を請求することができ，主たる債務者は，支払呈示のときから履行遅滞に陥る（商 517 条）。また，満期後に裁判上の請求に基づく訴状等が主たる債務者に送達されれば，現実の支払呈示がなされなくとも，主たる債務者は，履行遅滞に陥るものと解される（最判昭 30・2・1 民集 9 巻 2 号 139 頁等参照）。

　裁判上の請求に基づく訴状等の送達が支払呈示期間内の適法な支払呈示と同視されるか否かについて，判例は，①請求者が手形の正当な所持人であることを確知させる必要性と②振出人により支払がなされるのか否かを明らかにさせる必要性から，否定している（最判平 5・10・22 民集 47 巻 8 号 5136 頁）。裁判上の請求に基づく訴状等の送達は，とくに②の機能を代替しえないことから，判例に賛成すべきである（野村修也・百選（第 7 版）139 頁参照）。

> 【設問 53　コメント】　設問は，細かい知識を問うものであるが，前掲
> 最判平5・10・22は，平成に入ってからの数少ない最高裁判例という意
> 味では，注目される。裁判上の請求に基づく訴状等の送達が付遅滞効を
> 有するにもかかわらず，遡求権保全効を有しないというのは，理解しが
> たい向きもあろうが，両者をパラレルに解さなければならない理由はな
> い。

b　小切手の場合

　所持人が支払呈示期間内に支払人である銀行に適法な支払呈示をしたに
もかかわらず，支払が拒絶された場合には，所持人は，遡求義務者に対し
小切手金および満期以後の利息等を請求しうる（小39条・44条）。

(3)　手形における満期前の遡求

　引受の全部または一部の拒絶（1号），支払人の破産手続開始の決定，支
払停止またはその財産に対する強制執行が功を奏しなかったこと（2号）
または引受呈示を禁止した振出人の破産手続開始の決定（3号）があった
場合には，満期前においても遡求権が発生する（手43条後段）。

　＊　手形法43条後段1号および3号の事由は，約束手形においては問題となりえな
　　いが，2号の事由は，約束手形においても問題となりうる。もっとも，約束手形に
　　関する手形法77条1項4号は，「支払拒絶ニ因ル遡求」について為替手形の規定を
　　準用していることから，「支払拒絶ニ因ル遡求」ではない手形法43条後段は，すべ
　　て約束手形に準用されないとも考えられる。しかし，約束手形においても満期にお
　　ける支払の可能性が著しく減少した場合に遡求を認めないことは妥当でないから，
　　手形法43条後段2号は，約束手形に準用されるものと解すべきである（鈴木＝前
　　田319頁等参照）。

2　形式的要件

(1)　引受拒絶または支払拒絶の場合

　引受拒絶または支払拒絶による遡求の形式的要件は，手形の場合は呈示
期間内に拒絶証書が作成されることであり（手44条1項・2項・77条1項

4号），小切手の場合は呈示期間経過前に支払拒絶証書，支払人の支払拒絶宣言または手形交換所の支払拒絶宣言が作成されることである（小39条・40条）。拒絶証書とは，公証人または執行官が自ら引受拒絶または支払拒絶の事実を実見したうえで手形小切手の裏面または補箋に法定の事項を記載して作成する公正証書である。小切手については，手形交換所による支払拒絶宣言は，実際には行われておらず，支払人の支払拒絶宣言によるのが一般である。

　手形小切手の所持人は，呈示期間内に拒絶証書等が作成されなければ，原則として遡求権を失うが（手44条2項・3項・53条1項2号・77条1項4号，小40条），例外的に不可抗力（例えば天変地異，戦争等）の存する場合には，拒絶証書作成期間は伸長され，または証書作成の省略が認められる（手54条・77条1項4号，小47条）。

　遡求義務者は，拒絶証書の作成を免除することができ（手46条1項・77条1項4号，小42条1項），とくに為替手形または小切手の振出人が拒絶証書の作成を免除した場合には，すべての署名者に対してその効力が生ずるが（手46条1項・77条1項4号，小42条1項），統一手形小切手用紙にはすでに振出欄（約束手形を除く。）および各裏書欄に拒絶証書不要文言が印刷されている。もっとも，この場合にも，遡求の実質的要件である呈示自体は必要であるが，呈示期間内に呈示されなかったことは，作成を免除した遡求義務者が立証しなければならない（手46条2項・77条1項4号，小42条2項）。

　　＊　判例は，約束手形の振出人は支払拒絶証書の作成を免除することはできないものと解しているが（大判大13・3・7民集3巻91頁等参照），学説には反対が強い。

(2)　その他の場合

　為替手形の支払人または約束手形の振出人の支払停止またはその財産に対する強制執行が功を奏しなかった場合には，所持人は，支払人または振出人に対し支払呈示をし，かつ拒絶証書を作成した後でなければ遡求権を

行使しえない（手44条5項）。

　為替手形の支払人，約束手形の振出人または引受呈示を禁止した為替手形の振出人の破産手続開始の決定の場合に所持人が遡求権を行使するためには，破産手続開始の決定の裁判書を提出すれば足りる（手44条6項）。

Ⅲ　遡求の通知，遡求金額および遡求の方法

1　遡求の通知

　手形小切手の所持人は，拒絶証書等作成の日またはその作成が免除されている場合にはその呈示の日に次ぐ4取引日内に自己の裏書人および振出人（約束手形の場合を除く。）に引受拒絶または支払拒絶があったことを通知しなければならず，その通知を受けた裏書人は，通知を受けた日に次ぐ2取引日内に自己の裏書人に対して通知をしなければならない（手45条1項・77条1項4号，小41条1項）。遡求義務者は，遡求の通知を受けることにより遡求義務の履行のための資金の準備ができ，また償還権を行使する機会が与えられる。

　遡求の通知は，遡求の要件ではなく，通知を怠った者は，遡求権を行使できなくなるわけではないが，通知の懈怠により生じた損害（例えば償還権を行使する機会を失ったことによる損害等）につき賠償責任を負わされる（手45条6項・77条1項4号，小41条6項）。

2　遡求金額

　支払拒絶による遡求の場合の遡求金額は，①手形小切手金額および利息の記載かあるときはその利息，②法定利率による満期または呈示の日以後の利息および③拒絶証書等の費用，通知の費用およびその他の費用（例えば遡求義務者の宛所を探して催告する費用）の合計額である（手48条1項・77条1項4号，小44条）。

　手形における満期前の遡求の場合の遡求金額は，①手形金額および利息

の記載があるときはその利息から支払を受ける日より満期までの利息に相当する額を公定割引率によって割り引いた額および②拒絶証書の費用，通知の費用およびその他の費用である（手48条2項・77条1項4号）。

再遡求金額は，①支払った総金額，②支払った総金額に法定利率により計算した支払の日以後の利息および③支出した費用である（手49条・77条1項4号，小45条）。

3　遡求の方法

遡求義務者は，支払と引換えに拒絶証書等，受取を証する記載をなした計算書および手形小切手の交付を請求しうる（手50条1項・77条1項4号，小46条1項）。遡求義務者は，これにより自己の前者に再遡求し，または主たる債務者に再遡求金額の支払を求めることができ，その際，自己および後者の裏書を抹消して形式的資格を整えうる（手50条2項・77条1項4号，小46条2項）。手形小切手の交付を受けた遡求義務者は，遡求権者から手形小切手上の権利を承継するが，人的抗弁の属人性から，自己の以前の地位よりも有利な地位を取得するものではないと解される。他方，遡求義務者の権利の取得は，強制に基づくものであるから，遡求義務者は，遡求権者に対する抗弁について悪意のときでも抗弁を対抗されないものと解すべきである。

> ＊　手形法50条1項および小切手法46条1項は，さらに遡求義務者に対し自ら進んで遡求義務を果たす権利（償還権）を認めたものと解される。遡求金額は，時の経過によって増大し，遡求が繰り返されると利息は複利で増えることから，自己の前者の資力が減少する前に再遡求する必要があるからである。

§18● 手形の参加，手形小切手の複製

I 手形の参加

　参加とは，手形の遡求原因が生じた場合に特定の遡求義務者（被参加人）に対する遡求を阻止するため，手形の主たる義務者以外の者（参加人）が代わって引受または支払をすることをいい，参加引受と参加支払とがある（手55条以下・77条1項5号）。参加引受は，為替手形についてのみ認められる。

　参加は，手形関係者の信用の維持や遡求金額が増大するのを防止すること等に役立つが，わが国においてこの制度が利用されることは少ない。

II 手形小切手の複製

　複本とは，同一の手形小切手上の権利を表章するために発行された数通の証券であり，いずれも完全な手形小切手である。各通は，内容が同一であり，証券の文言中に複本であることを示す番号を記載しなければならず，各通の内容が異なるときまたは番号を欠くときは，それぞれが別の手形小切手とみなされる（手64条1項・2項，小48条）。1通の支払が他の複本を無効にする旨の記載がないときでも，1通の支払により手形小切手上の権利は消滅する（手65条1項，小49条1項）。複本は，約束手形には認められていない。

　謄本は，手形を謄写したものであり，それ自体は，手形ではない（手67条・68条・77条1項6号）。謄本は，小切手には認められていない。

　手形の複製は，例えば引受のために為替手形を送付している間に権利を

譲渡する場合等に役立つ。小切手には引受の制度はないが，複本は，海外
に送金する場合に役立つ。

§19◉　手形小切手上の権利の消滅と利得償還請求権

I　権利の消滅事由

　手形小切手上の権利は，債権として民法上の債権の一般的消滅事由，すなわち支払（弁済。民473条以下）のほか代物弁済（民482条），供託（民494条以下，手42条・77条1項3号），相殺（民505条以下），更改（民513条以下），免除（民519条）等により消滅するが，混同（民520条）によっては消滅しない（§10Ⅱ3(3)b参照）。

　また，手形小切手上の権利は，通常の債権と異なり，短期消滅時効（手70条・77条1項8号，小51条）および遡求権保全手続の欠缺によっても消滅するが（手53条・77条1項4号。§17Ⅱ2(1)参照），これらの場合には，手形小切手上の権利の変形物である利得償還請求権が発生する。

II　権利の消滅時効

1　時効期間

> 【設問54】　Yは，約束手形をAに振り出し，Aは，その手形をXに裏書した。しかし，Yは，満期に手形金を支払えない可能性が高くなったため，Xとの間で支払猶予の特約をした。満期から3年経過後，Xは，Yに手形金の支払を請求しうるか。

　手形小切手法は，一般の債務者よりも厳しい債務を負担している手形小切手債務者を早期に債務から解放するため，以下のような短期消滅時効を

認めている。

　まず，手形の主たる債務者に対する債権は，満期から3年で時効にかか
る（手70条1項・77条1項8号）。次に，手形の遡求権は，拒絶証書作成
の日付またはその作成が免除されている場合には満期から1年で時効にか
かり（手70条2項・77条1項8号），小切手の遡求権は，支払呈示期間経
過後6ヶ月で時効にかかる（小51条1項）。また，手形小切手の再遡求権
は，手形小切手の受戻しをした日または訴えを受けた日から6ヶ月で時効
にかかる（手70条3項・77条1項8号，小51条2項）。手形小切手保証人
に対する債権の時効期間は，被保証人である振出人等に対する債権の時効
期間と同じである（手32条1項・77条3項，小27条1項）。

　ただし，例えば「約束手形の所持人と裏書人との間において裏書人の手
形上の債務につき支払猶予の特約がされた場合には，所持人は右猶予期間
中は裏書人に対して手形上の請求権を行使することができず，右猶予期間
が満了した時はじめてこれを行使することができるものとなるから，所持
人の裏書人に対する手形上の請求権の消滅時効は，右猶予期間が満了した
時から進行する」ものと解される（最判昭55・5・30民集34巻3号521頁）。

【設問54　コメント】　設問は，手形金支払請求権の時効期間の起算日
を問うものである。それを（支払請求できない法定の休日（手72条1
項）であっても）一律に満期とする手形70条1項・2項は，手形法律
関係を画一的に処理するための民法166条1項の特則といわれる（山本
為三郎・百選（第7版）152頁）。そうだとすると，支払猶予の特約で
手形金支払請求権の時効期間の起算日を動かせると解することには違和
感も感じないではないが，XとYの利益を衡量すれば，前掲最判昭
55・5・30は妥当であろう。

2　時効の完成猶予と更新

【設問55】　(1)　Yは，約束手形をAに振り出し，Aは，その手形をX
に裏書した。Xは，時効完成直前に内容証明郵便によりYに手形金の

II 権利の消滅時効 219

支払を催告し，満期から 3 年経過後に Y に手形金の支払を請求する訴
えを提起した。この請求は認められるか。

(2) Y は，約束手形を A に振り出し，A は，その手形を X に裏書し
た。しかし，X は，その手形を喪失したため，時効完成直前に Y に手
形金の支払を請求する訴えを提起するとともに，時効完成後に公示催告
手続を申し立て，除権決定を得た。この場合，X の Y に対する請求は
認められるか。

　手形小切手上の権利の消滅時効の完成猶予と更新は，原則として民法の
規定（民 147 条以下）によるが，以下のような手形小切手法独自の特則も
ある。

　手形小切手上の権利は，独立性を有するから（手 7 条・32 条 2 項・77 条
2 項・3 項，小 10 条 27 条 2 項），時効の完成猶予と更新は，その事由が生
じた者に対してのみ効力がある（手 71 条・77 条 1 項 8 号，小 52 条）。次
に，再遡求権は，訴えを受けた日から 6 ヶ月で時効にかかることから（手
70 条 3 項・77 条 1 項 8 号，小 51 条 2 項），民事訴訟において当事者から訴
訟参加のできる利害関係のある第三者にその訴訟が係属している旨を法定
の方式によって通知する訴訟告知（民訴 53 条参照）による完成猶予が認め
られる（手 86 条・小 73 条）。

　＊　裁判上の請求（民 147 条 1 項 1 号）による時効の完成猶予のために手形小切手の
　　呈示は必要ではないものと解することに異論はなく，また，裁判外の請求である催
　　告（民 150 条）による時効の完成猶予についても，「元来消滅時効の制度は権利の
　　上に眠れる者は保護されないとすることにあるのであるが，請求の一種である催告
　　を時効中断の事由とした所以のものは，催告をした権利者は最早権利の上に眠れる
　　ものではなく，これにより権利行使の意思が客観的に表現されている」ことから，
　　手形小切手の呈示は必要ではないものと解される（最判昭 38・1・30 民集 17 巻 1
　　号 99 頁）。また，手形小切手を所持しない者の裁判上の請求によっても，「手形権
　　利者は自己の意思に基づかないで手形の所持を失っても手形上の権利を喪失するも
　　のではない」から，時効は完成猶予されるものと解される（最判昭 39・11・24 民
　　集 18 巻 9 号 1952 頁）。同様の理由から，手形小切手を所持しない者の催告によっ
　　ても時効は完成猶予されるものと解すべきである。

【設問 55 コメント】 手形小切手法の基礎が民法にあることを再認識したうえで，時効制度の趣旨をしっかりと理解してほしい。「口頭弁論集結前に除権決定を得られず，手形の所持もない場合は，権利者の立証はできたとしても，請求は棄却される」こと（山本哲生・百選（第7版）157頁）に注意すべきである。

3　主たる債務者に対する権利の時効

手形小切手上の権利は，独立性を有するから，例えば遡求権が時効消滅した場合にも，手形の主たる債務者に対する権利は消滅しない。これに対し，手形の主たる債務者に対する権利が時効消滅した場合には，遡求権は消滅する（最判昭 57・7・15 民集 36 巻 6 号 1113 頁）。遡求するためには，遡求義務者に健全な手形を返還することにより遡求義務者がさらに再遡求しうるようにしなければならないと考えられるところ，振出人に対する債権が消滅した手形は，健全な手形とはいえないからである。

Ⅲ　利得償還請求権

【設問 56】　(1)　Y は，消費貸借上の債務の支払に代えて約束手形を X に振り出したが，X は，その手形を盗取された。その手形の行方が知れないまま満期から 3 年が経過した場合，X は，Y に利得の償還を請求しうるか。
　(2)　Y は，消費貸借上の債務の支払のために約束手形を X に振り出した。X がその手形を支払呈示しないまま満期から 3 年経過した場合，X は，Y に利得の償還を請求しうるか。
　(3)　Y は，消費貸借上の債務の支払のために約束手形を A に振り出し，A は，その手形を X に割り引いてもらった。X がその手形を支払呈示しないまま満期から 3 年経過した場合，X は，Y に利得の償還を請求しうるか。

Ⅲ　利得償還請求権　221

　(4)　Yは，消費貸借上の債務の支払に代えて約束手形をXに振り出
した。Xがその手形を支払呈示しないまま満期から9年経過した場合，
Xは，Yに利得の償還を請求しうるか。

1　意　義

　利得償還請求権とは，手形小切手上の権利が短期消滅時効または遡求権
保全手続の欠缺により消滅した場合に，所持人が実質的に利得した債務者
に対し利得の償還を請求する権利である（手85条，小72条）。その趣旨に
ついては，「本来，手形は，ある原因債務関係の決済（支払）手段として
用いられている。したがって，それが予定通り決済されれば，原因債務関
係はすべて決済され問題を残さないはずである。しかし，手形が手続の欠
缺や時効で未決済のまま放置されることになると，手形は，その本来予定
されている決済手段としての機能を果たしえないことになり，原因関係
上，決済未了の状態（すなわち，不公平な状態）が生ずる。これを公平（衡
平）の見地から調整するのが利得償還請求権である」と解するのが妥当で
あろう（福瀧博之『教材現代手形法学』293頁（法律文化社，1988））。

　＊　利得償還請求権の性質について，従来の通説は，例えば「この権利は，償還義務
　　者の利得が法律上の原因を欠くものとはいえないゆえに，民法上の不当利得ではな
　　い。また利得は請求権者の財産ないし労務より生じたものであることを要しない点
　　からも，そう見るべきでない，それは，手形法の直接規定に基づき，時効または権
　　利保全手続を怠ったことにより手形上の権利を喪失した所持人のために，利益を受
　　けた振出人等に対して特別に与えられた非手形上の償還請求権である」と解してい
　　る（大隅＝河本408頁）。
　　　上のような通説的見解に対し，「この権利は手形上の権利ではないが，さりとて
　　民法上の不当利得返還請求権でもなければ，損害賠償請求権でもない。そこで，衡
　　平の観念上法の規定により認められた一種特別の請求権と認めるものが多いが，そ
　　れだけではその特別性がはっきりしないため，問題の解決か恣意に流れる点が少な
　　くない」と批判し，「この権利は手形上の権利が消滅したとき発生するものである
　　から，手形法上の権利ではあるが，手形上の権利ではない。しかし，実質的に考え
　　ると，手形上の権利が消滅する以前には，手形の所持人はすべての債務者に対し手

形によって当然に手形金額ないし償還金額を請求できたのが，今度は，実質関係上利得をえた債務者のみに対し，その利得をえたことを証明した場合に限って請求しうるにすぎなくなるだけであって，その意味では手形上の権利が変形したものとみることができる」と解する見解も有力である（変形物説。鈴木＝前田337頁以下，339頁注五）。

他方，「利得償還請求権の法的性質論から何らかの解釈論的結論を引き出すことはできないし，利得償還請求権を手形上の権利の『残存物』『変形物』『復活物』ということに解釈論的意味があるわけでもない」として「短期時効と手続欠缺という厳格な法の適用による手形上の権利消滅は，その基礎となった実質的関係をも含めて観察すると，終局的なものとして法的妥当性を認めえない財産移動をもたらすので，衡平の見地から財産移動の調整を図るものであり，統一条約第2付属書15条にいうように，不当利得返還請求権であって，民法の不当利得に位置づけられ，その特別の形態と考えるだけで十分」なものと解する見解もあり（不当利得説。大塚龍児「手形利得償還請求権」北法31巻2号407頁以下），この見解を支持すべきである。

2 当事者

(1) 権利者

利得償還請求権の権利者は，手形小切手上の権利が消滅した当時の正当な所持人である，手形小切手上の権利が消滅した当時の正当な所持人であれば，手形小切手の裏書の連続が欠けている場合でも，利得償還請求権の権利者となりうる。

＊ 問題となるのは，利得償還請求権の取得に手形小切手証券の所持またはそれに代わる除権決定の取得が必要か否かである。判例は，「本来小切手の正当な所持人として小切手上の権利を行使し得べかりし者が，たまたま小切手を盗取せられ，失権当時，小切手の現実の所持を有せず，もしくは逸早く除権判決を得ていなかったとしても，もしその間他の第三者においてその小切手上の権利を取得するに至らず，被盗取者において依然実質上の権利者たることを失っていなかったものとすれば，振出人等に利得の存する限り，その間の衡平を図る必要がないものとは即断しえないものというべく，もしかかる場合であるとすれば，右被盗取者が，失権当時，小切手の現実の所持を有せず，もしくは除権判決を得ていなかったとしても，その一事によって直ちにその利得償還請求権の取得を否定し得ない」ものと解しており

（最判昭 34・6・9 民集 13 巻 6 号 669 頁），妥当であろう。

(2) 義務者

利得償還請求権の義務者は，約束手形の場合には振出人または裏書人であり，為替手形の場合には引受人，振出人または裏書人であり，小切手の場合には振出人または裏書人である。もっとも，手形小切手の裏書人は対価を支払って手形小切手を取得するのが通常であるから，利得償還請求権の義務者となる場合はまれである。

3 発生要件

(1) 総 説

利得償還請求権が発生するためには，一般に①手形小切手上の権利が有効に存在していたこと，②手形小切手上の権利が短期消滅時効または遡求権保全手続の欠缺により消滅したこと，③手形小切手債務者が利得していることを要するものと解されている（大塚ほか 221 頁〔林竧〕等）。

> ＊ 上の①との関係では，未補充の白地手形小切手について利得償還請求権が発生するか否かが問題となる。多数説は，これを否定するが（大塚ほか 221 頁〔林竧〕等），有力説は，例えば「手形上の権利に関して，手形要件が具備されるのはその行使の時点まででよいとされる以上，利得償還請求権についてもそれを行使する時点（訴訟上請求した場合には口頭弁論終結時）までに補充すればよい」と述べてこれを肯定する（前田 666 頁以下）。白地手形小切手のままで「手形小切手上の権利」の時効または遡求権保全手続の欠缺による消滅を認める以上，肯定するのが妥当ではあるまいか。このように解する場合には，①は，必ずしも利得償還請求権の発生要件とはいえないこととなる。

(2) 手形小切手上の権利の消滅

利得償還請求権が発生するためには，利得の償還を請求しようとする相手方に対する手形小切手上の権利が短期消滅時効または遡求権保全手続の欠缺により消滅したことを要することは疑いないが，①すべての手形小切手債務者に対する権利が消滅したことを要する否か，さらに②原因関係上

224 §19 ● 手形小切手上の権利の消滅と利得償還請求権

の権利を含めてすべての救済方法が消滅したことを要するか否かが問題となる。

　判例は，①および②の問題ともに肯定している（利得償還請求権の二次性。大判昭3・1・9民集7巻1頁，大判昭13・5・10民集17巻891頁等）。しかし，②の問題を肯定する場合には，「手形を『支払に代えて』取得した者が，『支払のために』取得した者より有利とな」るという難点が生じ，①の問題を肯定する場合には，「利得の償還を請求しようとする相手方（例えば，為替手形の振出人）以外の手形債務者（引受人）が無資力の場合に，所持人が不利益を受けるという難点」が生ずる（林竧「利得償還請求権と手形上の権利」竹内昭夫編『特別講義商法Ⅱ』169頁（有斐閣, 1995））。したがって，①および②の問題ともに否定するのが妥当である（田邊光323頁等参照）。

(3) 手形小切手債務者の利得

a 総説

　利得償還請求権が発生するためには，手形小切手債務者が利得していることを要する。通説によると，ここにいう利得とは，実質関係において財産上の利益を受けたことをいい，積極的に金銭を取得した場合だけでなく，消極的に債務の支払義務を免れた場合も含まれるものとされる（前田641頁等参照）。これに対し，最近，通説を「原因関係上手形を取得する際にその対価として出捐したものと，その手形を交付する際にその対価として取得したものとの差額をもってここにいう利得とする，いわゆる差額理論を前提としている」ものとしたうえで，差額理論によると，例えば商才により「裏書人が手形の取得と交付に際して原因関係上得た差額」が利得になってしまうという不当な結論になるものと批判し，利得を「原因関係においてその者が手形の支払によって出捐すべきであったものを，手形の失権によって節約することを得たこと」と解する見解が主張されている（節約説。大塚・前掲北法31巻2号422頁以下）。差額理論によると，「『贈与のために』手形を振り出した場合には，振出人に利得があるとはいえない」こととなるが，「贈与の目的で手形が振り出された場合，原因関係上

は，振出人が手形の支払をなし，受取人が対価を保持すべきもの」と解されることから（林・前掲『特別講義商法Ⅱ』170 頁以下参照），節約説を支持すべきであろう。

b 各 説

例えば約束手形が原因債務の支払に代えて振り出され，手形上の権利が時効により消滅した場合，振出人に利得があることは疑いない。

約束手形が原因債務の支払のために振り出され，手形上の権利が受取人の手元で時効により消滅した場合には，原因関係上の債権が時効により消滅しているか否かにかかわりなく振出人に利得があるとはいえない（最判昭 38・5・21 民集 17 巻 4 号 560 頁参照）。

＊　原因債務の支払のために振り出された約束手形が裏書され，手形上の権利が所持人の手元で時効により消滅した場合に，振出人が受取人に対し原因関係上の債務を負担しているときは，当然に振出人に利得があるとはいえないものと考える。しかし，この場合に受取人が所持人に対価を得て（または支払に代えて）手形を譲渡していたときは，振出人の受取人に対する原因関係上の債務も消滅するから（§6 Ⅰ3⑴参照），振出人に利得があることとなる（最判昭 43・3・21 民集 22 巻 3 号 665 頁参照）。

4　行　使

利得償還請求権の行使に手形小切手証券の所持またはそれに代わる除権決定の取得が必要か否かが問題となる。

上の問題について多数説は，例えば「この権利は一種の指名債権であり，失効した手形はこの権利を証明する証書にすぎない。ゆえにその権利の行使には手形の所持を必要とせず，手形を喪失しても除権判決を得る必要はない」と解しており（大隅＝河本 415 頁），最近の下級審判決も，利得償還請求権を証券に表章された権利性を失った債権と解し，証券を証拠証券にすぎないものと解して不要説を採用している（東京地判平 6・3・10 金法 1402 号 37 頁）。

226 §19 ● 手形小切手上の権利の消滅と利得償還請求権

　これに対し，有力説は，例えば「重要なのは，小切手が，少なくとも利得償還請求権の発生前に，小切手上の権利を表章する有価証券であったということであり，したがって少なくともある期間，その善意取得の可能性があったという事実である。そして，実質的権利者にとっては，小切手を所持することなくして自己が実質的権利者であり他に善意取得者がいないことを，立証することは僅少の例外の場合を除ききわめて困難であるが，利得償還請求権の行使に小切手の所持を要しないとすれば公示催告により除権判決を得ることが許されなくなる結果，不要説は，僅少の例外の場合に小切手を所持しない実質的権利者に便宜を与える代償として，大部分の場合について実質的権利者から最も有力な立証方法を奪い，かえってその者の利益をそこなう。また，不要説は，実質的権利者と称するものに比較的簡単な立証方法を認めるが，これでは保護に値する善意取得者の権利が不当に害される。債務者にとっても，不要説のいう取引観念上相当な証明方法なるものに基づき小切手を回収することなく支払をなすよりも，小切手と引換えに支払をなすほうが安全である」と主張して必要説をとっている（北沢正啓・百選（第4版）177頁）。

　利得償還請求権については，債務者が利得償還請求権を取得した者を知りえないのが通常であり，権利が譲渡された場合にも，民法467条が機能しないため，手形小切手証券の所持に債権譲渡の債務者および第三者に対する対抗要件としての機能を果たさしめる必要が生ずる。したがって，利得償還請求権の行使には手形小切手証券の所持またはそれに代わる除権決定の取得を要するものと解すべきである（結合法理24頁以下参照）。

5 譲　渡

　利得償還請求権の譲渡に手形小切手証券の交付が必要か否かが問題となる。

　上の問題について多数説は，不要説をとっており，例えば「譲渡は指名債権譲渡の方法によるべく，裏書譲渡の方法によることはできない。したがってその譲渡に手形の交付を必要としない」と解しているが（大隅＝河

本 480 頁)，「利得償還請求権の行使には手形の呈示を必要とするものであるから，その譲渡にも効力発生要件として手形の交付を必要とする」と解する見解もある（平出 280 頁）。

上述のように，利得償還請求権については，手形小切手証券の所持に債権譲渡の債務者および第三者に対する対抗要件としての機能を果たさしめる必要があるとしても，その譲渡の効力発生要件として手形小切手証券の交付を要するものと解する必要はないであろう。

6 消滅時効

利得償還請求権の消滅時効期間について，判例は，5 年説をとり，「利得償還請求権は，手形上の権利が手続の欠缺あるいは短期の消滅時効によって消滅するため，手形上の権利を失った手形債権者と利益を得た手形債務者の公平をはかるために認められたものであるから，手形上の権利自体ではないが，既存の法律関係が形式的に変更されるだけで，手形上の権利の変形と見るべきであり，手形上の権利が実質的に変更されて既存の法律関係とは全く別個な権利たる性質を有するに至るものというべきではない。したがって，利得償還請求権は商法 501 条 4 号にいう『手形ニ関スル行為』によって生じた債権に準じて考うべく，これが消滅時効期間については，同法 522 条が類推適用され，5 年と解するのか相当である」と述べていた（最判昭 42・3・31 民集 21 巻 2 号 483 頁）。しかし，商法 522 条が 2017 年商法改正により削除された現在では，民法 166 条 1 項により，①権利者が利得償還請求権を行使することができることを知った時から 5 年または②利得償還請求権を行使することができる時から 10 年で時効消滅するものと解されることとなろう。

> **【設問 56 コメント】** 手形法小切手法の学修においては，利得償還請求権までは十分に手が回らないというのが実情かもしれないが，利得の有無などは，理論的に面白い問題ではある。手形小切手と同様に決済手段であり，短期消滅時効にかかる電子記録債権について同様の制度が存

228 §19 ● 手形小切手上の権利の消滅と利得償還請求権

在しないことを考慮すると，この制度は，絶対に必要なものとはいえないようにも思われる。

§20◉　有価証券上の権利の行使

I　有価証券の消極的作用と積極的作用

　手形小切手は，一定の金額の支払を目的とする有価証券であるが（§1 I 1参照），わが国における有力説によると，有価証券には証券を所持しない者を権利者と認めないという消極的作用とその所持人に権利者としての資格を授与する積極的作用とが原則として認められ，これらの作用を確保するために権利の移転および行使に証券が必要とされる。そこで，有価証券とは，財産的価値を有する私権を表章する証券であって，権利の移転および行使に証券を要するものと定義される（§1 I 3⑵a参照）。もっとも，裏書禁止手形等の記名証券には有価証券の積極的作用は認められないが，その消極的作用は認められ，この消極的作用を確保するために記名証券においても権利の行使に証券が必要とされ，記名証券も有価証券性を有するものとされる（鈴木＝前田10頁以下参照）。

　上の見解は，ドイツの理論に倣ったものと考えられるが，わが国においても，狭義の有価証券，すなわち無記名証券および指図証券については，上の見解は妥当しよう（§1 I 3⑵b参照）。しかし，わが国においては，債権の譲渡において債務者および第三者に対する対抗要件として民法467条の通知・承諾を要することから，記名証券についてあえて上のような消極的作用を確保する必要はないものと考えられる。

　　＊　ドイツにおいては，債権譲渡について対抗要件の制度がとられておらず，ドイツ民法407条により善意の債務者による原債権者への弁済，あるいは二重譲渡の第二譲受人への弁済が有効とされているにすぎない。そのため，とくに記名証券につい

ては，ドイツ民法 407 条の適用を排除し，上の消極的作用を強調することにより証
券の所持に権利譲渡の対抗要件としての機能を果たさしめたものと考えられる。換
言すれば，ドイツにおいて記名証券について権利の行使に証券を要するものと解さ
れているのは，証券の所持が権利譲渡の対抗要件としての機能を果たしている結果
にすぎず，債権の譲渡について対抗要件の制度をとっているわが国においては，必
ずしもドイツと同様に解する必要はないであろう（以上の点について，結合法理
15 頁以下参照）。

II　有価証券無効宣言公示催告

1　公示催告手続と除権決定の意義

　狭義の有価証券上の権利の行使に証券が必要とされる結果，証券を喪失
した者は，権利を行使できなくなる。しかし，証券を喪失した者も，公示
催告手続により除権決定を得れば証券なくして権利を行使しうる。
　公示催告手続とは，法律が定めた場合に裁判所が当事者の申立により公
告の方法で未知・不分明の利害関係人に対して失権の警告を付して権利届
出の催告をし，定められた期間内に誰からも権利の申出のないときに除権
決定をする手続であり（非訟 99 条以下），除権決定とは，公示催告の申立
人の利益に権利を変更する決定である。

2　公示催告手続が認められる証券

　公示催告手続が認められる証券は，法令によって定められる（非訟 114
条柱書）。2017 年改正前民法施行法 57 条は，指図証券，無記名証券および
無記名証券の変形である 2017 年改正前民法 471 条の記名式所持人払証券
についてこれを認めていたが，記名証券を掲げておらず，そのため，従来
の通説は，記名証券については原則として公示催告による除権決定を認め
ておらず（大隅健一郎『商行為法』61 頁（有斐閣，1958）等。反対，鈴木竹雄
『商法研究 I 総論・手形法』403 頁以下（有斐閣，1981）等），妥当である。な

ぜなら，記名証券については，原則として譲渡の対抗要件として民法467条の通知・承諾を要するものと解すべきであり，同条の対抗要件を具備した権利者がその権利を行使するためには，必ずしも証券を要しないものと解され，公示催告による除権決定も，これを認める必要はないものというべきだからである（結合法理42頁以下参照）。ただし，利得償還請求権発生後の手形小切手証券については，その譲渡について民法467条が機能しないことから，とくに例外を認めるべきであろう（§19 Ⅲ 5参照）。

乗車券や劇場の切符のような同様の証券が多数存在するためにその同一性の識別が不可能ないし困難なものおよび一般的に見て除権決定を受けるに値いしないような証券についても，公示催告手続は認められないものと解される（鈴木・前掲『商法研究Ⅰ総論・手形法』406頁等参照）。

3　申立権者

> **【設問57】** Yは，Aを受取人とする約束手形を作成して署名し，それを保管していた。ところが，その保管中，その手形が盗取されたため，Yは，公示催告手続を申し立て，除権決定を得た。その後，その手形を盗取したBは，Aの裏書を偽造してXに裏書した。この場合，Xは，Yに手形金の支払を請求しうるか。

公示催告手続の申立権者は，有価証券の最終の所持人および有価証券により権利を主張しうる者である（非訟114条）。問題となるのは，署名後流通前の手形小切手喪失者であるが，判例は，「除権判決により喪失した手形を無効にして，除権判決の確定後その手形を悪意または重大な過失なくして取得した者が右の振出署名者に対して手形上の責任を追及する場合に，除権判決の存在をもってこれに対抗し，その支払を拒絶することができるようにするため」に署名後流通前の手形署名者に公示催告手続の申立権を認めており（最判昭47・4・6民集26巻3号455頁），妥当であろう。

有価証券を喪失した者であっても，証券の所在が明らかであり，証券の返還請求が可能な場合には，公示催告手続を申し立てることはできない。

232 §20 ● 有価証券上の権利の行使

【設問 57 コメント】 署名後流通前の手形小切手喪失者が形式的に「有価証券の最終の所持人」または「有価証券により権利を主張しうる者」といえるかは問題であるが，この設問から，そのような者についても公示催告の申立権を認めるのが実質的に妥当であることが理解されるのではなかろうか。

4 手 続

公示催告の申立は，申立書を提出して（非訟 43 条 1 項）有価証券に表示された義務履行地等の簡易裁判所にしなければならない（非訟 115 条）。申立に際して申立人は，その申立にかかる有価証券の謄本を提出するかまたはその有価証券を特定するために必要な事項を明らかにし，さらに喪失の事実および申立権者であることを疎明しなければならない（非訟 116 条）。

公示催告の申立がなされた場合には，裁判所は，その有価証券の所持人に対し一定の期日（権利を争う旨の申述の終期）までにその権利を争う旨の申述をし，かつ有価証券を提出すべきことを催告し，そうでないと有価証券を無効とすることを（非訟 117 条 1 項）裁判所の掲示場に掲示し，かつ官報に公告する（非訟 102 条）。公示催告が官報に掲載された日から権利を争う旨の申述の終期までの期間は，2 月を下ってはならない（非訟 103 条・117 条 2 項）。

権利を争う旨の申述の終期までに申述がなかった場合には，裁判所は，除権決定をする（非訟 106 条 1 項・107 条 2 項）。権利を争う旨の申述の終期までに申述があった場合には，申立人が申述をした者の権利を承認するときは，申立人は，通常その申立を取り下げるであろうが，申立人が申述をした者の権利を承認しながら申立を取り下げないときは，裁判所は，申立を棄却する。申立人が申述をした者の権利を承認しないときは，通常の訴訟が提起され，裁判所は，その裁判が確定するまで公示催告手続を中止するかまたは申述をした者の権利を留保して除権決定をする（非訟 106 条 3 項・117 条 2 項）。

Ⅱ　有価証券無効宣言公示催告　233

5　除権決定の効力

(1)　総　説

除権決定においては，その申立にかかる有価証券は無効なものと宣言され（非訟 118 条 1 項），除権決定がされたときは，申立人は，その申立にかかる有価証券により義務を負担する者に対しその有価証券による権利を主張することができる（非訟 118 条 2 項）。非訟事件手続法 118 条 1 項の効力を除権決定の消極的効力といい，同 2 項の効力を除権決定の積極的効力という。除権決定の消極的効力により，有価証券は，単なる紙片と化す。また，除権決定の積極的効力は，申立人に証書の所持人としての地位，すなわち権利者としての推定がなされる形式的資格（手 16 条 1 項・77 条 1 項 1 号，小 19 条参照）を回復させるにすぎず，真実の権利者としての地位（実質的権利）を与えるものではない。

(2)　手形小切手の善意取得と善意取得者の地位

> 【設問 58】　Y は，約束手形を A に振り出したが，B は，その手形を盗取し，A の裏書を偽造して X に裏書した。その後，A は，公示催告手続を申し立てたが，X は，権利の届出をしなかったため，除権決定がなされた。この場合，X は，Y に手形金の支払を請求しうるか。

手形小切手について除権決定がなされた場合，これより前にその手形小切手を善意取得した者は手形小切手上の権利を失うか否かが問題となる。

前掲最判昭 47・4・6 は，署名後流通前の手形喪失者が除権決定を得た事案において「その確定前に喪失手形を悪意または重大な過失なくして取得し，その振出署名者に対して振出人として責任を追及しえた者の実質的権利までも消滅させるものではない」と解していたが，その理由において「適法に振り出された手形の所持人がその手形を喪失して公示催告の申立をした場合のように，除権判決の確定前に当該手形の善意取得者が現われて，除権判決により権利行使の資格を回復した手形喪失者との間に，権利行使の競合状態を生ずるおそれはない」と述べていたため，上の問題につ

234　§20 ●　有価証券上の権利の行使

いての判例の立場は必ずしも明らかではなかった。

　しかし，最判平 13・1・25 民集 55 巻 1 号 1 頁は，①「手形が善意取得
されたときは，当該手形の従前の所持人は，その時点で手形上の権利を喪
失するから，その後に除権判決の言渡しを受けても，当該手形を所持する
のと同一の地位を回復するにとどまり，手形上の権利までをも回復するも
のではなく，手形上の権利は善意取得者に帰属する」，②「公示催告手続
における公告の現状からすれば，手形の公示催告手続において善意取得者
が除権判決の言渡しまでに裁判所に対して権利の届出及び当該手形の提出
をすることは実際上困難な場合が多く，除権判決の言渡しによって善意取
得者が手形上の権利を失うとするのは手形の流通保護の要請を損なう」と
いう理由から，上の問題を明確に否定した（善意取得優先説）。

　学説においては，かつては上の問題を肯定するのが通説であったが（除
権決定優先説。鈴木・前掲『商法研究Ⅰ総論・手形法』427 頁以下等），最近の
多数説は，善意取得優先説をとっており（前田 528 頁以下等），とくに「公
示催告手続における公告の現状」を考慮すると，善意取得優先説を支持せ
ざるをえないであろう。

　　＊　手形小切手の善意取得と善意取得者の地位の問題について善意取得優先説をとる
　　　場合に問題となる点は，善意取得者の権利行使方法である。この点については，除
　　　権決定申立人に形式的資格があり，手形小切手債務者の免責要件が問題となること
　　　から，見解が分かれているが，除権決定申立人に弁済した手形小切手債務者につい
　　　て民法 478 条による免責が認められることを前提に，善意取得者は単に除権決定の
　　　言渡し前に手形小切手を善意取得したことを立証すれば権利を行使しうるものと考
　　　える（田邊光 220 頁以下等参照）。

【設問 58　コメント】　手形法小切手法の分野では，平成時代の重要判
例は少ないが，前掲最判平 13・1・25 は，その少ない重要判例といえ
る。ここでは，除権決定の消極的効力と積極的効力を正確に理解したう
えで，公示催告手続における公告が「広告」としての意味をなしていな
いという現状を認識してほしい。

(3) 白地手形小切手と除権決定

> **【設問 59】** Y は，振出日白地の約束手形を X に振り出したが，X は，白地を補充しないままその手形を喪失した。そこで，X は，公示催告手続を申し立て，除権決定を得た。この場合，X は，Y に手形金の支払を請求しうるか。

白地手形小切手について除権決定を得た者の権利行使について，判例は，「確定日払の約束手形であっても，振出日は手形要件であるから，その記載が白地である限り，右手形の所持人は手形上の権利を行使することができないものであり，また，喪失した白地手形について除権判決を得た所持人が手形外で白地を補充する旨の意思表示をしても，これにより白地補充の効力を生じたものとすることはできない」としたうえで「喪失した白地手形について除権判決を得た者は，手形債務者に対し喪失手形と同一内容の手形の再発行を請求する権利を有しないものと解するのが，相当である。けだし，除権判決を得た者が喪失手形の再発行を請求しうるものとするならば，その者は，それによって単に喪失手形の所持人と同様の権利行使の形式的資格を回復するにとどまらず，手形の再発行を受けることにより，恰も喪失手形を流通に置きうるのと同一の法的地位を回復することとなり，除権判決にこのような実体的効果を付与することは，除権判決制度の予想しないところというべく，喪失手形の再発行請求がその白地部分の補充を目的とする場合であっても，右と理を異にするものではないと解すべきだからである」と判示している（最判昭 51・4・8 民集 30 巻 3 号 183頁）。学説の多くは，これでは白地手形小切手喪失者の保護に欠けるとして，判例に反対しているが（前田 539 頁以下等参照），手形小切手外の意思表示により白地の補充を認めることについても，また，白地手形小切手の再発行請求を認めることについても理論的な問題があり（石田清彦・百選（第 7 版）164 頁以下参照），白地手形小切手について除権決定を得た者としては，白地手形小切手が無効とされることでさしあたり満足すべきではなかろうか。

【設問 59　コメント】　学説において私見のように前掲最判昭 51・4・8 を支持する見解は少数説であろう。仮に手形小切手外の意思表示により白地の補充を認めることと，白地手形小切手の再発行請求を認めることの二者択一で考えれば，まだ前者のほうが無理が少ないものといえようか。

§21◎　手形小切手に代わる支払手段
——電子記録債権——

I　意義と機能

1　意　義

　電子記録債権は，「その発生又は譲渡についてこの法律の規定による電子記録（以下単に「電子記録」という。）を要件とする金銭債権」である（電子債権2条1項）。電子記録債権における金銭債権と電子記録とは，有価証券における権利と証券と類似の結合関係に立つといえる（§1 I 3参照）。

2　機　能

(1)　手形小切手に代わる支払手段としての機能

　電子記録債権は，手形小切手に代わる支払手段として機能することが期待されている。既述のように手形小切手の利用は，減少傾向にあり（§1 Ⅲ1参照），その理由としては，手形小切手には①作成・交付コスト，②用紙の保管コスト，③決済時に手形小切手に記載された情報を電子化するコストおよび④手形小切手の紛失・盗難のリスクがあること等が考えられる。これに対し，電子記録債権においては，①電子データのITによる送受信等により発生し譲渡されるため（電子債権15条・17条），作成・交付コストを削減でき，②電子データで管理されるため，管理コストを削減でき，③もともと電子データとして発生し管理されるため，決済時に情報を電子化するコストが不要となり，④電子債権記録機関（電子債権2条2項・51条以下，Ⅵ参照）の記録原簿（電子債権2条3項参照）により管理されるため，紛失・盗難のリスクが存在しない。

でんさいネット利用者登録数の推移

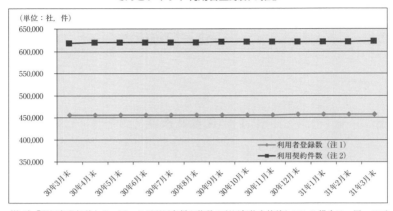

(注1)「利用者登録数」は，同一のご利用者様が複数の利用契約を締結している場合に，同一のご利用者様の単位で名寄せを行った結果の数（各月末時点の累計）。
(注2)「利用契約件数」は，利用契約件数の総数（各月末時点の累計）。
でんさいホームページより

でんさいネット発生記録請求件数等の推移

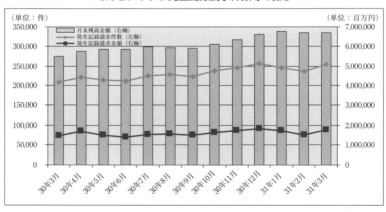

でんさいホームページより

⑵　債権譲渡の安全性の確保

　他方，債権においては，譲渡の対象とされた債権が不存在であるリスク，債権の二重譲渡リスクおよび人的抗弁を対抗されるリスクがあり，譲渡の安全性が十分に確保されえない。これに対し，電子記録債権においては，発生記録・譲渡記録を発生または譲渡の効力要件として（電子債権15条・17条）債権を可視化するため，不存在のリスクおよび二重譲渡リスクを排除でき，人的抗弁は原則として切断されるため（電子債権20条），手形小切手と同様の譲渡の安全性が確保されている。

⑶　多様な利用方法

　手形小切手は，記載事項が限定されているため，支払手段としてしか使えない。これに対し，電子記録債権は，任意的記録事項としてさまざまな事項（シンジケート・ローンにおける詳細な特約条項等）が認められているため，さまざまなビジネスモデルにあわせた柔軟な利用が可能である（以上の点について金融庁ホームページ参照）。

　　＊　シンジケート・ローンとは，借入人の大口の資金調達ニーズに対し，複数の金融
　　　機関が協調してシンジケート団を組成し，一つの融資契約書に基づき同一条件で融
　　　資を行う資金調達手法である。

Ⅱ　発生，譲渡等に関する通則

1　電子記録

⑴　方法等

　電子記録債権の発生等の効力要件である電子記録は，原則として電子記録をすることにより直接に利益を受ける電子記録権利者（債権者，譲受人等。電子債権2条7項参照）および直接に不利益を受ける電子記録義務者（債務者，譲渡人等。電子債権2条8項参照）双方が必要な情報を提供して

（電子債権6条参照）する請求（電子債権5条1項参照。請求が共同でなくてもよいことについて電子債権5条3項参照）により行われる（電子債権3条）。

> ＊　電子記録権利者および電子記録義務者が電子債権記録機関に対し電子記録を請求する場合に電子記録権利者と電子記録義務者との間の契約を観念しうるか否かは問題である。例えば電子記録債権の発生については，「電子債権登録機関への電子記録の請求と平行して，当事者双方が互いに内容の一致する電子記録債権の発生に向けた実体的な申込みをしていると見ることができるので（電子債権登録機関にその意思表示が到達すれば相手方に到達したものとみなす），いわゆる交叉申込みによる契約が成立している」という法律構成も示されており（安永正明「電子記録債権法をめぐる議論——法制審議会部会審議を中心に」ジュリ1345号15頁（2007）），譲渡の場合も含めて積極に解するのが私法の解釈として整合的なのではなかろうか（§2Ⅱ3(2)参照）。これに対し，立法担当官は，「発生や譲渡についての当事者間の合意ないし契約が成立することは要件ではない」と解し，「電子記録の請求という1個の意思表示の中に，電子債権記録機関に対して電子記録をすることを求める意思表示のほかに，相手方との間で当該電子記録によって生ずる法律効果を生じさせる意思表示もされていると考えることができる」と述べている（始関正光・高橋康文「電子記録債権法の概要」ジュリ1345号6頁（2007））。

(2)　順　序

電子記録債権機関は，同一の電子記録債権に関し2以上の電子記録の請求があったときは，当該請求の順序に従って電子記録をしなければならず（電子債権8条1項），同時にその内容が相互に矛盾する2以上の電子記録が請求された場合は，いずれの請求に基づく電子記録もしてはならない（電子債権8条2項。請求の前後が明らかでない場合について電子債権8条3項参照）。

(3)　効　力

a　文言性

電子記録債権の内容は，手形小切手債権の内容と同様（§3Ⅲ参照），債権記録の記録により定まる（電子債権9条1項）。したがって，債権記録の記録内容が不実であった場合にも，電子記録債務者は，債権記録の記録内容に従って責任を負い，記録内容が不実であることは，人的抗弁（電子債

権 20 条）になるにすぎないと解される。もっとも，電子記録の請求に当たって電子債権記録機関に提供された情報の内容と異なる内容の記載がされている場合には，電子債権記録機関は，電子記録の訂正をしなければならず（電子債権 10 条 1 項 1 号），不実の電子記録により損害を受けた者に対しては，代表者または使用人その他の従業者がその注意を怠らなかったことを証明しない限り損害賠償責任を負う（電子債権 11 条）。

b 権利の推定

債権記録に電子記録債権の債権者または質権者として記録されている電子記録名義人（電子債権 2 条 6 項参照）は，裏書の連続した手形小切手の所持人と同様（§10 Ⅲ参照），電子記録に係る電子記録債権についての権利を適法に有するものと推定される（電子債権 9 条 2 項。その効果について§10 Ⅲ 2 参照）。

請求がなければすることができない電子記録が請求がないのにされている場合には，電子債権記録機関は，電子記録の訂正をしなければならず（電子債権 10 条 1 項 2 号），請求がなかった電子記録により損害を受けた者に対しては，代表者または使用人その他の従業者がその注意を怠らなかったことを証明しない限り損害賠償責任を負う（電子債権 11 条）。

2 意思表示に関する特則等

(1) 無効または取消しの特則

電子記録の請求は，電子記録権利者および電子記録義務者双方から電子記録債権機関に対する意思表示によりなされるため，その意思表示が無効であるかまたは取り消された場合には，電子記録も無効となる。しかし，意思の欠缺・意思表示の瑕疵に関する民法の規定は，手形小切手の場合と同様に原則として修正を受け（§4 Ⅱ 5 参照），民法 95 条 1 項または 96 条 1 項もしくは 2 項の規定による取消しは，取消し後の善意無重過失の第三者に対抗することができない（電子債権 12 条 1 項）。これによると，詐欺による取消し前の第三者は，重過失があっても善意であれば保護されるのに対し，強迫による取消し前の第三者は，善意無過失であっても保護され

242 §21 ● 手形小切手に代わる支払手段

ないこととなるが（始関正光ほか「電子記録債権法の概説(2)」金法 1811 号 49 頁（2007）参照），電子記録債権が譲渡される場合には，強迫による取消し前の第三者も，善意無重過失であれば電子記録債権を善意取得する（電子債権 19 条 1 項，§21 Ⅳ 2 参照）。

ただし，上の特則は，①第三者が支払期日以後に電子記録債権の譲渡等があった場合におけるその譲受人等であるとき，②意思表示の取消しを対抗しようとする者が消費者または個人事業者である旨の記録をしていない個人である場合には適用されない（電子債権 12 条 2 項）。

電子記録の請求をする意思表示が無効であるかまたは取り消された場合には，電子債権の変更記録（電子債権 26 条以下参照）がなされることになる。

---

 * 　電子記録債権法は，商人が利用することのみならず，消費者が住宅ローン債権やリース・クレジット債権等に電子記録再建を利用することも視野に入れている（安永・前掲 17 頁参照）。したがって，電子記録債権法は，商法に属すると解することはできないであろう（§1 Ⅵ 2 参照）。

(2) 無権代理人の責任の特則

手形小切手における無権代理人または超権代理人の責任（手 8 条・77 条 2 項，小 11 条）は，相手方が善意の場合には過失があるときにも認められると解されるが（§5 Ⅲ 4(2)参照），電子記録債権においては，無権代理人の責任について民法 117 条 2 項が修正して適用され，同項中「過失」とあるのは，「重大な過失」とされている（電子債権 13 条）。

(3) 権限がない者の請求による電子記録についての電子債権記録機関の責任

代理権を有しない者または他人になりすました者の請求による電子記録は無効であり，本人またはなりすまされた他人は，原則としてすべての電子記録債権者に対抗しうると解されるが（物的抗弁），電子債権記録機関は，それにより損害を受けた者に対し，代表者または使用人その他の従業者がその注意を怠らなかったことを証明しない限り損害賠償責任を負う

（電子債権 14 条）。

Ⅲ　発　　生

1　電子記録債権の発生

　電子記録債権は，原則として発生記録をすることにより発生する（法15 条）。したがって，電子記録債権には手形小切手債権と同様の設権性が認められる（§2 Ⅱ 4 参照）。また，電子記録債権法 20 条が手形法 17 条および小切手法 21 条と同様の狭義の人的抗弁を原則として認めていることから，電子記録債権には原則として無因性も認められると解される（§3 Ⅳ 2⑴参照）。

　電子記録債権の発生が原因関係に及ぼす影響については，手形小切手の授受が原因関係に及ぼす影響に関する説明（§6 参照）が概ね妥当する。すなわち，その影響は，電子記録債権を発生させる当事者の意思によって決定され，原因債務の支払に代えて電子記録債権を発生させる場合（原因債務を消滅させる場合）と原因債務の支払のために電子記録債権を発生させる場合（原因債務を消滅させない場合）とに大別される。後者の場合，電子記録債務者は，電子記録債権者からの原因債務の請求に対しては，「債務者が支払等記録の請求をすることについて債権者が承諾するのと引換えに支払う旨の抗弁」（電子債権 25 条 3 項参照）を主張しうるものと解される（始関ほか・前掲金法 1811 号 53 頁）。原因債務の支払のために電子記録債権を発生させる場合は，さらに支払の方法として電子記録債権を発生させる場合（電子記録と原因債権のうち前者を先に行使させる場合）と担保として電子記録債権を発生させる場合（電子記録と原因債権のうちどちらを先に行使しても良い場合）とに分けられる。当事者の意思が不明な場合には，原因債務の担保として電子記録債権を発生させたと解されるが，口座間送金決済の場合には，原因債務の支払の方法として電子記録債権を発生させたと解すべきであろう（以上の点について，始関ほか・前掲金法 1811 号 52

頁以下参照）。

2　発生記録

(1)　前　説

　電子記録債権発生の記録事項にも，手形小切手の記載事項と同様（§7
Ⅱ参照），必要的記録事項，有益的記録事項，無益的記録事項および有害
的記録事項があり，電子記録債権の要式性は厳格なものといえる（電子債
権16条3項，§3Ⅱ参照）。

(2)　必要的記録事項

　電子記録債権発生の必要的記録事項には，①債務者が一定の金額を支払
う旨，②支払期日，③債権者の氏名または名称および住所，④債権者が2
人以上ある場合においてその債権が不可分債権であるときはその旨，可分
債権であるときは債権者ごとの債権の金額，⑤債務者の氏名または名称お
よび住所，⑥債務者が2人以上ある場合においてその債務が不可分債務ま
たは連帯債務であるときはその旨，可分債務であるときは債務者ごとの債
務の金額，⑦記録番号がある（電子債権16条1項）。

(3)　有益的記録事項

　電子記録債権発生の有益的記録事項には，口座間送金決済（電子債権62
条2項，Ⅶ2参照），譲渡禁止特約等さまざまものがあるが（電子債権16条
2項），電子債権記録機関は，それらの事項についてその記録をしないこ
ととし，またはその記録を制限することができる（電子債権16条5項）。

　法に規定のない事項の記録は，効力を生じないと解されるが（§7Ⅱ
3(1)＊参照），「電子記録債権の内容となるものとして政令で定める事項」
も有益的記録事項となる（電子債権16条2項16号）。

(4)　無益的記録事項

　電子記録債権発生の無益的記録事項としては，特に消費者についてなさ
れた個人事業者の記録（電子債権16条4項）が規定されているが，すでに
法が規定しており，その記録がなくても同じ効果の認められる記載は，す
べて無益的記録事項となる（§7Ⅱ4参照）。

⑸ **有害的記録事項**

電子記録債権発生の有害的記録事項としては，①債権金額の選択的記録，②電子記録債権の効力を原因関係の存否，効力にかからしめる記録等が考えられる（§7Ⅱ5参照）。

Ⅳ 譲 渡

1 電子記録債権の譲渡

電子記録債権の譲渡は，意思表示だけでは足りず，譲渡記録（電子債権18条参照）をしなければその効力を生じない（電子債権17条）。これにより電子記録債権の二重譲渡が防止され，譲渡の対抗要件を定める必要がなくなる。

2 善意取得

譲渡記録の請求により電子記録債権の譲受人として記録された者は，悪意または重過失がない限り当該電子記録債権を善意取得する（電子債権19条1項）。

ただし，①発生記録に善意取得を認めない旨の定めがある場合，②電子債権の譲受人として記録された者が支払期日以後にされた電子記録債権の譲受人として記録された場合および③消費者または個人事業者である旨の記録をしていない個人である電子記録債権の譲渡人がした譲渡記録の請求における譲受人に対する意思表示が効力を有しない場合（§21Ⅱ2参照）において電子債権の譲受人として記録された者が当該譲渡記録後にされた譲渡記録の請求により記録されたものであるときは，善意取得は認められない（電子債権19条2項）。

* 電子記録債権においても，手形小切手におけると同様，善意取得の適用範囲が譲渡人が無権利者である場合に限られるか否かが問題となる。電子記録債権の譲受人

は，原則として電子債権記録機関から直接に譲渡人の記録事項の開示を受けること
ができない（電子債権87条参照）。譲受人が譲渡人からその証明書の交付を受けて
譲渡人の権利を確認することは可能であろうが，法はその交付を義務づけていない
から，電子記録債権の善意取得の信頼の対象は，自己の権利ととらえざるをえな
い。その意味で，電子記録債権の善意取得の適用範囲については，非限定説をとる
ことが自然とも考えられるが，限定説に立つべきものと考える（§11 Ⅱ参照）。な
ぜなら，電子記録債権法19条2項3号は，例えば消費者である電子記録債権の譲
渡人がした譲渡記録の請求における譲受人に対する意思表示が第三者の強迫により
取り消されたような場合（民96条2項参照）に譲渡の当事者である譲受人が強迫
につき善意無重過失であっても善意取得は認められないという限定説の結論を前提
としつつ，当該譲渡後に電子債権の譲受人として記録された者の善意取得を否定し
ていると考えられるからである。

3　人的抗弁の切断

　電子記録債権についても，手形小切手についてと同様の抗弁が認められ
（§12 Ⅰ参照），その人的抗弁は，手形小切手におけると同様（§12 Ⅱ参
照），債権者が電子記録債務者を害することを知って電子記録債権を取得
したときを除いて切断される（電子債権20条1項）。ここにいう「債権者
が電子記録債務者を害することを知って」の意味については，手形小切手
についての河本フォーミュラ（§12 Ⅱ 3(4) c 参照）を電子記録債権に当て
はめ，基本的には「電子記録債権を取得するにあたり，電子記録債権の支
払期日において，電子記録債権者が電子記録債権取得者の直接の前者に対
し，抗弁を主張して電子記録債権の支払を拒むことは確実であるという認
識をもっていた」という定式により理解してよいであろう。

　ただし，善意取得の場合と同様，①発生記録または保証記録に人的抗弁
の切断を認めない旨の定めがある場合，②債権者が支払期日以後にされた
電子記録債権の譲受人として記録された場合および③電子記録債務者が消
費者または個人事業者である旨の記録をしていない個人である場合には，
人的抗弁の切断は認められない（電子債権20条2項）。

＊　人が実際に対面して行われることが予定されていない電子記録債権の譲渡におい
ては，電子記録債権取得者が直接の前者に対する抗弁について確定的悪意を有する
状況はまれなものと考えられ，未必の悪意を有する取得者を保護する結果をもたら
す同フォーミュラをそのままの形でここに持ち込むことについては，疑問がないで
はない（深化と進化171頁以下参照）。

Ⅴ　消　　滅

1　支払免責

　電子記録名義人に対する電子記録債権の支払は，悪意または重過失がな
い限り，電子記録名義人が支払を受ける権利を有しない場合にも有効であ
る（電子債権21条）。
　支払免責は，手形小切手の場合と同様，電子記録名義人が無権利者であ
る場合以外に電子記録名義人の代理人と称する者が無権代理人である場合
等にもその成立が認められるものと解される（§15Ⅳ2参照）。また，電
子記録名義人は，裏書の連続した手形小切手の所持人と同様（§10Ⅲ2参
照），電子記録に係る電子記録債権についての権利を適法に有するものと
推定されるから（電子債権9条2項），悪意とは，単に知っているだけでは
なく，容易に証明をして支払を拒みうるにもかかわず故意に支払を拒ま
ないことを意味し，重過失とは，容易に証明をして支払を拒みうるにもかか
わらずこれを拒まなかったことにつき重過失があることを意味するものと
解される。もっとも，上の推定が及ばない電子記録名義人の代理人と称す
る者の代理権等に関する悪意・重過失は，通常の意味に解すべきである
（始関正光ほか「電子記録債権法の概説(3)」金法1814号19頁（2007），§15Ⅳ
3参照）。

2　混　　同

　手形小切手においては，戻裏書により混同は生じないものと解されるが

248　§21 ● 手形小切手に代わる支払手段

（§10 Ⅱ 3(3) b 参照），電子記録債務者が電子記録債権を取得した場合に
も，電子記録債務者または電子記録債務者の承諾を得た他の電子記録債務
者の請求により電子記録債権の取得に伴う混同を原因とする支払等記録が
されたときを除いて，電子記録債権は消滅しない（電子債権 22 条 1 項）。
もっとも，発生記録における債務者が電子記録保証人に対し，また，電子
記録保証人が他の電子記録保証人に対し電子記録保証債務の履行を請求す
ることは認められない（電子債権 22 条 2 項）。

3　消滅時効

　電子記録債権は，手形の主たる債務者に対する債権と同様（§19 Ⅱ 1 参
照），3 年で時効にかかる（電子債権 23 条）。

4　支払等記録

　手形小切手の支払においては，手形小切手金の二重払をしなければなら
なくなるという危険を防止するために証券の受戻しを請求することが認め
られているが（§15 Ⅲ 参照），電子記録債権の支払においても，同様の趣
旨から支払等記録の請求をすることが認められている（電子債権 24 条・25
条）。支払等記録には，法定代位を公示する機能（電子債権 24 条 5 号参照），
特別求償権を発生させる機能（電子債権 35 条）および質権についての権利
関係を公示する機能もある（始関ほか・金法 1814 号 20 頁以下（2007）参照）。
　電子記録債権の支払は，通常，銀行等の口座間送金決済によりなされる
と考えられるが，その場合，電子債権記録機関は，支払に関与した銀行等
から通知を受けることにより支払等記録をしなければならず（電子債権 63
条 2 項），これにより支払と支払等記録の同期的管理が実現される。

Ⅵ　電子記録保証等

1　電子記録保証

(1)　発　生
　電子記録保証に係る電子記録債権は，保証記録（電子債権 32 条参照）をすることにより発生する（電子債権 31 条）。

(2)　独立性等
　電子記録保証債務は，手形小切手保証におけると同様の独立性を有し（§14 Ⅰ 4(2)参照），主たる債務または電子記録保証の必要的記載事項が欠けている場合を除き，主たる債務者として記録されている者がその主たる債務を負担しない場合も有効である（電子債権 33 条 1 項）。また，電子記録保証には補充性がなく，催告の抗弁権（民 452 条）および検索の抗弁権（民 453 条）は認められず，数人の保証人がある場合にも，主たる債務者について生じた事由の効力および連帯保証人について生じた事由の効力に関する民法の規定（民 456 条〜 458 条）は適用されない（電子債権 34 条 1 項）。

　ただし，電子記録保証人が消費者または個人事業者である旨の記録をしていない個人である場合には，電子記録保証に独立性はなく（電子債権 33 条 2 項），また，消費者または個人事業者である旨の記録をしていない個人である電子記録保証人は，主たる債務者の債権による相殺をもって債権者に対抗することができる（電子債権 34 条 2 項）。

(3)　特別求償権
　電子記録保証人が出えんをして支払等記録がされた場合には，手形小切手の遡求義務を履行した裏書人と同様，主たる債務者，当該出えんをした者が電子記録保証人となる前に当該者を債権者として当該主たる債務と同一の債務を主たる債務とする電子記録保証をしていた他の電子記録保証人または当該主たる債務と同一の債務を主たる債務とする他の電子記録保証

人に対し，出えんにより共同の免責を得た額，出えんをした日以後の遅延損害金の額および避けることができなかった費用の額の合計額について電子記録債権を取得する（電子債権35条1項）。

特別求償権は，電子記録債権ではあるが，発生記録をすることなく発生する（電子債権15条参照）。

2 質 権

電子記録債権を目的とする質権の設定は，意思表示だけでは足りず，質権設定記録（法37条参照）をしなければその効力を生じない（電子債権36条）。

質権設定記録に対しては，善意取得（電子債権19条）および人的抗弁の切断（電子債権20条）が準用される。

3 分 割

手形小切手債権を分割することはできないが，電子記録債権は，債権者の請求により，電子債権記録機関が原債権記録および分割債権記録に分割記録をする（電子債権44条・46条参照）と同時に原債権記録に記録されている事項の一部を分割債権記録に記録する（電子債権45条参照）ことにより分割することができる（電子債権43条）。

Ⅶ 電子債権記録機関

1 意 義

電子債権記録機関とは，その申請により主務大臣の指定を受けて電子記録債権に係る電子記録に関する業務を行う株式会社である（電子債権51条・56条）。現在，日本電子債権機構株式会社，SMBC電子債権記録株式会社，みずほ電子債権記録株式会社，株式会社全銀電子債権ネットワークおよびTranzax電子債権株式会社の5社が上の指定を受けており，それぞ

れ手形小切手と同様の銀行取引停止処分制度を設けている。

2　口座間送金決済

　電子債権記録機関は，債務者および銀行等と口座間送金決済に関する契約を締結することができる（電子債権 62 条 1 項）。口座間送金決済とは，電子記録債権に係る債務について，電子債権記録機関，債務者および銀行等の合意に基づき，あらかじめ電子債権記録機関が当該銀行等に対し債権記録に記録されている支払期日，支払うべき金額，債務者口座および債権者口座に係る情報を提供し，当該支払期日に当該銀行等が当該債務者口座から当該債権者口座に対する払込みの取扱いをすることによって行われる支払をいう（電子債権 62 条 2 項）。上述のように電子記録債権の支払は，通常，口座間送金決済によりなされると考えられる。

3　記録事項の開示

　電子記録の記録事項の開示については，原則として債権記録に記録されている者だけが自己の権利義務の確認に必要な範囲で電子債権記録機関に対し請求することができるが，電子債権記録機関は，電子記録の請求をした者が請求に際しその開示について同意をしている記録事項については，主務省令で定めるところによりその同意の範囲内で一定の者が開示請求をすることを認めることができる（電子債権 87 条）。

事 項 索 引

あ 行

悪意 …………………………… *156, 193*
悪意の抗弁 ……………………………… *167*
後日付小切手 …………………………… *187*
意思能力 ………………………………… *58*
意思の欠缺 ………………………… *60, 241*
意思表示責任説 ………………………… *126*
意思表示の瑕疵 …………………… *60, 241*
一部裏書の禁止 ………………………… *123*
一部支払 ………………………………… *191*
一部譲渡 ………………………………… *123*
一部引受 ………………………………… *177*
一部保証 ………………………………… *179*
一覧後定期払 …………………………… *96*
一覧払 …………………………………… *96*
一般悪意の抗弁 ………………………… *162*
一般線引小切手 ………………………… *202*
一般的適用説 …………………………… *60*
印影 ……………………………………… *55*
印鑑照合 ………………………………… *195*
印紙 ……………………………………… *13*
受取証書 …………………………… *124, 191*
受取人の変造 …………………………… *138*
受戻証券性 ……………………………… *191*
受戻文句 ………………………………… *101*
裏書 ………………………………… *117, 121*
裏書禁止裏書 …………………………… *127*
裏書禁止手形小切手の譲渡方法 …… *119*
裏書禁止手形小切手の設権証券性 … *31*
裏書禁止文句 …………………………… *99*
裏書によらない譲渡 …………………… *118*
裏書人 …………………………………… *121*
裏書の相対的無因性 …………………… *47*
裏書の抹消 ……………………………… *137*
裏書の無因性 …………………………… *46*
裏書の連続 ………………………… *133, 157*
裏書不連続 ………………………… *141, 194*
裏判 ……………………………………… *206*
横線小切手 ……………………………… *202*

お産手形 ………………………………… *9*

か 行

外観解釈の原則 ………………………… *37*
外国通貨現実支払文句 ………………… *99*
書合 ……………………………………… *10*
書替 ……………………………………… *198*
架橋説 …………………………………… *141*
確定日払 ………………………………… *95*
隠れた質入裏書 ………………………… *148*
隠れた手形小切手保証 ………………… *182*
隠れた取立委任裏書 …………………… *145*
過失相殺 ………………………………… *73*
課税文書 ………………………………… *13*
肩書地 …………………………………… *97*
株券 ……………………………………… *3*
過振り …………………………………… *14*
為替手形 …………………………… *2, 173*
為替手形及約束手形ニ関シ統一法ヲ制
　定スル条約 …………………………… *19*
為替手形及約束手形ニ関シ法律ノ或抵
　触ヲ解決スル為ノ条約 ……………… *20*
為替手形の機能 ………………………… *11*
為替手形の振出 ………………………… *87*
河本フォーミュラ ……………………… *167*
管轄の合意 ……………………………… *101*
換算率 …………………………………… *99*
慣用性 …………………………………… *52*
機関方式 ………………………………… *65*
企業法説 ………………………………… *20*
期限後裏書 ……………………………… *132*
期限付債務の支払 ……………………… *9*
記載事項 ………………………………… *88*
偽造 ……………………………………… *74*
偽造手形小切手 ………………………… *194*
基本手形小切手 ………………………… *86*
基本手形小切手行為 …………………… *86*
記名式裏書 ……………………………… *122*
記名式所持人払証券 …………………… *4*
記名証券 ………………………………… *5*

254　事項索引

記名捺印 …………………………… 51
客観解釈の原則 …………………… 37
狭義の人的抗弁 …………………… 160
狭義の物的抗弁 …………………… 161
狭義の有価証券 …………………… 3
強行規定違反 ……………………… 59
強迫 ………………………………… 61
拒絶証書 …………………………… 211
拒絶証書作成期間 ………………… 212
拒絶証書作成免除 ………………… 212
記録事項の開示 …………………… 251
金額の一部についての錯誤 ……… 63
銀行取引停止処分 …………… 16, 251
銀行取引約定書 …………………… 13
金融取引法 ………………………… 21
組合 ………………………………… 57
経済的利益 ………………………… 168
（交付）契約説 …………………… 25
原因関係 …………………………… 78
原因関係における抗弁 …………… 44
原因債権の時効 …………………… 83
厳格な要式証券 …………………… 32
権限考慮説 ………………………… 137
検索の抗弁権 ………………… 181, 249
顕名主義 …………………………… 67
権利移転行為の無因性 …………… 46
権利移転的効力 …………………… 125
権利外観理論 ……………………… 25
権利再取得説 ……………………… 129
権利能力 …………………………… 56
権利能力のない社団・財団 ……… 57
権利の推定 ………………………… 241
権利の分属的帰属 ………………… 123
権利の濫用 …………………… 164, 181
権利復活説 ………………………… 129
権利濫用の抗弁 …………………… 163
好意手形 …………………………… 10
行為能力 …………………………… 58
更改 ………………………………… 78
公開鍵暗号方式 …………………… 52
交換手形 …………………………… 10
広義の有価証券 …………………… 4
口座間送金決済 …………………… 251
公示催告手続 ……………………… 230

公示催告手続の申立権者 ………… 231
公序良俗違反 ……………………… 59
公然の質入裏書 …………………… 148
公然の取立委任裏書 ……………… 142
交付欠缺 …………………………… 160
交付合意論 ………………………… 42
抗弁承継の原則 …………………… 163
小切手 ……………………………… 3
小切手契約 ………………………… 12
小切手訴訟 ………………………… 18
小切手ニ関シ統一法ヲ制定スル条約 ‥ 19
小切手ニ関シ法律ノ或抵触ヲ解決スル
　為ノ条約 ………………………… 20
小切手の起源と発展 ……………… 8
小切手の機能 ……………………… 12
小切手の振出 ……………………… 87
小切手法 …………………………… 19
国際手形 …………………………… 20
国際手形条約 ……………………… 20
個別的修正説 ……………………… 60
混同 …………………………… 129, 247

さ 行

債権証券 …………………………… 3
債権証書 …………………………… 120
催告の抗弁権 ………………… 181, 249
再遡求 ……………………………… 208
債務者ヲ害スルコトヲ知リテ …… 166
債務負担行為の無因性 …………… 43
差額理論 …………………………… 224
先日付小切手 ……………………… 187
錯誤 ………………………………… 61
指図式小切手の譲渡方法 ………… 117
指図証券 …………………………… 4
指図文句 …………………………… 101
参加 ………………………………… 215
自益信託 …………………………… 147
シェルター・ルール ……………… 168
資格授与的効力 …………………… 127
資格授与説 ………………………… 145
時効期間 …………………………… 217
自己宛小切手 ……………………… 93
自己指図約束手形 ………………… 93
自己指図自己宛為替手形 ………… 93

事項索引 255

時効の完成猶予 …………………… 107, 218
時効の更新 ……………………………… 218
資金関係 ………………………………… 12
持参人払式裏書 ………………………… 123
自署 ……………………………………… 51
自署の代行 ……………………………… 67
私製手形 ………………………………… 14
下請代金の支払手段 …………………… 9
質入裏書 ………………………………… 148
質権 ……………………………… 148, 250
質権設定記録 …………………………… 250
質権設定効力 …………………………… 148
実質的同一性説 ………………………… 199
支払委託 ………………………… 87, 189
支払委託の取消 ………………………… 190
支払依頼状 ……………………………… 7
支払権限 ………………………………… 189
支払権限授与 …………………………… 189
支払権限授与契約 ……………………… 87
支払拒絶 ………………………………… 210
支払拒絶証書 …………………………… 212
支払拒絶宣言 …………………………… 212
支払拒絶による遡求 …………………… 209
支払指図 ………………………………… 87
支払受領権限授与契約 ………………… 87
支払担当者 ……………………………… 100
支払担保責任 …………………………… 88
支払地 …………………………………… 97
支払遅滞による損害賠償の予定 …… 101
支払停止依頼 …………………………… 190
支払呈示 ………………………………… 186
支払呈示期間 …………………………… 187
支払呈示期間の変更 …………………… 99
支払呈示の一時禁止 …………………… 99
支払等記録 ……………………………… 248
支払人の住所地・肩書地 ……………… 99
支払のために …………………………… 79
支払の方法として ……………………… 80
支払に代えて …………………………… 78
支払場所 ………………………………… 99
支払保証 ………………………………… 184
支払免責 ………………………………… 247
支払文句 ………………………………… 90
支払猶予 ………………………………… 197

支払猶予の特約 ………………………… 197
支払ヲ為スベキ日 ……………………… 95
社員権証券 ……………………………… 3
重過失 …………………………… 156, 193
周知性 …………………………………… 52
ジュネーブ国際会議 …………… 19, 103
ジュネーブ国際条約 …………………… 35
準拠暦の指定 …………………………… 99
準白地手形小切手 ……………………… 102
商慣習上の有価証券 …………………… 104
条件付保証 ……………………………… 179
商号使用の許諾 ………………………… 75
証拠証券 ………………………………… 5
商業信用状 ……………………………… 12
商業手形 ………………………………… 9
商業手形担保貸付 ……………………… 10
使用者責任 ……………………………… 72
商担手貸 ………………………………… 10
商的色彩論 ……………………………… 20
譲渡裏書 ………………………………… 124
証明責任の転換 ………………………… 44
消滅時効 ………………… 111, 217, 227, 248
除権決定 ………………………………… 230
除権決定の効力 ………………………… 233
除権決定の消極的効力 ………………… 233
除権決定の積極的効力 ………………… 233
除権決定優先説 ………………………… 234
署名 ……………………………………… 51
署名の代理 ……………………………… 65
署名の名称 ……………………………… 52
書面性 …………………………………… 32
白地式裏書 ……………………… 117, 122
白地式裏書説 …………………………… 137
白地手形小切手 ………………… 102, 235
白地手形小切手上の権利 ……………… 103
白地手形小切手でないものとの区別
　　　　　　　　　　　　　　　 …… 104
白地手形小切手と除権決定 …………… 235
白地補充権 ……………………………… 108
白地補充権の時効期間 ………………… 112
信義衡平の原則 ………………………… 79
信義則違反の抗弁 ……………………… 163
新抗弁理論 ……………………………… 160
新相対的権利移転説 …………………… 146

256 事項索引

信託 ……………………………… 145
信託裏書説 ……………………… 145
人的抗弁 ……………………… 159, 162
人的抗弁の個別性 ……………… 163
人的抗弁の切断 ……………… 162, 246
人的抗弁の属人性 ……………… 130
信用供与 ………………………… 10
制限行為能力者 ………………… 58
正式引受 ………………………… 175
正式保証 ………………………… 179
成年被後見人 …………………… 58
生来的人的抗弁説 ……………… 170
設権証券 ………………………… 28
設権証券性 ……………………… 28
節約説 …………………………… 224
善意支払 ………………………… 192
善意取得 ……………………… 149, 245
善意取得優先説 ………………… 234
選択無記名証券 ………………… 4
線引小切手 ……………………… 202
線引の変更等の制限 …………… 205
全部抹消説 ……………………… 137
全面適用説 ……………………… 60
占有改定 ………………………… 118
送金 ……………………………… 11
送金小切手 ……………………… 94
送手 ……………………………… 94
創造説 …………………………… 25
相対的無効説 …………………… 70
即時取得 ………………………… 149
属人性説 ………………………… 163
遡求 ……………………………… 208
遡求義務者 ……………………… 208
遡求金額 ………………………… 213
遡求権者 ………………………… 208
遡求の通知 ……………………… 213
遡求の通知の免除 ……………… 101
遡求の方法 ……………………… 214
訴状等の送達 …………………… 210

た 行

代行方式 ………………………… 65
第三者方払文句 ………………… 99
台風手形 ………………………… 9

代物弁済 ………………………… 79
代理権授与的効力 ……………… 143
代理権の消滅 …………………… 144
代理資格授与的効力 …………… 143
代理的代行 ……………………… 65
代理方式 ………………………… 65
七夕手形 ………………………… 9
他人のための手形小切手行為 … 64
単純性 …………………………… 123
担保的効力 ……………………… 126
担保のために …………………… 80
チェック・トランケーション … 16
超権代理 ………………………… 71
超権代理人の責任 ……………… 73
追認 ……………………………… 59
通常の譲渡裏書 ………………… 125
呈示期間 ………………………… 186
呈示欠缺 ………………………… 189
呈示証券性 ……………………… 186
呈示の場所 ……………………… 187
呈示の方法 ……………………… 189
抵当証券 ………………………… 3
手形小切手 ……………………… 1
手形貸付 ………………………… 10
手形騎乗 ………………………… 10
手形交換所 ……………………… 15
手形小切手外の関係における抗弁 … 162
手形小切手金額 ………………… 90
手形小切手行為 ………………… 22
手形小切手行為独立の原則 …… 48
手形小切手抗弁 ………………… 159
手形小切手当事者 ……………… 91
手形小切手に特有な譲渡方法 … 154, 165
手形小切手に類似する有価証券 … 35
手形小切手の譲渡方法 ………… 116
手形小切手の所有権 …………… 124
手形小切手保証 ………………… 178
手形小切手保証の独立性 ……… 181
手形小切手保証の附従性 ……… 180
手形小切手文句 ………………… 90
手形訴訟 ………………………… 18
手形の起源と発展 ……………… 7
手形の譲渡方法 ………………… 116
手形法 …………………………… 19

事項索引 257

手形理論 ……………………………… 23
手形割引 ……………………………… 10
適用排除説 …………………………… 61
電子債権記録機関 …………………… 250
電子記録 ……………………………… 239
電子記録債権 ………………………… 237
電子記録債権の譲渡 ………………… 245
電子記録債権の発生 ………………… 243
電子記録保証 ………………………… 249
電子署名 ……………………………… 52
統一小切手用紙制度 ………………… 14
統一手形用紙制度 …………………… 14
動機の不法 …………………………… 60
当座貸越契約 ………………………… 14
当座勘定取引契約 …………………… 14
当座勘定規定ひな型 ………………… 14
当座預金 ……………………………… 12
当座預金契約 ………………………… 14
動産の善意取得 ……………………… 149
同窓会 ………………………………… 57
当事者資格の兼併 …………………… 92
当事者の重畳的記載 ………………… 94
当事者の選択的記載 ………………… 94
謄本 …………………………………… 215
独自性 ………………………………… 41
特殊の裏書 …………………………… 142
特殊の譲渡裏書 ……………………… 127
特定線引小切手 ……………………… 202
特別求償権 …………………………… 249
独立性 …………………………… 48, 249
取消 …………………………………… 59
取立 …………………………………… 11
取立委任裏書 ………………………… 142
取立委任文言の抹消 ………………… 144
取引先 ………………………………… 204

な　行

内心的効果意思 ……………………… 64
馴合手形 ……………………………… 10
荷為替手形 …………………………… 12
荷為替信用状 ………………………… 12
二重無権 ……………………………… 168
二段階創造説 …………………… 23, 25

は　行

発行説 ………………………………… 25
発生記録 ……………………………… 244
被裏書人 ……………………………… 121
被裏書人名の抹消 …………………… 137
引受 …………………………………… 173
引受担保責任 ………………………… 88
引受呈示 ……………………………… 173
引受の抹消 …………………………… 177
非設権証券 …………………………… 28
日付後定期払 ………………………… 96
必要的記載事項 …………………… 88, 89
必要的記録事項 ……………………… 243
被保佐人 ……………………………… 58
被補助人 ……………………………… 59
表見代理 ……………………………… 71
表章 …………………………………… 5
複製 …………………………………… 215
複本 …………………………………… 215
物権証券 ……………………………… 3
物的抗弁 ……………………………… 159
不当行使 ……………………………… 109
不当利得の抗弁 ……………………… 44
振替株式 ……………………………… 4
振替社債 ……………………………… 4
振出 …………………………………… 86
振出地 ………………………………… 98
振出人の肩書地 ……………………… 99
振出人の住所地 ……………………… 99
振出人の担保責任 …………………… 87
振出日 ………………………………… 98
不渡 …………………………………… 16
不渡宣言 ……………………………… 16
不渡付箋 ……………………………… 16
不渡返還 ……………………………… 16
不渡報告 ……………………………… 16
分割 …………………………………… 250
分割払の記載 ………………………… 101
変形物説 ……………………………… 222
変造 …………………………………… 38
変造の証明責任 ……………………… 40
法人 …………………………………… 56
法人の手形小切手行為 ……………… 68

法定責任説 …………………… 126
法的同一性説 …………………… 199
拇印 ……………………………… 55
補充性 …………………… 181, 249
保証人の求償 …………………… 182
保証記録 ……………………… 249
本人の責任 …………………… 71

ま 行

満期 ………………………… 95
満期の記載の変更 …………… 198
満期前の支払 …………………… 196
満期前の遡求 …………………… 211
マンション管理組合 …………… 57
未成年者 ……………………… 58
民事保証債権 ………………… 125
無因証券 ……………………… 41
無因性 ………………………… 41
無益的記載事項 ………… 88, 101
無益的記録事項 ……………… 244
無記名債権 …………………… 116
無記名式小切手の譲渡方法 …… 115
無記名式の手形 ……………… 92
無記名証券 …………………… 4
無権代理 ……………………… 71
無権代理人の責任 ……… 73, 242
無権利の抗弁 ………………… 160
無償取得 ……………………… 157
無担保裏書 …………………… 127
無費用償還文句 ……………… 99
免責証券 ……………………… 5
免責約款 ……………………… 195
戻裏書 ………………………… 128
戻手形の振出禁止 …………… 99
文言証券 ……………………… 36
文言性 …………………… 36, 240

や 行

約束手形 ……………………… 2
約束手形の機能 ……………… 9

約束手形の振出 ……………… 86
有因証券 ……………………… 41
有益的記載事項 ………… 88, 99
有益的記録事項 ……………… 244
有害的記載事項 ………… 88, 101
有害的記録事項 ……………… 245
有価証券 ……………………… 1
有価証券の意義 ……………… 5
有価証券の種類 ……………… 3
有価証券の消極的作用 ……… 229
有価証券の積極的作用 ……… 229
有価証券法 …………………… 20
有価証券無効宣言公示催告 … 230
有効性の抗弁 ………………… 160
有効な取引 …………… 154, 165
融通手形 ……………………… 10
融通手形の抗弁 ……………… 169
猶予（考慮）期間 …………… 174
要因証券 ……………………… 41
要式証券 ……………………… 32
要式性 …………………… 32, 244
預金小切手 …………………… 93
預手 …………………………… 93
与信 …………………………… 10

ら 行

利益相反の禁止 ……………… 70
利息文句 ……………………… 100
利得 …………………………… 224
利得償還請求権 ……………… 220
利得償還請求権の行使 ……… 225
利得償還請求権の譲渡 ……… 226
利得償還請求権の消滅時効期間 …… 227
略式引受 ……………………… 175
略式保証 ……………………… 179
流動性機能 …………………… 181
ロッテルダム・ルールズ …… 4

わ 行

割引手形 ……………………… 129

判 例 索 引

大判明34・10・24民録7輯9巻724頁
　………………………………………… *98*
大判明39・5・15民録12輯750頁 ……… *191*
大判明39・5・17民録12輯758頁 ……… *58*
大判明43・10・13刑録16輯1701頁 …… *120*
大判明44・12・25民録17輯904頁 ……… *26*
大判大4・5・27民録21巻821頁 ……… *136*
大判大4・10・30民録21輯1799頁 …… *65*
大判大9・12・27民録26輯2109頁 …… *105*
大判大10・7・13民録27輯1318頁 …… *52*
大判大10・10・1民録27輯1686頁
　………………………………… *104, 105*
大判大11・9・29民集1巻564頁 ……… *59*
大判大12・6・13民集2巻401頁 ……… *199*
大判大13・3・7民集3巻91頁 ……… *212*
大判昭3・1・9民集7巻1頁 ……… *224*
大判昭5・11・6民集9巻1027頁 …… *93*
大判昭7・3・18民集11巻312頁 …… *106*
大判昭7・5・13民集11巻943号 …… *33*
大判昭7・7・9民集11巻1604頁 …… *59*
大判昭7・11・19民集11巻2122頁 …… *55*
大判昭7・12・21民集11巻2367頁 …… *118*
大判昭8・9・28新聞3620号7頁 …… *74*
大判昭8・9・28民集12巻22号2362頁
　…………………………………………… *74*
大判昭10・1・22民集14巻31頁 ……… *136*
大判昭10・6・22新聞3869号11頁 …… *80*
大判昭10・12・24民集14巻2105頁 …… *26*
大判昭12・4・19民集16巻473頁 …… *112*
大判昭13・5・10民集17巻891頁 …… *224*
大判昭19・6・23民集23巻378頁 …… *167*
最判昭23・10・14民集2巻11号376頁
　…………………………………………… *82*
最判昭25・2・10民集4巻21号23頁 ·· *61*
最判昭26・10・19民集5巻11号612頁
　…………………………………………… *61*
最判昭27・2・15民集6巻2号77頁 ·· *57*
東京高判昭27・12・4下民3巻12号
　1721頁 ……………………………… *18*
東京高判昭28・5・30東高民時報4巻

1号32頁 ……………………………… *98*
最判昭29・3・9裁判集民13号23頁 ·· *61*
最判昭29・10・29裁時171号169頁 …· *207*
最判昭30・2・1民集9巻2号139頁
　…………………………………………… *210*
最判昭30・5・31民集9巻6号811頁
　…………………………………………… *167*
最判昭30・9・30民集9巻10号1531頁
　…………………………………………… *136*
最判昭30・11・18民集9巻12号1763頁
　…………………………………………… *167*
最判昭31・2・7民集10巻2号27頁
　………………………………… *141, 146*
最判昭31・7・20民集10巻8号1022頁
　…………………………………………… *105*
最判昭32・7・19民集11巻7号1297頁
　…………………………………………… *187*
最判昭33・3・20民集12巻4号583号
　………………………………… *49, 50*
福岡高判昭33・3・29下民9巻3号
　542頁 ……………………………… *196*
最判昭33・6・3民集12巻9号1287頁
　…………………………………………… *79*
最判昭33・6・17民集12巻19号1532頁
　…………………………………………… *73*
最判昭34・6・9民集13巻6号669頁
　…………………………………………… *223*
最判昭34・7・14民集13巻7号978頁
　…………………………………………… *169*
最判昭35・1・12民集14巻1号1頁
　…………………………………………… *151*
最判昭35・2・11民集14巻2号184頁
　…………………………………………… *199*
最判昭35・4・12民集14巻5号825頁
　…………………………………………… *180*
最判昭35・7・8民集14巻9号1720頁
　…………………………………………… *79*
最判昭35・10・25民集14巻12号2720頁
　…………………………………………… *168*
最判昭36・6・9民集15巻6号1546頁

260　判例索引

　　　　　　　　　　　　　　　　……… 72
最判昭36・7・31民集15巻7号1982頁
　　　　　　　　　　　　　　　　……… 57
最判昭36・11・24民集15巻10号2519頁
　　　　　　　　　　　　　　　　……… 133
最判昭36・11・24民集15巻10号2536頁
　　　　　　　　　　　　　　　… 111, 113
最判昭36・12・12民集15巻11号2756頁
　　　　　　　　　　　　　　　　……… 71
最判昭37・4・20民集16巻4号884頁
　　　　　　　　　　　　　　　　……… 105
最判昭37・5・1民集16巻5号1013頁
　　　　　　　　　　　　　　　　……… 168
最判昭37・9・21民集16巻9号2041頁
　　　　　　　　　　　　　　　　……… 93
最判昭38・1・30民集17巻1号99頁
　　　　　　　　　　　　　　　　……… 219
最判昭38・5・21民集17巻4号560頁
　　　　　　　　　　　　　　　　……… 225
最判昭38・8・23民集17巻6号851頁
　　　　　　　　　　　　　　　　……… 155
最判昭38・11・19民集17巻11号1401頁
　　　　　　　　　　　　　　　　……… 73
最判昭39・10・16民集18巻8号1727頁
　　　　　　　　　　　　　　　… 146, 147
最判昭39・11・24民集18巻9号1952頁
　　　　　　　　　　　　　　　　……… 219
最判昭40・4・9民集19巻3号647頁
　　　　　　　　　　　　　　　　……… 130
最判昭40・8・24民集19巻6号1435頁
　　　　　　　　　　　　　　　　……… 80
最判昭41・7・1判タ198号123頁 …… 74
最判昭41・6・16民集20巻5号1046頁
　　　　　　　　　　　　　　　　……… 106
最判昭41・9・13民集20巻7号1359頁
　　　　　　　　　　　　　　　　……… 68
最判昭41・10・13民集20巻8号1632頁
　　　　　　　　　　　　　　… 34, 107
最判昭41・11・2民集20巻9号1674頁
　　　　　　　　　　　　　　　　……… 108
最判昭41・11・10民集20巻9号1697頁
　　　　　　　　　　　　　　　　……… 139
最判昭41・11・10民集20巻9号1756頁
　　　　　　　　　　　　　　　　……… 111

最判昭42・2・3民集21巻1号103頁
　　　　　　　　　　　　　　　　……… 26
最判昭42・2・9判時483号60頁 …… 76
最判昭42・3・14民集21巻2号349頁
　　　　　　　　　　　　　　　　……… 40
最判昭42・3・31民集21巻2号483頁
　　　　　　　　　　　　　　　　……… 227
最判昭42・4・27民集21巻3号728頁
　　　　　　　　　　　　　　　　……… 172
最判昭42・6・6判時487号56頁 …… 76
最判昭42・11・8民集21巻9号2300頁
　　　　　　　　　　　　　　　　……… 188
最判昭43・3・21民集22巻3号665頁
　　　　　　　　　　　　　　　　……… 225
最判昭43・12・12民集22巻13号2963頁
　　　　　　　　　　　　　　　　……… 53
最判昭43・12・24民集22巻13号3382頁
　　　　　　　　　　　　　　　　……… 74
最判昭43・12・25民集22巻13号3548頁
　　　　　　　　　　　　　　　… 164, 172
最判昭44・2・20民集23巻2号427頁
　　　　　　　　　　　　　　　　……… 113
最判昭44・3・4民集23巻3号586頁
　　　　　　　　　　　　　　　　……… 37
最判昭44・3・27民集23巻3号601頁
　　　　　　　　　　　　… 60, 146, 147
最判昭44・4・15判時560号84頁 …… 176
札幌高判昭44・8・13下民20巻7・8
　号580頁 ……………………… 115
最判昭44・9・12判時572号69頁 …… 193
最判昭44・11・4民集23巻11号1951頁
　　　　　　　　　　　　　　　　……… 57
最判昭45・2・26民集24巻2号109頁
　　　　　　　　　　　　　　　　……… 72
最判昭45・3・26判時578号75頁 …… 72
最判昭45・3・31民集24巻3号182頁
　　　　　　　　　　　　　　　　……… 181
最判昭45・4・21民集24巻4号283頁
　　　　　　　　　　　　　　　　……… 126
最判昭45・6・18民集24巻6号544頁
　　　　　　　　　　　　　　　　……… 180
最判昭45・6・24民集24巻6号712頁
　　　　　　　　　　　　　　　　……… 134
最判昭45・7・16民集24巻7号1077頁

判例索引　261

・・・・・・・・・・・・・・・・・・・・・・・・・・・・・・・・・・・・・・ *169*
最判昭45・11・11民集24巻12号1876頁
・・・・・・・・・・・・・・・・・・・・・・・・・・・・・・・・・・・・・・ *112*
最判昭46・4・9民集25巻3号264頁
・・・・・・・・・・・・・・・・・・・・・・・・・・・・・・・・・・・・・・ *59*
最判昭46・6・10民集25巻4号492頁
・・・・・・・・・・・・・・・・・・・・・・・・・・・・・・・・・・・・・・ *195*
最判昭46・10・13民集25巻7号900頁
・・・・・・・・・・・・・・・・・・・・・・・・・・・・・・・・・・・・・・ *70*
最判昭46・11・16民集25巻8号1173頁
・・・・・・・・・・・・・・・・・・・・・・・・・・・・・・・・・・ *26, 105*
最判昭47・2・10民集26巻1号17頁
・・・・・・・・・・・・・・・・・・・・・・・・・・・・・・ *37, 67, 94*
最判昭47・4・4民集26巻3号373頁
・・・・・・・・・・・・・・・・・・・・・・・・・・・・・・・・・・・・・・ *71*
最判昭47・4・6民集26巻3号455頁
・・・・・・・・・・・・・・・・・・・・・・・・・・・・・・ *231, 233*
最判昭48・4・12金判373号6頁 ・・・・・・ *11*
最判昭49・2・28民集28巻1号121頁
・・・・・・・・・・・・・・・・・・・・・・・・・・・・・・ *118, 165*
最判昭49・6・28民集28巻5号655頁
・・・・・・・・・・・・・・・・・・・・・・・・・・・・・・・・・・・・・・ *74*
最判昭49・12・24民集28巻10号2140頁
・・・・・・・・・・・・・・・・・・・・・・・・・・・・・・・・・・・・・・ *139*
最判昭50・8・29判時793号97頁 ・・・・・ *39*
最判昭51・4・8民集30巻3号183頁
・・・・・・・・・・・・・・・・・・・・・・・・・・・・・・ *235, 236*
東京高判昭52・5・10判時865号87頁
・・・・・・・・・・・・・・・・・・・・・・・・・・・・・・・・・・・・・・ *63*
最判昭52・6・20判時873号97頁 ・・・・・ *156*
最判昭52・9・22判時869号97頁 ・・・・・ *131*
最判昭53・1・23民集32巻1号1頁 ・・ *85*
大阪地昭53・3・7金判566号41頁
・・・・・・・・・・・・・・・・・・・・・・・・・・・・・・ *95, 180*
最判昭53・4・24判時893号86頁 ・・・・・ *120*
最判昭54・9・6民集33巻5号630頁
・・・・・・・・・・・・・・・・・・・・・・・・・・・・・・・・ *61, 63*
最判昭54・10・12判時946号105頁 ・・・・ *201*
最判昭55・5・30民集34巻3号521頁
・・・・・・・・・・・・・・・・・・・・・・・・・・・・・・・・・・・・・・ *218*
最判昭55・7・15判時982号144頁 ・・・・・ *76*
最判昭55・12・18民集34巻7号942頁
・・・・・・・・・・・・・・・・・・・・・・・・・・・・・・・・・・・・・・ *132*
福岡高判昭55・12・23判時1014号130

頁 ・・・・・・・・・・・・・・・・・・・・・・・・・・・・・・・・・・・・ *39*
最判昭57・3・30民集36巻3号501頁
・・・・・・・・・・・・・・・・・・・・・・・・・・・・・・ *107, 108*
最判昭57・7・15民集36巻6号1113頁
・・・・・・・・・・・・・・・・・・・・・・・・・・・・・・・・・・・・・・ *220*
最判昭57・9・7民集36巻8号1607頁
・・・・・・・・・・・・・・・・・・・・・・・・・・・・・・ *183, 184*
東京地判昭57・9・27判時1079号94頁
・・・・・・・・・・・・・・・・・・・・・・・・・・・・・・・・・・・・・・ *17*
東京高判昭58・11・17金判690号4頁
・・・・・・・・・・・・・・・・・・・・・・・・・・・・・・・・・・・・・・ *18*
最判昭60・3・26判時1156号143頁 ・・ *144*
最判昭60・7・2判時1178号144頁 ・・ *123*
最判昭61・7・10民集40巻5号925頁
・・・・・・・・・・・・・・・・・・・・・・・・・・・・・・・・・・・・・・ *91*
最判昭61・7・18民集40巻5号977頁
・・・・・・・・・・・・・・・・・・・・・・・・・・・・・・・・・・・・・・ *138*
最判昭62・10・16民集41巻7号1497頁
・・・・・・・・・・・・・・・・・・・・・・・・・・・・・・・・・・・・・・ *84*
最判平5・7・20民集47巻7号4652頁
・・・・・・・・・・・・・・・・・・・・・・・・・・・・・・・・・・・・・・ *112*
最判平5・10・22民集47巻8号5136頁
・・・・・・・・・・・・・・・・・・・・・・・・・・・・・・ *210, 211*
仙台高判平6・2・28判時1551号132
頁 ・・・・・・・・・・・・・・・・・・・・・・・・・・・・・・・・・・・・ *55*
東京地判平6・3・10金法1402号37頁
・・・・・・・・・・・・・・・・・・・・・・・・・・・・・・・・・・・・・・ *225*
最判平7・7・14判時1550号120頁 ・・ *167*
最判平9・2・27民集51巻2号686頁
・・・・・・・・・・・・・・・・・・・・・・・・・・・・・・・・・・・・・・ *96*
東京地判平11・5・28判タ1017号219
頁 ・・・・・・・・・・・・・・・・・・・・・・・・・・・・・・・・・・・ *156*
東京高判平12・8・17金判1109号51頁
・・・・・・・・・・・・・・・・・・・・・・・・・・・・・・・・・・・・・・ *157*
最判平13・1・25民集55巻1号1頁
・・・・・・・・・・・・・・・・・・・・・・・・・・・・・・・・・・・・・・ *234*
東京高判平14・7・4判時1796号156
頁 ・・・・・・・・・・・・・・・・・・・・・・・・・・・・・・・・・・・ *114*
東京地判平15・10・17判時1840号142
頁 ・・・・・・・・・・・・・・・・・・・・・・・・・・・・・・・・・・・ *15*
東京地判平15・11・17判時1839号83頁
・・・・・・・・・・・・・・・・・・・・・・・・・・・・・・・・・・・・・・ *15*
福岡高判平19・2・22判時1972号158
頁 ・・・・・・・・・・・・・・・・・・・・・・・・・・・・・・・・・・・ *144*

著者紹介

田邊宏康（たなべ　ひろやす）

1960年　福岡市に生まれる。

1984年　東北大学法学部法学科卒業

1992年　西南学院大学大学院法学研究科博士
　　　　後期課程中退
　　　　小樽商科大学講師，同助教授，専修
　　　　大学法学部助教授を経て

現　在　専修大学法学部教授，同大学院法学
　　　　研究科教授

2003年　西南学院大学博士（法学）

主　著
『有価証券と権利の結合法理』（成文堂, 2002）
『有価証券法理の深化と進化』（成文堂, 2019）

手形小切手法講義［第3版］

2005年10月1日　　初　版第1刷発行
2007年1月31日　　補訂版第1刷発行
2008年3月31日　　第2版第1刷発行
2019年12月20日　第3版第1刷発行
2021年9月1日　　第3版第2刷発行
2022年3月1日　　第3版第3刷発行

著　　者　田　邊　宏　康

発　行　者　阿　部　成　一

〒162-0041 東京都新宿区早稲田鶴巻町514番地

発　行　所　株式会社　成　文　堂

電話03(3203)9201(代) Fax03(3203)9206
http://www.seibundoh.co.jp

製版・印刷・製本　藤原印刷

☆乱丁・落丁はおとりかえいたします☆　　検印省略

Ⓒ 2019 H. Tanabe Printed in Japan
ISBN978-4-7923-2746-0 C3032

定価（本体2500円＋税）